# 青蓝同行

## ——探寻新教师成长之路

主编：刘　明

编委：杨凤贤　梅小红　付　晋　杨晓琼
陈　佳　邓茜媛　侯天凤　王小凤

西南交通大学出版社

·成　都·

**图书在版编目（C I P）数据**

青蓝同行：探寻新教师成长之路 / 刘明主编. —
成都：西南交通大学出版社，2022.8
ISBN 978-7-5643-8813-3

Ⅰ. ①青… Ⅱ. ①刘… Ⅲ. ①师资培训 – 文集 Ⅳ.
①G451.2-53

中国版本图书馆 CIP 数据核字（2022）第 136766 号

Qing Lan Tongxing
—Tanxun Xinjiaoshi Chengzhang zhi Lu

**青蓝同行**
——探寻新教师成长之路

**主编** 刘 明

| | |
|---|---|
| 责任编辑 | 何宝华 |
| 封面设计 | 原谋书装 |
| 出版发行 | 西南交通大学出版社<br>（四川省成都市金牛区二环路北一段 111 号<br>西南交通大学创新大厦 21 楼） |
| 发行部电话 | 028-87600564 028-87600533 |
| 邮政编码 | 610031 |
| 网 址 | http://www.xnjdcbs.com |
| 印 刷 | 四川煤田地质制图印刷厂 |
| 成品尺寸 | 170 mm × 230 mm |
| 印 张 | 25 |
| 字 数 | 344 千 |
| 版 次 | 2022 年 10 月第 1 版 |
| 印 次 | 2022 年 10 月第 1 次 |
| 书 号 | ISBN 978-7-5643-8813-3 |
| 定 价 | 125.00 元 |

**青，取之于蓝而青于蓝。**

——荀子《劝学》

在染织工艺还不发达的古代，人们偶然从蓼蓝中萃取出靛青。这是一种新的色彩，它比蓼蓝更深，更有活力。

世人皆知“青出于蓝”，要得到靛青，无法绕开蓼蓝。可是，靛青如何从蓼蓝中取得？这是一个问题。而当靛青与蓼蓝同时并染，又将是怎样一番缤纷绚丽呢？这个答案，值得期待……

# 前言

PREFACE

四川省成都市大邑县教师进修学校在近年来的干部教师培训工作中，不遗余力，不断创新，亮点纷呈，颇有成效。2020—2021 学年，学校承接并圆满完成“国培计划”中西部项目新入职教师培训项目，我受邀参与了讲座交流。他们将培训的相关资料、典型的教育实践经验、导师的分享、学员的收获结集成册，希望我写几句。

从这本文集中可以看出大邑县教师进修学校承办这次国培项目的用心程度和追求实效的务实态度，也能看到学员朋友在学习过程中的进步和将学习成果带入工作实践的变化，我们还能从中发现做新教师入职培训的一些内容、方法和路径。

这里，主要就实践后的经验获得和教师的写作，说说自己的意见。

对于“经验 + 反思”的成长公式，大家可能耳熟能详，但对于“怎么获得经验”大家可能未必有过仔细的思考。

美国教育家杜威在《民主主义与教育》中这样说：“一个孩子仅仅把手指伸进火焰，这还不是经验；当这个行动和他遭受到的疼痛联系起来的时候，这才是经验。从此以后，他知道手指伸进火焰意味着烫伤。”

仅仅有“手伸进火里”的行动和“手被火烫伤”的结果，这只是人的经历，这样的经历不一定带来经验（正如学生在我们的课堂上听了一节课，有一节课的学习经历但不一定就获得了经验——这表现为相应的知识和技能、情感态度与价值观等方面的改变），只有在此基础上建立行动和行动结果的联系，认识到“手伸进火里会被烫伤”，并以此指导未来的行动——以后不再把手伸进火里——才能获得经验。这样的认识为脑科学研究成果所验证，从脑科学角度来看，学习意味着大脑中神经网络的连接，仅仅经历一件事情，神经网络的连接可能并不持久。从经历中获得经验的一种方式是“千金难买回头看”。“回头看”就是有意在大脑中形成和巩固连接，把经历转化为经验。

杜威又说：“常言道：‘从经验中学习’，就是在我们对事物有所作为和我们所享受的快乐或所受的痛苦这一结果之间，建立前前后后的连接。”所谓前前后后，意味着经验连接着过去、现在和未来。以课堂教学经验的获得为例：“过去”意味着教学行为过去了，教学效果产生了；“现在”意味着要从已经过去的行为和已经产生的效果中发现联系与关系；“未来”意味着要用现在所获得的经验指导未来的行动。经验的根本目的在于规划和设计未来，使未来的行动更加合理，更有实效。

我是从这种意义上看待大邑县教师进修学校此次结集的价值和目的的。

有一种促进参与者成长的方式是让参与者写作，并且分享他们的写作。苏霍姆林斯基在《我怎样写教育日记》中写道："凡是引起你的注意的，甚至引起你一些模糊的猜想的每一个事实，你都把它记入记事簿里。积累事实，善于从具体事物中看出共性的东西——这是一种智力基础，有了这个基础，就必然会有那么一个时刻，你会顿然醒悟，那长久躲闪着你的真理实质，会突然在你面前打开。"这揭示了教育写作对教师发展的意义。写作可以帮助我们积累事实经验，记录和留下生命的痕迹，这一过程也是梳理和砥砺自己思想的途径：一方面，写作具有自我观察和审视的作用，可以对头脑中的知识进行梳理；另一方面，写作又使缄默的知识明朗化，可以使其更加成熟和精致。同时，写作也为教师的思想提供了表达的机会，可以使思想在交流和传递的过程中生长、改造。英国作家萧伯纳说："你一个苹果，我一个苹果，咱俩交换，我们各还是一个苹果；你一个思想，我一个思想，咱俩交换，我们就各有两个思想。"教师成长需要写作，教师的交流、表达也需要写作。写作锻炼了教师，也考查了教师。这是编辑出版这本文集的又一意义。

我以为，这本文集可以作为参与者的一种生命印迹，可以作为本期学员回顾和继续学习的资料，也可以作为设计新教师培训的借鉴，还可以成为其他教师朋友专业成长和实践的一种参考。

是为序。

成都大学　陈大伟

2021 年 11 月 30 日

# 目 录

CONTENTS

**绪论**

1 “12345”，构建新教师成长新生态
——大邑县2020“国培计划”新入职教师培训工作回顾 刘 明

**第一篇 言犹在耳：授课实录**

9 创造幸福的教师生活 陈大伟
40 美与美育 刘 明
64 教学常规与教学实践 王莹菊
76 芬兰教育带来的思考 郑俊红
92 播撒阅读的种子，点亮阅读的心灯 刘春梅
111 向着“好老师”成长 王小凤
136 好习惯点亮生命的精彩
——“十个好习惯”养成教育策略 龙梅芳
147 “融合教育”，接纳所有
——大邑县新教师入职培训“融合教育”专题 王金萍
154 用心，闯出属于自己的江湖 彭艳艳

**第二篇 坐而论教：导师访谈**

165 教培路上的默默奉献者 何俊杰
171 语文教育的幸福引路人 付 晋
180 德艺双馨的教培热心人 代金霞
186 数学教育的前沿示范者 董德君

190 美术教育的辛勤耕耘者 罗 飞
194 与书为伴的阅读点灯人 刘春梅
200 乡村教育的美好践行者 王小凤

## 第三篇 以彼为鉴：教研示范

211 关注“三个三”，完善一堂好课
——兼评唐场小学三堂随堂课 刘 明
219 语文课堂理想四“境” 韩支云
226 解文识人，传承文化
——对初中文言文教学目的及途径的思考
梅小红 武勇
235 写作教学的另一种打开方式
——“随课微写”教学策略初探 付 晋
245 感悟诗词之美
——小学高段古诗教学方法初探 谭华波
249 深度思考，让学习真正发生
——以“平行四边形的面积”教学为例 钟永叶
257 戏剧体验，助力高效有趣的课堂 丁 莉
264 有情范读，提升学生英语朗读的质和效 杨 岚
271 以生为本，初中物理的精准教学 李秋福
275 满怀激情，为教学注入源头活水 周庆秋
280 实验探究与多媒体辅助教学实践探索
——初中化学“分子和原子”教学案例 张文耀
284 薄弱地区高中美术教研组建设研究 罗 飞
295 皮影课上妙趣多
——小学皮影特色课程的开发 张 莹

301 “小场地”如何上好体育课 李 懿

305 幼儿入园挺焦虑，家长怎么做?

——指导新生家长帮助孩子度过入园焦虑期的实践探索 曹 彬

314 创新校本教研模式，赋能教师专业成长

——大邑县南街小学校本教研创新行动实践 杨 科

第四篇 生命拔节：成长感悟

321 以爱为名，为爱远航 顾诗雪

324 学无止境，爱助成长 杨天娇

327 爱在左，情在右 梁兰茜

329 那一束光 徐小庆

332 做一名不断求索的语文人 付慧敏

335 平凡的坚守 鲜 聪

338 微笑，拉近了距离 冯 璐

340 爱心化春雨，润物细无声

——我的语文教育故事 张静敏

343 希望每节课都这么有趣 杜烁玉

348 等等他 黄依婷

350 于细微处勤修炼 蒋 霞

353 用心用情用智慧，做优秀班主任 谢 婷

357 在教育的路上寻找幸福 余 巍

360 静等每一朵花开 王 谢

363 用爱心浇灌最美花朵 张 茜

366 只要不放弃，就会有奇迹 祝玉佳

369 家校携手，心怀爱与温柔 刘诗雨
371 行思结合，坚定前行 吴俊贤
374 雨后的阳光 张 婷
376 新手教师“历险”记 陈瑞茜
379 放手游戏，发现儿童 杨 旗
382 以真心育人 王晨越
384 每个孩子都可爱 张 盼

后记 386 背后的守望 侯天凤

# 绪 论
INTRODUCTION

## “12345”，构建新教师成长新生态
### ——大邑县 2020“国培计划”新入职教师培训工作回顾

四川省成都市大邑县教师进修学校，创建于 1956 年。学校前身是“大邑县初级函授师范学校”，1962 年 8 月更为现名。1987 年 12 月，经成都市人民政府验收合格，享有中等师范学校同等地位和待遇。1989 年 9 月，获原国家教委正式批准、备案。

60 年来，大邑县教师进修学校在上级部门的关心支持下，办学条件不断改善，锻造了一支师德高尚、业务精湛、爱岗敬业、甘于奉献的高素质教师队伍。学校现有教职工 23 人，其中省特级教师 1 人，省级骨干教师 2 人，市学科带头人 1 人，市级骨干教师 3 人，成为集干部教师培训、教师管理服务等职能于一体的全县教师“进修之家”。

2020 年，大邑县教育局将新入职教师培训成功申报为“国培计划”中西部项目。根据四川省教育厅“川教函（2020）514 号”通知精神和四川省教师培训项目办公室要求，本项目由大邑县教师进修学校牵头，会同中小学教研室及其他相关科室，就如何开展新入职教师培训多次组织专家开展调查研究和分析研讨，确定了以“12345”行动为核心实施新入职教师培训的基本思路，并在此基础上制定管理措施、设计培训方案、优选培训课程。

通过精心筹备，2020 年 9 月，大邑县教育局将 2020 年新入职的公招

教师、引进人才、公费师范生、特岗教师全部纳入培训范围，正式启动新入职教师培训活动。

大邑县新入职教师国培项目，主要围绕“12345”行动来进行，旨在通过不断地探索实践，为新教师的专业发展构建良好的成长生态。

## “1”指一套机制：“四方”共育机制协同发力

为了抓住新教师成长的关键期，引导新入职教师扣好职业生涯的“第一粒扣子”，促进他们尽快成长为有职业梦想、有专业自信、有健康心理的合格教师，我县构建了教育局统筹、教师进修校主管、优质学校和指导教师引领、聘任学校协同的“四方”共育机制。其中，县教育局负责机制建立与政策配套；进修校负责培训指导、过程督导；优质学校和指导教师负责专业引领、名师指导；聘任校负责岗位锻炼、实践指导。四方围绕共同目标，建立名校名师、骨干教师卷入机制和评价激励机制，共同发力，有计划、分阶段、递进式实施新教师培训活动。

## “2”指两个阶段：抓住关键阶段精准施训

新教师的成长有其自身的规律，在对的时间做对的事，事半功倍。根据项目周期和教师成长需要，我们把新入职教师的成长关键期定为“两年两段”，分阶段投入相应培训措施实施精准培训，确保新教师在关键期获得关键成长。

第一年：站住讲台

帮助新教师完善教师角色认知，尽快掌握最基本的教育艺术和教学技能，最大限度地减少挫折感、焦虑感。培训重点是通过集中培训和岗位实践，使之尽快熟悉日常教育教学工作，熟悉教材，理解课程标准，提高教学基本功，学习处理好同事关系、师生关系、家校关系，具备课堂驾驭能力。

第二年：站稳讲台

帮助新教师提高职业认同感，确定自己的专业发展方向，规划好自己的职业生涯。培训重点是通过跟岗学习、名师指导，在不断夯实教学基本功的基础上，能够理论联系实际，提升教育教学能力和组织管理能力；同时，能够正确认识自己的专业优势与短板，提高自主研修能力。

## “3”指三种形式：抓好三种培训突出实效

1.集中培训

集中培训以通识性培训为主，重点课程包括教师职业道德、教师礼仪、教学常规与教学实践、班主任工作策略、优秀教师教学经验分享、信息技术与教学融合、新教师如何结合教学开展教学研究、融合教育的理论和实践等，主要采用集中专题学习、小组合作学习、互动研讨、自主学习、才艺展示等形式进行。集中培训时间为 5 天，从 2020 年 11 月 20 日开始启动，因受疫情影响，到 2021 年 2 月 27 日结束。

2.跟岗研修

（1）县内导师制：教师进修学校在全县中小学幼儿园名优骨干教师中遴选产生指导教师，导师制订新教师指导计划，根据新教师实际情况，确定指导内容和形式；通过教学示范、课前指导、课堂观察、课后点拨、开设专题讲座等形式，每月对新教师进行两次（约 10 学时）跟岗指导；每学期指导新教师参加校级、县级公开课或汇报课；指导新教师撰写教学随笔、教学反思、教研论文等。

（2）县外名师跟岗：安排新教师到成都市名优中小学校开展跟岗学习，开阔眼界，博采众长。

3.在线研修

按四川省教师培训项目办公室统一安排，认真组织新教师参加中国教育电视台实施的40课时的异步远程网络研修。安排责任心强、组织管理能力强的班主任，督促和指导新教师按时完成在线培训任务，于2021年5月结束。

## “4”指四大保障：发挥系统力量保障到位

1. 组织保障

大邑县委、县政府高度重视教师队伍建设。大邑县教育综合改革“1511”发展思路中明确提出，要以“素质教育+”理念为引领，以“五大基础工程”为抓手，以“教育改革”为动力，以“队伍建设”为保障，凝聚共识，推动大邑教育事业科学发展，并且连续4年将教师队伍建设“百千工程”列入大邑教育年度“十大品牌”工作。同时在教师培训管理、考核、评价等机制建设方面也为新教师培训工作提供了政策和制度方面的支持。

2. 资源保障

我县的新教师岗前集中培训，邀请国家级、省级、市级专家和县级名师授课，根据新教师成长规律设置课程；新教师跟岗研修，遴选县内优秀名师担任指导教师，分学科、分组对新教师进行跟岗指导。根据指导情况，逐渐淘汰一部分工作热情不够高、主动性不够强、指导能力较弱的指导老师，确保培训质量。

3. 管理保障

（1）每次跟岗研修之前，教师进修学校各学科教师和指导教师协调好跟培时间、地点，安排好跟培内容，做好参培新教师考勤，督促新教师按时、认真参加活动，完成跟培任务。

（2） 建立了新教师交流QQ群和各学科研讨群，每次跟岗学习完成后，轮流安排新教师上传培训照片和简讯到群，既便于交流、分享，也便于检查和督促各指导教师的指导情况。

4.考核激励

为了激励名优骨干教师充分发挥示范引领和辐射作用，我们制定了《大邑县教育局新教师跟岗培养县级导师考核方案》，通过汇总指导教师跟岗指导情况、新教师反馈情况，对指导教师的指导进行质和量的考核，评选出优秀指导教师。两年跟岗研修结束后，根据新教师跟培表现和教育教学工作情况，评选出优秀新教师。

## “5”指五条路径：畅通五条路径促进成长

每一名新教师都有指定的县级指导教师，指导教师根据新教师成长情况，每学年制定指导计划，确定指导内容和形式，按照以下五条路径，认真开展跟岗研修活动。

（1）县级导师上示范课：指导教师课前精心设计活动方案，每月为新教师上一堂优质示范课。

（2）新教师上公开课：新教师在导师指导下精心备课，结合研讨主题在小组内上公开课。

（3）课后交流指导：示范课和公开课后，结合本学期研修主题，小组开展说课辩课，讨论交流，县级导师进行指导。

（4）反馈分享交流：每次跟岗活动结束后，新教师分工合作，上传照片和活动简讯到 QQ 群，教师进修学校进行统计、反馈。

（5）线上指导：利用 QQ 群、微信群和钉钉群，教师进修学校学科教师和指导教师发布通知，安排工作，分享资源，互动研讨。

在总结去年培训经验的基础上，下一步，我县将继续做好新教师跟岗研修工作，加强对指导教师工作的管理，重点通过导师示范课、新教师同课异构、专题研讨、观摩名优课堂、交流学习心得等形式，提升新教师教学基本功、课堂教学能力和班级管理能力。

同时，将进一步提高资金使用效益，更好发挥经费效能，优化培训师资和专家团队，用好优质培训资源，更好地服务于培训质量的提升。

在实施培训过程中，我们还将进一步做好培训组织管理工作，对培训内容、培训形式、课程设置、导师指导情况、学员参培、经费使用等进行总结，为做好下一阶段培训工作做准备。

“国培计划”中西部项目是一项惠及中西部教师的民生工程，是一项改变教师队伍面貌、提升教育发展质量的战略工程，是当前中小学教师最“给力”的培训和最响亮的品牌。无论对新教师还是对大邑教育来说，这都是一个难得的机遇：一方面可以为我县的新教师培训提供更好的平台、更丰富的课程和师资力量，使新教师培训更上一个台阶；另一方面，教师进修学校通过承担国培计划项目，可以进一步提升学校的管理能力和水平，使新教师培训有更强的针对性和实效性。

因此，大邑县教师进修学校及时总结本轮“国培计划”工作经验，只为及早谋划新一轮的新入职教师培训，以期不断提升培训质效，为青年教师成长铺路，为“美丽而有温度的大邑教育”助力。

成都市大邑县教师进修学校　刘　明

2021 年 12 月 18 日

PART

ONE

第一篇

# 言犹在耳：授课实录

“孔子游于缁帏之林，休坐乎杏坛之上。弟子读书，孔子弦歌鼓琴。”

两千多年前，经由庄子的记述，孔子杏坛讲学这一幕，从此成为后世永久的追慕。夫子与弟子的情谊，文脉与道统的传承，千秋薪火相传，百代青蓝相继，皆始于此。

如今，夫子远去而遗风尚存，那些循循善诱，那些谆谆告诫，言犹在耳，一如我们在“国培”之中的所闻、所见、所思、所感。

如何做学问，如何做教师，如何教学生，如何做教育……夫子们倾囊相授，倾心以付，俯仰之间虽为陈迹，每每忆起，依旧振聋发聩。

# 创造幸福的教师生活

**陈大伟**

成都大学教授，硕士生导师，四川西部教育研究院院长，研究教师幸福生活、观课议课、课程与教学改革、教育科研方法等。主持的“教师职业道德”获国家级精品资源共享课和国家级一流本科课程。在《人民教育》刊发的“观课议课”被列为“《人民教育》创刊60年报道过的最有影响力的事件”（共33件）。出版有《观课议课与课程建设》《幸福教育与理想课堂八讲》《影像中的教育学》等24本著作。

老师们：

大家上午好!

非常高兴再次受邀到大邑和老师们交流。新教师培训这些年来，我基本上都是和大家一起度过的，今年因为疫情，所以推迟到这个时间。

每一次来，大邑的老师们都非常关注“生活”这个话题，希望我能给大家讲讲教师的幸福生活。今天，我就继续给大家讲讲“创造教师的幸福生活”。

## 一、为什么讨论教师幸福

### （一）教师幸福的人生意义

先问一个问题：有没有老师知道金字塔是谁修建的？

原先，我们都认为是埃及的奴隶。可在1560年，有人提出：不可能是奴隶，应该是自由民。为什么这样说呢？当时有人推断：这么精妙的工程，能够把它修得这么好，如果处于不幸福的情况下，是修不出这个东西的。

2003年，埃及文物管理部门根据周围墓葬的挖掘，确认了：这不是奴隶修建的，而是一群自由快乐的人修建出来的。

这个故事与我们今天的话题，有异曲同工之效。咱们讲“教师幸福”，我觉得需要了解一下“教师幸福”的个人意义。有哪些意义呢？简要来说：

第一，幸福具有终极目的意义。我们工作需要钱，但是钱不是目的，幸福生活才是目的。幸福具有终极目的性。

第二，幸福具有自足性。如果一个人觉得幸福，他会觉得生活满足，内心平衡宁静。

第三，幸福具有动力作用。为了追求幸福，我们需要克服困难。在教育教学当中，我们会遇到很多问题，当这些问题不能解决时，就会影响我们的幸福生活。那我们需要干什么？需要战胜困难。

第四，幸福具有利他弥散性。一般情况下，幸福的人会出现更多的利他性。举个最简单的例子：

今天回到学校，校长说你最近表现不错，给你1000块钱奖金。晚上你的同伴让你请客，你会吗？一般情况下都是会的。如果校长说，你最近工作不在状态、表现不好，而同事要你今天请客，你会吗？肯定就不干了。

实际上，越幸福的人越会出现利他行为。相应的，当你真正去利他的时候，别人就会帮助你。这就像滚雪球一样，幸福的人会越来越幸福，不幸福的人对周围人不友善，别人就远离他，他就越不幸福。这就是幸福的利他弥散性。

以上四点就是幸福的个人意义。

### （二）幸福的教育意义和价值

为什么当老师的要特别讨论幸福呢？我想请大家看一段视频，体会幸福的教育意义。（播放视频）

这是一个真实的故事，通过这个故事，我们可以讨论一些问题。

大家回忆一下：王永林说他小时候成绩不好，原因是什么？（齐答：不喜欢语文。）

不喜欢语文的原因是什么？（齐答：不喜欢老师。）

不喜欢老师的原因是什么？（齐答：老师严肃不笑。）

你们对学生笑过吗？（齐答：笑过。）

有这样好的效果吗？（齐答：没有。）

为什么没有？我们的教师其实很少功利性地笑、有目的地笑。

这个老师，这次是对他女朋友笑，笑得很甜蜜、很温柔、很有活力。当学生看到这样的笑容时，就会觉得：哇！老师喜欢我耶！那我该怎么办？我就喜欢这个老师，喜欢他所教的学科，然后就愿意在这个学科上付出努力，成绩就好了起来。这实际上是一种教学的逻辑。各位老师，如果你一直是板着脸上课的，可以试着改变一下。

当然，面对学生，不是所有时候都需要笑，有的时候还是需要严肃一点。曾经有老师问我："陈老师，你不是说要对学生微笑吗？我怎么去对我们班上那些屡教不改的同学保持微笑呢？"我就跟他说："他都屡教不改了，你还对他保持微笑，你是不是有点太没自尊心啊？"当老师的，慈眉善目、循循善诱是教育；金刚怒目、当头棒喝，让他悬崖勒马，也是教育。但是，笑的效果终究比板着脸的效果更好。

2018 年，在成都做中学化学骨干教师培训的卢老师，关注了我的微信公众号。后来他说："陈老师，我回来这两个月就做了一件事：坚持到每个同学身边朝他们微笑。我发现，学生听我的课认真了！有些老师甚至问我：'卢老师，你这次参加了什么培训？怎么这次回来变得这么温柔可爱了呢？'"这就告诉我们微笑的意义，这种微笑是什么？是真诚的发自内心的幸福。这就是第一个"幸福"的意义：教师的幸福和爱的意义。

请老师们注意一下：在这个片段当中，这个学生说他小时候一到四年级的成绩都是班里倒数的。我想问一下，你们读书的时候，如果有个同学的成绩一直都是班里倒数的，我们很容易给他一个什么样的标签？（答：差生。）但是，他用一年时间让成绩上升到前五名，最后还成了一名作家。这件事情可以给我们一个提醒。

我们平常会往很多学生身上贴标签——"差生"。人家不"差"，只是没开窍，没努力，没有得到老师的关怀。如果他开窍了，愿意努力了，又得到老师关怀了，他完全可能给我们一个奇迹。因此，我强调的是"差异"，期待大家承认"异"，而不要去说人家"差"。在"差异"面前，我们更应该看到"异"，而不是看到"差"。

我们一定不要去称呼学生"差生"。我经常对自己的学生们说："如果你们嘴里经常说班上有几个'差生'，我就一脚把你踢出门外。他们现在称不上'差生'，不要去叫他们'差生'。"我们不能用我们的生活经历、我们的眼界去限定学生的未来。

2006年，我到贵州省遵义市湄潭县新南乡去做过两周义工，给他们上过一节课——"二十四时计时法"。我给学生展示了一张飞机行程单，我问："请同学们观察一下，这张飞机票上有什么信息啊？"学生回答："陈大伟老师，2006年10月30日，要从贵阳龙洞堡机场飞到成都双流机场。"我就说："这里有组数据20：20，这到底是什么意思？我们要了解一下，如果不了解的话，今后我们坐飞机就可能会误掉。"课后讨论的时候，他们班上的老师说："这些学生都不可能坐飞机的，我们都没坐过飞机。"

老师们，我们没有经历的事情，孩子们今后就不会经历吗？我们以为他不行的事，今后他也不行吗？

还有一个例子。有一个老师曾经对一个学生咬牙切齿地说：“你今后要是成功了，我拿手板心煎鱼给你吃！”20年以后，这个学生来看这位老师。老师是多么高兴啊，满心喜悦地把这个学生招呼到办公室愉快交流。学生就对老师说，我这么多年干了些什么，现在在干什么，让老师高兴了一下。“哎呀！不错啊！我也了解你们班的一些同学的情况，我觉得你是你们班最成功的！”这个学生说：“老师，你说我很成功吗？”“是啊，你很成功啊！”这学生的脸马上耷拉下来：“您还记不记得某年某月某日某种情况下，您说过，我如果成功了，您要用手板心煎鱼给我吃？”学生马上拉开挎包，拿出个塑料袋，里边养着几条活蹦乱跳的鲫鱼。他往桌上一扔，说：“今天，我就等着您煎鱼来给我吃。”怕老师说没调料，他把盐也拿出来了。师生关系马上紧张起来，气氛很尴尬。办公室的同事赶紧劝、劝、劝，把这个学生劝走，这个老师趴在桌上懊悔哟、难过哟。

所以，各位老师，不要轻易去否定一个学习不好的学生。

可能有些老师会说，这个学生真是没良心，如果没有老师当初的“激将法”，他会成为现在的样子吗？注意，你当初是在用“激将法”还是真正看不起别人，人家看得不清楚？你当时鄙视别人、嘲弄别人，现在别人成功了，你就说你在“激将”，你是不是太过分了？

所以说“差异”，在这当中，我们要看到“异”，不要说人家“差”。

有一部印度电影《地球上的星星》，里面那个小孩子有阅读障碍症，读书读得很慢。我问一下，你们觉得读书快好还是慢好？对，各有各的好。我给你一本书，你看得很快；我再给你一本线装书，竖行的，不打标点符号的书，你肯定读不快，只能慢慢读。你觉得读得慢的收获和读得快的收获，哪个更多？哪个更深刻？恐怕读得慢点的收获得更加深刻吧。

所以说，人和人不一样，不要去说人家“差”，对所有学生都要相信他可能是人才。这就是我们所说的第二个幸福的意义——确立更积极的学生观，“差异”。

第三个幸福的意义：确立全面发展的质量观。这个学生这样描述：老师没对他笑的时候，他的听课状态是什么呀？心惊胆战，害怕分心。老师对他笑过两次，他用一句话描述他的听课状态：挺直了腰杆，心情从来没有这样好过。这实际上提醒我们：来到教室里边的学生不是一个容器，等待着我们往里边装知识、塞技能，他是作为一个活生生的人来的。活生生的人有什么？有情感，有喜好。很多老师在课堂上关心的只是学生学到知识没有，大家要注意：学生是作为“人”来的，你要关心他的情感，关心他的需要，关心他得到尊重、得到肯定的需要。这就是我们所说的“关注学生的全面发展”。

当然，这里还有一个有意思的地方：老师对王永林笑过两次。

你们现在想一想：老师以前笑不笑啊？不笑；以后笑不笑了？也不笑了。对于老师以前的不笑，王永林怎么理解的？老师不喜欢我；老师以后的不笑，王永林怎么理解的？老师心里在喜欢我，这是对我严格要求。大家看，明明都是不笑，为什么会有不一样的理解？这当中发生了什么？——两次微笑所带来的美丽误会，由此和学生形成了一种关系：老师是关心我的，老师是爱我的。所以从这种意义上说：教育学首先是关系学。

各位老师，你在开学之初首先要干什么？我们首先要做的就是：学会和学生、学生家长建立一种信任的接纳关系。大家想一想，可能马上要期中考试了，考试以后，我们就到班上对一个学生说：“这次期中考试，你很不错啊！比上次都多考了几分。”如果学生和你感情好，他会这样想：“我上次考试多少分自己都不记得，怎么老师还记得呀？老师好关心我，我下次再努力多考几分，看他还记不记得住！”这是感情好的时候，他会这样想。感情不好的时候，他会这样想：“听这个口气又是不相信我，为什么会表扬我呢？还不是希望我努力多考点分，好让他年终能拿奖金，我不会让他称心如意的。”学生如果这样来看你，你怎么做？

有一位老师在QQ上给我留言：“陈老师，现在的家长真是不可理喻！”

我问："怎么不可理喻啊？"他说他教到一对孪生兄妹，哥哥成绩不好，妹妹成绩好。他去家访的时候，家长一边打麻将一边说："我女儿成绩好，是因为她比较聪明；我儿子成绩不好，是因为你们老师没把他教好。"你说气人不气人？我就跟他说："你没和家长建立一种关系，如果有了一种良好的接纳关系，你去的时候他不会打麻将，恐怕会抓紧时间把麻将推开，泡茶，然后说，他女儿成绩好是你们教得好，他儿子成绩不好是他太顽皮了，太难教了。"所以，你们首先要学会建立起关系。这就是我们所说的第四个教师幸福的意义：教育的前提在于良好的师生关系。

接下来，王永林有一句话："老师的来信让我深深懂得了为师之道。"这里的"为师之道"是什么？"千教万教教人求真，千学万学学做真人。"我经常给我的学生讲：如果你们毕业了，十年、二十年，你混成了一个特级教师，然后在《四川教育导报》上写了个豆腐块文章。写什么？写我在成都大学受到陈大伟老师的影响，奠定了我成为特级教师的基础。那么，二十年以后，陈大伟老师肯定是拿着这张报纸满世界宣传，你看，我的学生都是特级教师了，他还记得我。

视频里，王永林说，如果不是你当初的两次微笑，我不会有今天。他的老师是怎么说的？实事求是，正本清源——当初的微笑不是给你的，是给站在你身后的校长和我女朋友的。不贪学生成才的功劳为己有，实事求是承认自己过去教学出问题了，愿意为此改进，这给继续搞教育的王永林以人格上的影响，这就是教师的为师之道。

老师们，我们在今后的生活、工作当中，会遇到很多诱惑。诱惑到来的时候，你能不能不贪学生成才的功劳？我们写文章也好，做研究也好，实事求是，不去贪别人的功，这就是"君子务本"。把自身发展好了，自己的品性会给学生以人格上的影响。

讨论这个故事的目的在哪里？——你要幸福，你的幸福对于学生很重要。

我将其中的诀窍总结为四句话：微笑自有化人功，是异非差人不同，关系融洽教学在，澄清误会传师风。

## 二、对幸福生活的理解

我们说要追求幸福，那什么是幸福呢？这里也给大家放一个电影片段，《蒙娜丽莎的微笑》，它被称为“女版的《死亡诗社》”。

（播放电影片段）

幸福是人审视自身生存状态。

右边是一位什么样的老师？新教师。左边是什么老师？老教师。这个老教师看到一个年轻教师要走进教室，她第一次走进教室有些紧张，有些胆怯。这位老教师并不知道她叫什么名字，但是她知道，走进教室大门的肯定是自己的同事，看到同事在工作当中遇到问题和困难，就主动走过去提醒：“小心点，如果你紧张，他们能够觉察。”

请各位老师回忆一下：在你的学校里，当你在工作、生活当中遇到问题和困难时，其他同事会来关心和帮助你吗？（答：会。）会就很好，为你点赞。如果有的老师说“没人关心我”，没人关心，那我应该怎么想？——为什么我得不到别人的关心？其实关心都是相互的。如果我们走到工作岗位上，还像过去读书时一样当“大小姐、公子哥”，什么事情都让别人照顾你，谁来关心你呀？所以，到一个学校里，年轻人首先要学会干什么？学会多做一点，多去传递关心。

俗话说“投桃报李”，你首先要投桃，别人才会报李。各位老师，如果你觉得别人不够关心你，你应该想，为什么我得不到别人的关心？不要怪他为什么不关心你，应该想为什么我得不到别人的关心？

我现在也请各位老师想一下，你认为同事之间需要互相关心吗？现在闭上眼睛，你们穿越一下，穿越到10年后，你在那所学校已经工作10年，而学校的发展一直很好、很有希望，那你工作10年以后还会换单位、换学校吗？会换的请点头，不会换的请摇头。如果我到你们学校来问呢？很多老师都会摇头。你现在看看身边坐的那个同事，刚才他也在摇头，当两个同事都用摇头表达时，那意味着什么呀？意味着我们会在这个学校一起慢慢变老，我们会一直工作到退休，退休以后可能还是最好的玩伴。

所以同事之间，我们建议大家以合作为主要取向，而不是以竞争。因为，我们要在这个学校一起慢慢变老。现在给大家30秒，和你周围的同事交流一下，表达一下你们可以一起慢慢变老的深情。

只有同事之间相互关怀，才会增加你的幸福感。我们看一看视频中这位年轻老师，得到了老教师的关怀提醒，然后她又看了看教室里的学生，对老教师点头表示感谢。

（继续播放电影视频《蒙娜丽莎的微笑》片段）

教师：“人类从诞生之日起就有进行艺术创作的冲动。有哪位同学知道这幅画？”

学生1：“《受伤的野牛》，西班牙，卡米拉，公元前15000年。”

老师：“很好。尽管这些画年代久远，可绘画技巧却相当娴熟……”

学生1：“因为效果和勾勒轮廓的线条粗细都恰到好处，对不对？”

老师：“对，非常正确。”

“下一张。这幅也许你们不太熟悉，考古学家发现它的时间是在……”

学生2：“1879年法国拉斯莫，创作于公元前10000年，出色之处在于描绘动物动态的流畅线条。”（众学生笑）

老师：“佩服。叫什么？”

学生2：“叫《群马图》。”

老师：“我问你的名字。”

学生3：“我们叫她小马鸡。”（众学生笑）

学生2：“都叫我 baby。”

老师：“很好，baby的回答很正确。不能因为有些东西古老，就想当然地认为它们原始。举个例子，请看下一张。”

学生 4："……公元前 2470 年，他是法老和王后的陪葬雕像，原先是打算用来保存法老的灵魂。"

老师："你们有谁以前选修过艺术史？"

众学生："没有。"

老师："继续下一张。"

学生 5："《抄写员》，埃及，公元前 2400 年。"

学生 6："《耕地的农民》，公元前 16 世纪，埃及。"

学生 7："……公元前 1600 年"

学生 8："……公元前 1200 年"

……

老师："请那位把……谢谢！你们举手表示就可以了，有多少人把整本书都读完了？包括推荐的补充读物。"

学生 9："遥遥领先你那个大学。"

老师："你们确实很用功……"

学生 10："如果你没别的可教，我们可以去自修。"

老师："我……"

就这个片段，我们想讨论这么一些问题："你们还想不想教最好的学生呢？还想不想教最优秀的学生呢？"

我们接不接受这些学生在课堂上的举动？（答：接受。）该不该接受？（答：该。）是的，应该接受。一个老师如果在课堂上讲不出对学生有意义、有价值的东西，不能够对学生的成长提供实质性帮助的时候，你凭什么一定要求学生坐在教室里面呢？我希望年轻的老师们都应该有这样的良心，如果有一天我们已经清晰意识到：我站在讲台上完全是在误人子弟，是在浪费别人的时间和生命，我们应该学会反思、反省，这是教师应该有的良心。

现在很多老师不幸福："哎呀！我工作环境好差呀！""我们小学老

师、乡村老师，不像大学老师，工作环境和工作条件都有幸福的理由。”很多老师很苦恼：“我们教的这些学生一点都不爱学习，这个老师教的学生特别爱学习。”“我们那些学生太笨了，这个老师教的学生很聪明。”还有些老师会说：“陈老师，你没来看我们的课，学生坐着像木头一样，而这个老师教的学生特别积极，我们想教这样的学生。”

那大家想过这个老师这样的课堂生活吗？想不想？不想。为什么？难受、想哭！

用这个案例，我们讨论什么是幸福。

幸福是人审视自身生存状态所获得的一种愉悦感受。在这个界定当中，我们要注意两点：第一，幸福的内容和形式是主观的；第二，幸福的对象是客观的。

理解幸福的内容和形式，对我们来说很有意义和价值。它的意义和价值在哪里？可以帮助我们摆脱某些心理困境。

举个例子，假如你今天坐地铁丢了500块钱，你难受不难受？难受，但是转念一想：哎呀！真好！昨天老婆突然袭击，把我1500块钱收走了，所以今天丢的是500不是2000，给老婆用总比小偷用要好一些。心里好受点没有？生活当中总会有很多不如意的事情，对已经发生的、不能改变的、不如意的事情，我们要学会心往宽处想，朝另外一个角度去想。这就证明，幸福的内容和形式是主观的，它可以帮助我们摆脱某些东西。

光看到幸福的内容和形式是主观的，还不够，你一定要注意幸福的对象是客观的——你的生存状态。刚才这个老师的生存状态，只要当过老师的都不会认为这节课上得很幸福。学生都不要你了，你还幸福，你真是“阿Q”到家了。

那么，我们要追求和实现自己的幸福，就要改善自己的生存状态。人的生存状态受哪些因素影响？可以从内因和外因来看。

外界因素的影响包括：第一，社会总体经济发展水平会影响我们社会成员的生存状态；第二，社会分配制度会影响不同行业、不同地域、不同人群的生存状态；第三，工作文化氛围，比如说整个社会怎么看待教师，是不是尊重教师、理解教师、信任教师，你们学校里边的工作环境怎么样，这都会影响你的生存状态；第四，你的家庭环境和背景，你的爸爸妈妈是干什么的？你嫁了一个什么样的老公，娶了一个什么样的老婆，子女情况怎么样，都会影响你的生存状态。

在看到影响生存状态的外界因素时，我们要知道，影响生存状态、决定生存状态的还是自身因素。

第一个就是你曾经付出的努力。

我在兰州做校长培训时，兰州市教科所的魏书记跟我说："陈大伟老师，你在很多地方给老师们讲创造教师幸福生活，我觉得你应该给大家讲一讲'种瓜得瓜，种豆得豆'的道理。"老师们，你觉得你现在吃的是瓜还是豆啊？如果你吃的是瓜，那是因为你过去在种瓜；如果你吃的是豆，那是因为你过去在种豆。因此，一个人对自己当下的生存状态，不要一味去怨天尤人，老去抱怨这个、抱怨那个。有什么可抱怨的呀？《诗经》里面说："窈窕淑女，君子好逑。"淑女是品德好，窈窕是体态举止好。古人就知道，不能找漂亮的，为什么？第一，漂亮的会变，时间不会倒流；第二，他预料到今天的风险，有很多漂亮的是"整"出来的。

我们看一个例子。有一天，一个董事长问："谁能说说公司现在存在什么问题？"100 多个人上来抢话筒。董事长又问："谁能说说背后的原因？"一半的人立马消失。再问："谁能告诉我解决问题的方案啊？"不到 20 人举手。"那么有谁想动手试一下？"结果只剩下 5 位。老师们，你们评估一下你自己，你是属于哪个数据里的人？有的老师说，我在那 100 人以外。你说你都在 100 人以外了，你想一想，谁会推动这个公司的发展？谁应该得到更多的机会呀？很显然是最后 5 个人。与其抱怨这个公司，不如向这五个人学习，改变你的生存状态。

这就是我和大家分享的第一个因素：幸福决定人的生存状态，这是和你曾经付出的努力息息相关的。

决定人的生存状态的第二个因素是什么？就是能力水平。我希望大家一辈子把这句话记住：幸福是一种能力。

比如，刚才那个老师教那么好的学生，她没觉得幸福。原因是，她没有表现出引导组织管理学生的能力。今后，我们如果当老师当得不够痛快，应该问一问："是不是我的能力水平还不够？"

就说这次安排你参加"国培"，暑假期间还要集中四天培训，大家怎么想啊？我是来提升幸福生活能力啊！每一次学习，我们都要想一想：今天学到一点提升幸福生活能力的观念、想法和做法没有？带着收获回去，幸福是一种能力。

那教师幸福生活的能力有哪些呢？第一个能力就是认识幸福。

我和大家分享一下我个人的经历吧。我 1982 年中师毕业参加工作，工作 10 年以后就当校长。当了两年校长以后，我觉得还是当老师舒服一些，然后就辞职到绵阳实验中学当了教科室主任、教导主任。又工作 3 年，有人说我这个人还可以，就把我调到绵阳市涪城区教师进修学校去当副校长、校长。又工作 5 年，我觉得还是当老师舒服一些，就又辞职到成都教育学院当副处长、科研处处长。2005 年，有个朋友说，陈大伟的"武功"在课堂上，离开课堂就相当于废了他的"武功"。我觉得"武功"很重要，处长不重要，所以 2006 年我就把处长辞掉了。

有个教研员老师给我发短信："陈老师，我们今天说到你又辞职了，都觉得你很高尚。"我说："胡说八道。你知道什么叫高尚？高尚意味着不计个人得失、积极主动为他人承担责任，这样的人才高尚，我现在是不愿意当处长，不愿意当领导，我是自私。你要说自私，我还接受，你要说高尚，我是不接受的。"

有一点，陈大伟老师是比较聪明的：我知道我想要什么。老师们，你想要什么呀？所以，在说幸福的时候，有一种叫配享幸福的能力。你配享受什么样的幸福？你的能力水平，你的道德品行，配做什么事情？不要"这山望见那山高"，要看清自己、认识自己。

第二种能力是什么？就是感受幸福的能力。怎么感受幸福？人要努力学会找幸福，不要找不痛快。现在想一想，我们是在找幸福还是在找不痛快？

我曾经在山西做一次培训，山西的老师说："陈老师，我觉得我们当老师的要努力成为蜜蜂，不要成为苍蝇。"

什么是蜜蜂？什么是苍蝇啊？你看，蜜蜂的生存方式是什么？什么地方有花香，什么地方有花蜜，它就飞过去，然后把花蜜酿成蜂蜜。我们对蜜蜂都是称赞：哇！不错不错。

苍蝇的特点是什么？什么地方臭，什么地方肮脏，它就往那个地方飞，弄得一身都是细菌。我们看到苍蝇什么感觉？恨不得把它打死。

老师们，你们在学生面前像蜜蜂还是像苍蝇？学生看到你们就说："啊，老师快过来啊！"还是恨不得躲你？如果都在躲你，你是不是像苍蝇一样？所以，从某种程度上讲，我们要学会感受幸福。

第三，学会创造幸福。

第四，要有传递幸福的能力。当老师的要把对幸福生活的理解、幸福生活的能力传递给学生，让学生因为我们而生活得更加幸福。

## 三、创造幸福生活

这段文字是我特别喜欢的，我们一起把它读一读吧：

一个人真正的幸福并不是待在光明之中。从远处凝望光明，朝他奋力奔去，就在那拼命忘我的时间里，才有人生真正的充实。他给人的感觉，就是他的前面有一束光，指引他永远向前。

——日本建筑师安藤忠雄

我们把这段话转换一下：一个人真正的幸福不是占有、享有某些东西。占有、享有某些东西，带给你的可能只是满足感，而一个人真正的幸福，来源于创造，来源于超越。就像你前面有一束光，指引你永远向前。

老师们，现在大家当老师，你面前有没有一束光？这束光是什么？成为最优秀、最卓越的教师。我这辈子就为了这个而努力，前面有一束光，在这个追求的过程中来创造、来超越。

### （一）追求和体验成长幸福

那么，我们怎么来体验幸福呢？我认为幸福有两种：创造这个世界，创造自我。创造自我，就是人不断地超越自己。

不知道大家有没有这种感觉和体验：当你读到一个东西的时候，豁然开朗，心中有一种喜悦感、幸福感。

苏霍姆林斯基曾经引用爱因斯坦的话说：“我们体验到一种最美好、最深刻的情感就是探索奥秘的感觉。谁缺乏这种情感，他就丧失了在心灵的神圣的战栗中如痴如醉的能力，他就可能被人们认为是个死人。”

2002 年的时候，我从绵阳市涪城区进修学校校长岗位上调到成都。当时我的情况是什么？第一，自己的手续没有完成调动；第二，老婆能不能够调过来说不清楚，我是孤家寡人一个；第三，我在绵阳有自己的房子，在成都没有房子。那个时候，尽管房价也算便宜的，但是我钱太少了，买不起房子，买房子对我来说是奢望。

当然，有些老师会说：“哎，你不是说当过校长吗？”当校长仍然没钱。给大家提醒一下，当老师后，人生最重要的是什么？四个字：安全第一！我当老师、当校长想的是什么？——只要我在当着老师，我努力工作，就不会下岗，虽然过得不是特别光鲜，但至少吃饭不愁吧。万一“进去”了，里面的日子多难过，“进去”以后再出来，又当不成教师了，你说以后能够干个什么？想起自己什么都不会干，就只会耍一点嘴皮子，连这个都不让你干了，你说这辈子怎么办呀？所以我一辈子都是小心谨慎！各位，当老师，首先做到四个字：安全第一！

我在涪城区教师进修学校当校长，现在一个人跑到成都去，谁理你啊？我的父亲就给我打电话：当校长多好啊！你一个人跑到成都去能怎么样啊？我给我父亲说，您放心，那么多人骑自行车上班，只有我一个人是哼着歌上班的。为什么哼歌？早晨起来读书，读到某一句话让自己豁然开朗，哇！今天不错，我居然理解这句话了，把这个问题想明白了，今天不管怎么样我都可以很幸福。

所以，你想读书、想成长、想进步，这样的幸福没有谁能够剥夺，这完全可以是你自己赋予自己的。

所以，我们幸福的第一个来源是什么？在学习、在成长当中去窥见真理的奥秘，这是我们说的第一种幸福——人生幸福。

### （二）在研究的创新实践中实现幸福

第二种幸福，我们主要讨论创造幸福，外化幸福。

我从 2004 年开始研究教师幸福生活，我对教师幸福有这样一些想象：什么样的老师会幸福呀？就是课前有期望，老师盼望进教室。

你们现在盼望进教室吗？盼望的请点头，不盼望的请摇头。很好啊！很多老师在点头，也有摇头的。说实在话，这个时候就开始摇头了，今后怎么办呢？还有 30 年啊！当然，你们年轻，点头的比例大一些，如果到学校里边去问，摇头的多还是点头的多？摇头一大片啊！

我在广州一个学校给他们的老师讲：幸福的老师是盼望进教室的老师。我讲得深情款款，结果下边一个老师嘟哝了一句：“谁盼望进教室啊？我们都不想上课。”其实，我是看过很多老师盼望进教室的。下面我分享两个例子，第一个是别人的例子，第二个是我的例子。

2004 年，我到成都市一所学校去观察一个老师上课。这个老师早早就来到教室门口，满脸喜悦等待上课，我想分享他的幸福和快乐。我问：“老师今天怎么这么高兴啊？有什么好事啊？”他说：“没什么好事。我今天要上的课文是《陶罐和铁罐》，这篇课文我过去教过几次，都没有找到感觉。我今天早上一边吃早饭一边翻教材，我突然读到这么两句话：‘你敢碰我吗？陶罐子！’铁罐傲慢地问。‘不敢，铁罐兄弟。’陶罐谦虚地回答。”

他说："我过去没注意到，今天突然注意到这里边有两个不同。

第一个是称谓不同：铁罐称陶罐什么？'陶罐子'，而陶罐称铁罐是什么？是'兄弟'。称谓不同，实际上反映出自身生存状态不同。一个人如果生活幸福，他对周围的人会比较友善；一个人如果生活不幸福，他自己很难受、很不堪，他看周围就很不顺眼。所以，各位老师，如果今后遇到有人对我们说话比较尖刻，我们要充满同情和理解。为什么？他不幸福。所以，称谓不同，反映出的生存状态不同。

第二个是标点符号不同：铁罐对陶罐说什么？'陶罐子！'感叹号语气强烈急促。我在想，它为什么用这种急促强烈的语气说话？后来我突然明白了，它想干什么？挑衅，想激起陶罐的愤怒，万一陶罐控制不住自己朝它一碰，它就可以达到粉碎、消灭陶罐的目的。这样一想，我就觉得这个'铁罐傲慢地问'，'傲慢'这两个字不好，应该是阴险、狡诈、别有用心、挑衅；而陶罐它其实也不是'谦虚'，是聪明，它知道在这种情况下不能硬碰硬，所以陶罐应该是低声下气赔着小心，小心翼翼地回答。陈老师，我今天就想让学生好好读读这两句，读出称谓不同、标点符号不同，然后体会它们的不同生存状态，还可以引导学生批判性使用教材，进行换词练习。这节课会不会有不一样的效果啊？我就想来试一试呢。"

大家看一看，什么样的老师会盼望进教室？就是研究教材、研究学生的老师。有新的认识和发现，这叫"新知"；想采取与过去不一样的教学方法，这叫"新事"；希望看到不一样的教学效果，这是"新人"。当教学有了创新的时候，教室里边就会成为有吸引力的地方。在座的老师们，回忆一下你自己教了这么一两个月的书，有没有这样盼望的时刻啊？有。我们会意识到什么？刚才摇头的都变成了点头，点头叫什么呀？点头就叫"低头找幸福"。当老师的不能一天到晚都忙着问天问地，问：幸福在哪里？幸福在哪里？要低头找幸福。研究教材、研究学生、有创造，这就是我们讲的第一个：课前有期望。

第二，幸福的老师在课中有创造。他能够在教学过程当中胸有成竹、得心应手地应对教育事件和情境，能够创造性地、高质量地完成教学任务。这样的老师也是幸福的老师。

我曾经在中学是教地理的，有一次教“气旋和反气旋”。这个可以怎么教？能不能做点改变？我就想到了用“诸葛亮借东风”的故事讲气旋和反气旋。这里给大家普及一下“诸葛亮借东风”是怎么回事。我们知道，在地球上空存在着气压带和风带，夏季太阳直射点在北半球，西风带在偏北的位置，青藏高原夏季在北半边，冬季太阳直射点南移，青藏高原太高了，西风不能够从顶上翻过，大部分会分成南北两支绕流，绕流就在长江中游交汇，容易产生波动，形成锋面气旋。当气旋向东边移动的时候，前面吹什么风呢？吹东南风。这就是从南边来烧北边战船的风，诸葛亮、周瑜借来烧曹操战船的风。

《三国演义》中写曹操部队败退，退着退着天降大雨，这是为什么？气旋中心不稳定，天下大雨了。又写曹操部队退着退着天晴了，这是为什么？气旋过后吹北风啊，天晴啊。所以，诸葛亮是不是借了东风烧曹操的战船，我们不知道，但是有一点我们会意识到，罗贯中是一个高明的气象学者，他写出了一次完整的气旋。讲到这里不要停下来，我们继续和学生讨论，那为什么曹操不知道？结论是什么？那个时候没有天气预报，没有中央气象台。曹操常年生活在北方，对这个地方的局部天气不熟悉，而周瑜生活在长江下游也不知道，长江中游有没有人知道？我推断蔡瑁、张允应该是知道的，但是周瑜也知道要打水战，不把蔡瑁、张允杀掉，这是大忌，于是使用“反间记”，让蔡瑁、张允被曹操杀掉。我判断，曹操的失败是从杀蔡瑁、张允开始的。为什么？因为荆襄地带的人对曹操不反感，你一来我们就投降，但是你不分青红皂白，把我们的主心骨蔡瑁、张允给杀了，荆襄地带的人就生出反叛之心，就有了庞统献连环计。诸葛亮高明在这里，他不仅知道这种天气，而且准确预报这种天气什么时候发生。

如果你们是我，你们是地理老师，当你设想了这样教学的时候，你会有什么样的心情？告诉大家，就像朱自清的《春》：盼望着，盼望着，铃声快响！我要走到教室里面去给学生“卖弄”，你看你们的老师多厉害呀！

我教的第一届高中学生是高八届，他们毕业 20 年后开同学会，请我吃饭，同学们一个个给我敬酒。当他们把酒端到我面前的时候，我突然想了一个问题：我凭什么喝他们的酒？难道是因为他们考得好吗？考得好完全可能是遗传的种子好，还有其小学老师、初中老师，那么多老师培养他们，你就上了一下高中的课而已。后来，我突然记起，我曾经给他们上过这样的课，你说，上过这样的课还不配喝这样的酒吗？

所以，这一辈子，大家要干什么？能够说出你上过什么课、你的水平在哪里。

一个幸福的老师是什么？就是课中能创造。怎么创造呢？我放一个视频请大家看。

（播放电影《超脱》片段）

当老师，我们一辈子要遇到各种各样的学生，只有把各种学生搞定了，你这辈子才会幸福。我们现在看看这个例子，可以给我们一些什么样的启示？

在刚才这个片段里，老师和学生有一段对白。那个女生问：“你为什么把第一个学生赶出去？为什么把第二个学生留下来？”

这个老师怎么回答的呀？“因为他骂了你，我班上有规矩，我要杀鸡儆猴。”

这件事情给我们提供一个工作原则：如果你发现你所带的学生当中存在欺凌现象，你的学生在被其他人伤害和侵害，当老师的一定要勇敢站出来，对受到欺凌的同学进行保护，对实施欺凌的同学进行惩戒。

为什么要这么做？因为在学生心目当中，老师是公正的，老师是会关心他们的，一旦老师不去尽自己的责任，不去关心他们，学生失去依靠、失去保护以后，他们要么任其欺凌变得软弱，要么会用另外的方式报复；而没有受到惩戒的同学有可能会变本加厉。

前几年发生了一件事情。有位地理老师正在上课，后边两个学生打架，这个老师怎么处理的？他回头看了一眼，抱怨了一句：“你们要打就出去打，不要在我的教室里边打。”然后继续上课。两个同学在教室里面继续打，一个把另一个当场打死。当然，这件事情老师有责任，教育局开除了这个老师，家长还不依不饶：我一个活蹦乱跳的孩子在老师眼皮底下被打死，肯定该承担责任。最后，法院判决老师赔10万。

所以该你管，你要管。

有的老师说，我怕。你们怕不怕？怕！我们怎么能够变得不怕呀？举个例子，假如我们今天碰到街上有个歹徒拿着一把刀要砍人，你会冲上去吗？说不清楚；假如他砍的是你的子女，你会冲上去吗？肯定啊！那个时候就变得非常勇敢了。

所以有一句话说，我们之所以不够勇敢，是因为我们爱得不够深沉。《道德经》里面有一句话叫“慈固能勇”，越慈爱的人越勇敢！

什么叫勇敢？基于爱、基于责任的行为是勇敢；不基于爱，不基于责任，没有基于理性的，那是莽撞，是愚蠢。所以，老师为什么把第一个同学赶出去而把第二个同学留下来？他还骂了你，这个老师怎么回答的？习惯了。

你们习惯没有？没有，没习惯就好。习惯了，有点悲哀。但是他也提供了另外一个原则：如果遇到学生挑衅，你要忍一忍。

设想一下，你们去买了一件漂亮衣服，星期一穿到学校里面去，满心喜悦。结果走到门口就听一个学生说：“看看看，我们班上的丑八怪又回来了，哈哈哈。”你很生气，冲过去给她一巴掌，没想到那个女生眼疾手快抓住了你的头发，你赶紧扯住她的头发，两人扭打起来，在地上还打了几个滚。其他同学说：“哇哇哇，这个可以发朋友圈。”就把它传到网上去。你说别人怎么看？恐怕只有教育系统的人会说：“这样的学生没家教，就该收拾！”而教育系统以外的人会怎么想？老师有点缺修养，你是老师，她是学生，你是大人，她是小孩，你和她这么计较！

这里面体现的工作原则是什么？遇到欺凌的时候，老师要站出来，遇到学生的挑衅，要先忍一忍。可是我们现在的情况恰好相反，我们在课堂上上课遇到什么问题无所谓，但是，学生一旦对我们有点什么不好的，马上就开始爆发。

刚才这个片段里，老师有一段独白："现在的学生觉得学习无聊，他们对学习没兴趣。"我问一下各位老师，你们教的学生有没有感到学习无聊？对你们的课没兴趣？有，太多了。

这个老师给了大家一个什么样的"处方"啊？——你要让他意识到所教内容对他的意义。如果他没意识到这个对他有意义，他怎么会听你的话去学啊？这就是提醒我们在教学当中应该怎么办。

我这辈子上的第一节初中语文课是这样的：我们成都一位初中语文老师上苏东坡的《水调歌头》，我发现他有点拖，一节课的内容没有完成。第二节课我们在一起讨论，我没有批评他"你这个地方不应该这样做"，而是向他贡献自己的方案：这个地方如果我来教，我想看看能不能够这样教；学生问到这个问题的时候，我想往后边再去问一下，会不会有这样的效果。没想到，我的所有意见都被这个老师否定。他说："陈老师，你这个想法是很好的，但是它对学生的素质要求比较高，我们是一个生源很差的学校，没有这么多积淀。陈老师，你是大学老师，大学里边讲深一点可以，初中语文用不着讲这么深都可以。"当我所有意见都被他否定的时候，我心里是"拔凉拔凉"的，因为他在证明我们学校教学没用，到中小学也没价值。于是我就想给他证明自己的价值，我对他们校长说："校长，我这辈子从来没上过初中语文，你们有没有班没有上这课的？我来上一节。"校长很高兴地找到一个班，一听我要上那个班，这个老师马上友善提醒我："陈老师，我们学校分了快班慢班，我今天上的是一个快班，你要上的是我们年级最慢最差的班。快班我都上成这个样子，你第一次上，万一下不了台怎么办？你实在想上，我以后把好班留给你。"他是关心我，但是我终究不能接受这样的关心，"明知山有虎，偏向虎山行"。我说："我还是上。"

我是这样上的：“同学们，我们今天要学习苏东坡的《水调歌头》。在座的同学有没有谁知道，这首词在中国诗词史上的地位啊？”同学说：“不知道。”“我告诉大家，我原来也不知道，因为我在中学教地理，但是我在观察第一个老师上课的时候，我发现他写了一行板书：‘中秋词自东坡《水调歌头》一出，余词尽废。’我把这句话记了下来。”

这里也给大家提醒一下：你们现在要多听本学科的课，因为你们还不太熟悉自己的学科教学，一旦本学科课已经比较熟悉的时候，你们一定要学会跨学科听课。跨学科听课的好处：第一，你可以学一点辅导子女的东西，你教语文，那数学到底在上什么？你可以学一点；第二，语文课你完全熟悉语文的知识体系，你去听课，收获的就是教学方法，而听数学课或其他学科就可以帮你学到更多东西。特别是当你在你那个学科的教学上已经处于“独孤求败”时，你更要去听其他学科的课。

“我看到那个老师写了‘中秋词自东坡《水调歌头》一出，余词尽废’，我就把它抄写在黑板上。这是什么意思？这是告诉我们，在中国写月亮的词里面，苏东坡的《水调歌头》是最好的，排名第一。在座的同学想想，你们今后会和月亮打招呼吗？会看到月亮吗？你在月光下漫步，看到天上一轮明月，想抒情表达一下，很多人会说‘哇，今天月亮好大啊！’学到这首词后，你可以说什么？‘明月几时有，把酒问青天。’你看，一首词就显示出你的文化修养和文化品位，这首词该不该好好学？”

我接着说：“大家看下边注释，苏东坡哪里人？四川眉山人。在座的同学，你们是哪里人？四川人。我们一个四川人都学不好这首词，我们以后怎么出去“混”呐？所以，这首词，我们一定要把它学好。”

我用 30 分钟教了“明月几时有，把酒问青天”，用 10 分钟时间还教了《潼关怀古》，实现了自己的教学目标。

各位老师想一下，你们班上的学生被多少有趣的东西吸引？网络、游戏、玩伴、运动、野外……哪一样东西不比你上的课更有趣啊？你凭什么把他们留在教室里面？有一个就是：千方百计揭示教学内容。所以现在大家备课都要写教学目标，写完后追问自己：这个目标对学生有什么意义？如果你意识到这个内容对学生有意义，你就会投入地教；学生一旦意识到所学内容对他有意义，他就会非常认真地学。

大家再回忆一下，这个老师第一次和学生见面，要求学生写的作文是什么？《假如你死了》。请你仔细想一想，在你的葬礼上，你的亲人朋友会说些什么？这是不是不仅检查了学生的写作水平，还在引导学生审视自己的人生，重新规划自己的未来。这就是德国哲学家海德格尔说的："人要向死存在。"什么叫"向死存在"？先到死亡的边界上去一番，想到自己会死，然后回头看一看我走的这条路到底对不对，调整自己，向死存在。

在座的老师，你们会忌讳讨论死亡吗？没有必要忌讳。我现在站着给你们讲，你们坐着听，我们的年龄、经历、相貌有很多区别，但是有一点是共同的——我们都在排着队走向死亡。只是，我已经远远走到你们前面去了而已，所以大家不要忌讳讨论死亡。

现在，请你们闭上眼睛想一想：假如你死了，这个消息传到了你现在所带的学生和家长耳朵里，你估计一下，有哪些学生因为得到过你的关心，对你的死亡感到痛苦忧伤？有哪些学生可能觉得无所谓？又有哪些学生可能因为被你放弃、被你轻视，听到你死亡以后，他会欢天喜地奔走相告？老师们，如果答案是有相当一部分学生会欢天喜地奔走相告，那你是不是该做些什么？该做调整了，该努力改变了。这就是"向死存在"。

好，你们再注意他布置作文时，有个学生在下面挑衅"我没有纸"。这个老师开始怎么处理的？开始没理他。这实际上提醒大家，我们在上课的时候，有时候需要明察秋毫，有时候需要装糊涂，留一半清醒留一半醉。

我中师毕业出来教地理，有一次我背着手在教室里讲课，走着走着突然感到手上一阵刺痛，一看，地上一个泥鳅在挣扎，旁边那个同学在装模作样认真看书。肯定是这个家伙用泥鳅整我。如果你们上课发现一个学生这样，你会拿他怎么办？第一种处理是发火："站起来！为什么捉泥鳅整我？你懂不懂得尊重老师啊？"说不定走过去给他一巴掌。万一这个学生个性比较要强，性格比较犟，他不服，说："你哪只眼睛看到的啊？你为什么老看我不顺眼？什么事情你都怪我，我什么地方得罪你了？你给我说清楚？"你说，这样争执起来下得了台吗？所以这种选择是不好的，当场发火不是最好的，那怎么办？瞪他一眼，装作没事，继续上课，不要让其他人知道。

那这样的学生教不教育？要教育。这里有个原则：表扬学生尽量公开，批评学生尽可能私下。下课，把这个学生叫到办公室进行个别教育，告诉他："当时我很想给你一耳光，但给一耳光是没给你留面子。今天我在课堂上给你留个面子，以后你给我老实些，如果你再这样，我新账旧账一起算。你听明白没有？"警告一番也就算了。

这个老师不能够和这个学生再纠缠，刚才才把第一个学生赶出去，现在还和这个学生纠缠起来，你这节课上不上啊？这个老师忍着，看你想干什么？没想到这个学生不依不饶，上来就把包给扔到墙上去。忍无可忍，无需再忍。注意这个老师怎么处理的？第一句话说的什么？"这个包是什么？空的，你伤不了包，也伤不了我。"这是什么样的教育方法？"价值澄清"。"价值澄清"非常重要，我们在教学当中经常会用到。

2016 年 12 月，有位小学校长给我发微信："陈老师，现在家长太难搞了，太不讲道理了。"怎么不讲道理啊？他说，有个学生捡了 600 块钱，交到学校，学校在升旗仪式上大张旗鼓地表扬了他。表扬完以后，就把这个钱捐出去了，捐给最近家庭遭遇变故的学生。没想到，第二天，捡钱孩子的妈妈跑来学校，问了这么一些问题："某某老师，某某校长，我问一下，未成年人的行为和财产，谁有处置权？"怎么回答？监护人。"那我孩子的监护人是谁？"是父母。那你们说，这个钱该谁处理？

怎么回答？你要给她讲道理吗？哪个道理比她的道理更有道理？她是从法律角度提出来的道理。那你把钱拿回来还给她？这个恐怕也不行吧。怎么办？四个字：价值澄清。价值澄清的方法就是，不让自己作为教育者出现，而是作为一个帮助别人思考的人出现。

如果是我，我会这么处理：认认真真听她说完，以示对她的重视和尊重，听完以后我会问她一个问题："某某家长，我想问一下，你今天这样怒气冲冲来学校，闹得满城风雨，人人皆知，是不是就是为了那600块钱？"家长听到这样的提问，会是什么想法？哎呀，就600块钱，算了算了不闹了。当然，万一她就说："我就是为了600块钱。"你又怎么办呢？继续寻找她的话，"价值澄清"。"你的意思是，我们应该把600块钱要回来交给你？我们如果把钱交给你，你拿到以后会怎么做啊？你觉得该怎么处理啊？你能不能够说这个钱就是你的？恐怕不能。还有，整个过程，你的孩子会知道吗？同学们会议论吗？让同学们知道了，会对你孩子造成什么影响？为600块钱，让一切努力都白费，你觉得值不值啊？"值不值就是"价值澄清"。

再举一个例子。各位老师今天学得很认真，都没玩手机。现在你们试着把手机拿出来玩一下，你们看一看我怎么处理。我会这样说："哇！怎么好多老师在看手机？这样，我用一分钟给大家朗诵一首诗，这首诗是顾城写的《远和近》：'你一会儿看云，一会儿看我，我觉得你看云的时候很近，看我的时候很远。'我在给你讲课做报告，你一会儿看手机，一会儿看我，我发现你看手机的时候多，看我的时候少。可不可以看手机？当然可以看。讲得不好的时候我也可以看啊，如果你遇到他讲的东西你全部都懂了，你用看手机来珍惜时间，合理利用时间，为你点赞。但是有一点，做任何事情应该做价值判断，此时此刻什么更有价值？做更有价值的事情，做更重要的事情，让人生过得更有意义。"

所以各位老师，你们教学生的时候，包括和家长沟通，很多时候不要去讲道理，而是引导他做"价值澄清"。特别是当班主任的老师，你们遇到过爷爷奶奶来开家长会的没有？他是你爷爷辈、叔叔辈的，你给他讲道理，他说"我过的桥比你走的路还多"。怎么办呢？不要去教别人，而是做"价值澄清"。

这个老师怎么做的？第一个，包是空的没感觉，你伤不了包也伤不了我。第二句话是："尽管你这样，我也理解。为什么？因为我也这样。"这实际上是"移情换位"，是宽容和理解。

我们当老师的有一个毛病，什么毛病？变脸太快。你们变脸吗？读书的时候拖欠作业没有？考试有没有不及格？老师讲多次都不听，有没有？听报告看手机有没有？有，但是一站在讲台上，马上做一个动作，什么动作？变成了道德的完美化身。（听众笑）

接下来第三层意思是什么？我是来帮你的，你不能把我赶走，赶走我，谁来帮你？这实际上是传递善意，让学生觉得你是爱他的。

第四个是什么？满足合理需要。你不是要一张纸吗？现在给你一张纸，你能写多少就写多少。这学生拿到这张纸说了一句什么话呀？"你他妈的不能再给我一支笔吗？"对于这句话，"元芳，你怎么看？"如果你想的是："你怎么不识好歹？"那你前边一切努力都白费了。这种时候建议大家怎么想呢？要这样想：学生愿意改，那他就是好学生，我们这样的老师也只配教有一点问题的学生，再给他一支笔不就得了。

像电影《蒙娜丽莎的微笑》里的学生，在座的老师有哪些能教下来？所以，我们就教一些有点"问题"但通过我们的努力让他有点感激我的学生，成就感也就出来了。

你再想一想，那个学生为什么说这话？大家听到没有，有学生在下面说："哇！有好戏看啊！"就等着看老师和学生发生一场激烈冲突，结果这场冲突没发生，其他同学说不定下来就会嘲笑他："哇，平时牛得不得了，今天来个新老师，你冲上去，我以为你会干个什么？结果，老师两句话就把你说下来了，屁都不敢放。"他会说什么？"你没听到我后面说过一句：'你他妈的不能够给我一支笔吗？'"在江湖上混嘛，人人都有自己的面子，当老师，你要给学生面子，给家长面子，你给他面子，他就给你面子。

现在问一问各位老师，你们想不想教这个电影里面的这些学生？不想。现在不想有道理，因为你们没经验，一旦工作 5 年、10 年就想了。为什么？因为需要写论文，什么样的论文更容易发表啊？如果写教到一个优秀学生，让他考上北大清华，哪家杂志发这样的文章？反而是你教的比较难搞的学生，你运用你的智慧、你的能力把他搞定，这样的文章更容易发表。所以有一定工作经验以后，你就要看一看你班上有没有这样的学生？没有，抓紧时间搞几个，运用自己的智慧、自己的能力把他搞定，然后再勤快一点，把这样的事情记下来，写成文章去发表。文章发表以后，职称也就上去了，工资也就涨上去了，幸福生活从此开始。

大家想一想，有没有这样的逻辑？这个逻辑背后的东西是什么？幸福是一种能力，有能力的老师，他总是能够游刃有余、得心应手地应对教育群体，他能够创造性地、高质量地完成教育教学任务，他能够把别人遇到的问题和困难转化为条件，从挑战当中把握机遇。所以，这一辈子，我们要做的就是把自己栽培成才，爱自己、栽培自己。

刚才我们讲课前、课中，现在该说课后了。幸福的老师课后能审美，对课堂教学进行回望和审视的时候，能够获得符合期望的愉悦的温暖体验，包括你自身能力的实现和发展的审美，对教学劳动过程和劳动效果进行审美。

这里，给大家再放一部电影，名字叫《生命因你而动听》。

（播放电影片段）

注意：这个老师说了一句什么话？“退休的生活，其实我怕得要死。”

你们才参加工作，在学校里面看到那种 45 岁、50 岁的老师，站在他们的角度，他们在想什么？“我盼退休盼得要死。”这实际上就是一种“围城”心理。钱钟书先生在《围城》里面写过这样一段话：“婚姻是道围城，外面的人想进去，里面的人想出来。”后面还有一句什么话？这句话更重要——世上的事大抵如此。他写的不是婚姻，而是人性。人性是什么？没到退休盼退休，临近退休怕退休，很多时候我们都在羡慕别人。

我在成都一次中学骨干教师培训中，给他们讲创造教师幸福生活。就像今天一样，我早早来到教室里把 PPT 投放好，然后陆陆续续进来一些老师。有个老师看到这个标题，说："创造幸福生活，要是我们的待遇都是公务员那个样子，我们也就幸福了。"听到他的话，我就和他做了一个"价值澄清"。我说，你的意思是不是天底下最幸福的就是公务员？老师们，你们接不接受天底下最幸福的是公务员？不接受。说实在话，我有一次在新疆就听说："我们这里公务员难受啊！不仅要五加二（五天工作时间，周末休息时间也要加班），还要白加黑，白天要加班，晚上还有'夜总会'（夜晚总要开会）。"天底下没有最幸福的职业，只有在不同行业里面有能力、有水平去创造、去欣赏、去热爱的人才幸福，只有幸福的人，没有幸福的职业。

（继续播放电影片段）

我们再看看这个老师后边又说了什么？"真好笑，当初闹着不干。"

我调查一下，你们为什么当老师？第一次就选定这辈子要当老师的，请举手。大多数人当老师是什么原因？高考分数不够？没有找到其他工作？

这个老师为什么当了老师又不想当老师？他想当作曲家，但是没找到当作曲家的工作，干脆就当老师吧，当老师有足够时间满足他当作曲家的愿望。带着这样的想法，工作肯定不积极，效果不理想，所以工作几个月以后，他们校长找他谈话说："我已经观察你几个月了，我个人认为你最适合的工作不是当老师而是当运动员。为什么？下课铃声响过以后，我们全校只有你跑得最快。"

现在我们继续看后面

（继续播放电影片段）："如今却是我唯一想做的事业。"

有多少老师已经体会到，当老师是你这辈子最想做的事情？有的，请举手；没有，可以理解。现在建议大家不着急，做两三年，两三年之后你审视一下，当老师是不是你这辈子最想做的事？如果还不是，建议大家买一个高倍望远镜在世界上找，什么工作最适合你做，然后去做那件事情。

为什么提这样的建议？以人为本。社会文明进步的标志在于，人有自由去选择和实现自己的人生价值。如果我们当一辈子老师，到死的时候发现当老师就是我这辈子最想做的事情，会怎样？再想一想，如果你这辈子不想当老师，带着这份心情工作，那么，你不幸福，学生也不幸福。所以，建议大家等两三年，如果到时候你都还没找到当老师的感觉，建议你可以不做教师。当然，有老师到那个时候还会说："我找不到其他工作。"找不到其他工作，还活不活？当然要活啊，我又没想插你的队。那怎么活？好好活。

学会在这项工作当中去找快乐，找幸福。你看，这位老师就完成了这样的转变，从当初闹着说不干，变成了现在"当老师是我这辈子最想做的事情"。我多么希望在座的有越来越多的老师能够早一点说："我现在觉得当老师是我这辈子最想做的事情。"我们再看后面。

（继续播放视频）

注意这一声叹息，这也是人生的一个困境和困局。对于这种人生困境和困局，史铁生在《活着的事业》里边有这样一段话："他渴望众人对他喝彩，但是在他人眼里，他只是一粒尘埃。"想一想，我们的人生是不是也是这样？我渴望众人对我喝彩，但是在他人眼里，我只是一粒尘埃。理想很丰满，目标很远大，但是现实很"骨感"，工作很平凡。当老师一定要准备接受这种琐碎的、平凡的、看不到效果的日子。

那么，怎么安慰好自己的人生？这个老师为什么有这种叹息啊？就在他感到自己喜欢当老师时，学校董事会审查办学经费，发现办学经费短缺，于是决定干脆砍掉一些学科，辞掉一些老师。从什么学科开始啊？音乐课。但这个老师没有意识到它的意义，他的同事在安慰他。

（继续播放视频）

注意，我们现在上课的环境是走进不同的教室上课，以后可能会发展成每个老师都有自己的一间教室，这个教室是自己上课、接待学生和家长的地方，也是准备教学资源的地方。注意，现在他要退休了，他老婆和儿子来接他。

注意观察一下，这个老师怎么退休？想象一下你今后怎么退休？我们看看，这个老师就要离开自己工作了几十年的教室，离开自己的学生，他走得依依不舍，一家人走在空旷的教室走廊，我们能够看到他有些落寞，有些不甘，有些失望。当然，这部电影如果就这样结束，我肯定不会向大家推荐，我认为这部电影最动人的是它的结尾，请大家静静欣赏。

（继续播放视频）

大家体会一下，这个老师最后在舞台上的心情和状态，我们可以说他完成了整个教师人生的高峰体验，实现了人生幸福的极致审美。一个老师，什么样的人生最值得？有一个小女孩得到过他的关怀，后来成了州长。她作为学生代表，说了一段非常精彩的话，其中有这样一句："因为你，我们都成了更好的人。"什么是教育？"育，养始作善也。"把人培养成更好的人，能够让他过上更幸福的生活，这就是教师生活的意义。

大家有兴趣可以去看这部电影，我在很多地方向老师们推荐这部电影。为什么推荐？因为很多年前，我看过一个故事：有一年新闻比赛，获奖的是一则体育新闻，这则体育新闻怎么写的呀？标题是《某队 VS 某队》，正文是"'嘘！''嘘！'0:0。"这则新闻获得了最佳新闻。这则新闻好在哪里？开始我没看明白，后来我似乎明白了：第一，简明扼要，交代清楚；第二，最有意思的是两个"嘘"之间最该写东西，但他什么都没写，实际上暗含了一种信息，传递了一种信息——这是一场乏善可陈的比赛，这是一场可有可无的比赛。当我把这个东西看明白以后，就想我们的人生：老师们，第一声"嘘"是什么意思啊？是不是妈妈把我们生下来了？第二声"嘘"，阎王爷把我们招回去了。说说看，活一辈子留下过什么？做过什么？如果什么也没有，0:0，你这辈子是不是白来了？这样思考就是"向死而存在"。第二个，想一想老师的第一声"嘘"，开始上第一堂课了，这学期 9 月 1 号上第一堂课；第二声"嘘"，校长把退休证发给你了。说说看，你这辈子当老师做过什么？留下过什么？如果什么也没有做，什么也没留下，你这辈子教师是不是白干了？这叫"向退休而工作"。

有一首歌是《最浪漫的事》：“我能想到最浪漫的事，就是和你一起慢慢变老，一路上收藏点点滴滴的欢笑，留在以后坐在摇椅上，慢慢聊。”我说：“我能想到当老师最幸福的事，就是在教师生命历程当中有过超越和创造，一路上收藏点点滴滴的创造，留在以后坐在摇椅上，我可以给我的孙子辈们慢慢聊。”不要若干年以后，你退休了，你的孙儿孙女问你，能不能说说当老师的事情呢？你忍不住回头看看，发现什么也没有，做过的事情又不好意思拿来说，你这辈子教师是不是白干了？所以重要的是要留下生命的痕迹。比如，我刚才说我上过的气旋和反气旋，这就是留下生命的痕迹。

好，刚才刘校长说，掌声欢迎陈大伟老师做报告，吹了一声“嘘”；我现在也吹一声“嘘”，今天上午的报告到此结束。

## 美与美育

**刘明**

大邑县教师进修学校校长，四川省特级教师，四川省中小学教材编审专家库成员，四川省教育学会书法教育专业委员会理事，成都市学科带头人，大邑县十名“首席名师”之一。1993 年 8 月参加教育工作，致力于中小学幼儿园干部、教师培训的策划、组织和考评等工作。


老师们：

大家好！

今天，我将和大家一道来探讨“美与美育”这个话题。美是什么？美育又是什么？这两者和美学又是什么关系呢？有的老师可能会说，我又不是音乐、美术教师，学这个有什么用呢？基于此，我首先作两点说明：

第一，美是我们共同的追求。我们都崇尚美，爱美之心人皆有之。可是美在哪里呢？生活中，我们注重穿衣搭配，讲究发饰妆容，只为拥有一个美的形象；有时我们费尽心思蒸炒煮炖，只为追寻色香味俱全的一餐美食；我们居家买房，宁愿多花钱也会选择美的环境，入住前还要装修布置，依然乐此不疲，就为了住房内外都美；我们跋山涉水、不远千里，只为探寻美景；闲暇时，我们还要观美展、听音乐、看电影，为的是美的享受。因此，美是我们共同的追求！

第二，美育是“五育”并举的重要内容。我们作为新时代的人民教师，要为社会培养什么样的学生呢？2018 年 9 月 10 日，在全国教育大会上，习近平总书记指出：“要努力构建德智体美劳全面培养的教育体系，要全面加强和改进学校美育，坚持以美育人、以文化熏陶人，提高学生审美和人文素养，培养德智体美劳全面发展的社会主义建设者和接班人。”各级教育主管部门也正在推进“五育”并举各项措施，而我们大家就是落实“五育”并举的执行人。

那什么是美育呢？美育就是运用美学理论和美的现象，在审美关系中实施教育，以培养人知美、爱美、审美、创美的素质及能力，从而成为全面发展的人的一种教育活动。因此，要落实“美育”，就要抓住“知美、爱美、审美、创美”这四个关键词。

## 知美——知晓美育常识

我们今天来谈“知美”，简单来说，就是感知美和了解美，以美学涉及的各种知识理论为依托，以具体的、广泛多样的美的现象为载体，让我们知道什么是美，什么是丑，美有什么样的形式、形态、范畴，从而在一定的知识储备下，自觉地获得发现美、感受美、享受美的能力修为。这就涉及三个方面的重点：

一是关于美的哲学知识，即把美作为与真、善一样的价值存在来认知，它是伴随人类诞生而出现的事物的一种属性。

二是关于美的心理学知识，即美的感知是人类的一种积极、健康的心理活动，是情感主导下的感觉、知觉、联想、想象、理解、判断等一系列心理过程的综合，在较高的层面上则体现为直觉。

三是关于美的艺术知识，这又必然牵涉众多美学常识。

## 一、知“美”之源

美的源头在哪里？我们来看篆书“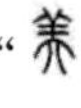”字写法：上边是个羊字，下边是个大字。东汉许慎说：“羊大为美”。什么叫羊大为美呢？因为在六畜当中，羊是可供食用的美味，吃起来很好吃。古时候肉食很稀缺，羊大肉多，熬出的汤就很好喝，味道鲜美。因此，羊越大就越味美，从味觉美来分析，那这就是“羊大为美”这一说法的来源之一。

这个学说从东汉许慎开始，一直伴随至今。但是也有人提出了不同意见，这个人就是李泽厚。他说这个“美”字当中的“大”字，其实是一个人站立的形象，上面的这个“羊”不是吃的羊，而是一个羊形图腾符号，其实是一个戴着羊头饰面具的人在跳舞。为什么会有这样的说法呢？因为羊作为一种图腾广泛存在于各族人民生活与文化中，如四川的羌族。在四川北川、汶川、茂县、理县的羌族服饰上经常能见到羊图形装饰，比如羌族男子肚兜上的羊角图饰，羌族女子身上配饰的羊角形香包等。在北川羌族建筑中有很多关于羊的装饰图案，羌人们祈福的时候也会戴着羊头饰跳舞。还有，在古代科学不发达时，人们最崇拜的就是巫师，认为他能通天地通鬼神，呼风唤雨，祈祷平安，巫师作法的时候就会戴上这样的羊形头饰。因此人们认为他是最美的，这也成为“美”之源的另一说法。

## 二、知“美”的本质

接下来，我们再分析一下美的本质又是什么？这其实是美学研究的一个最基本的问题，古今中外的美学家们都有着不同的困惑，即便是柏拉图这样的大哲学家，也曾无奈地说“美是困难的”。

究竟美的本质是什么？归纳起来有六种不同的观点：

一是“美在和谐”之说。这种观点最早出现在古希腊，是从数学原理中来，认为比例协调、大小搭配匀称是为美。我们熟知的黄金分割比例就属这一观点的代表例证。

二是“美在完善”之说。这是从人的道德方面来讲的。比如我们经常听一句话，这个事完美，这就是指完善之美。但是又有人提出了，残缺也是美啊！这就又当别论了。

三是“美在生活”之说。这是俄国哲学家车尔尼雪夫斯基提出的观点，他说任何美一定要作用于我们的生活，否则就谈不上美。

四是“美在客观”之说。这种观点认为美本来就存在于大自然之中，正如庄子所说“天地有大美而不言，四时有明法而不议，万物有成理而不说”，美就是一种客观存在，不管你看不看得到，美就在那里，不用你去说。

五是“美在主观”之说。这种观点认为，美或者不美，全凭自己的主观判断，孟子就说过“万物皆备于我”。“情人眼里出西施”更是“美在主观”之说的典型代表。

六是“美在关系”之说。之前的五种观点一字一词很片面，但又各有道理、各不尽美。所以，第六种观点强调主观与客观统一，是“美在关系”之中。唐代柳宗元写道：“夫美不自美，因人而彰。兰亭也，不遭右军，则清湍修竹，芜没于空山矣”。在浙江绍兴，有一个地方叫兰亭，它茂林修竹本来就美，但是没有被发现。自从王羲之带领他的好朋友在那里进行了集会，一篇精美的《兰亭集序》问世了，文辞优美、书法精妙，兰亭这个地方也成了圣地，所以，客观的美景和主观认知相结合，成就了这个大美。这就是第六种观点“美在关系”。虽然这个学说目前得到了大部分人的赞同，但并不是说它是被全部认同的，因此美是自然给我们的一个最伟大的秘密，至今没有人能够把美完全诠释，而我们对于美的探索还在继续。

## 三、知“美”的范畴

美的范畴，是知美非常重要的一个元素，主要分为四个方面。

### （一）素朴之美与华丽之美

素朴的“素”是什么。古人产布，刚刚生产出的布是一种生白布，非常的粗硬。这样素的布因为粗糙，是不适合我们穿用的，这就是素。什么是“朴”呢？朴是没有经过打磨的粗糙的木头，是原生的状态。所以素朴的美，它其实就是一个天然的美，自然的美，是没有经过雕饰的美。而华丽的美，则美在装饰。它通过复杂的线条、色彩、工艺将器物做得精致美观，建造宫殿用上这些元素就会变得金碧辉煌。

### （二）优美与壮美

有一副对联我们耳熟能详：铁马秋风塞北，杏花春雨江南。前者体现粗犷雄壮的美，后者则是柔和优雅的美，这两者形成鲜明的对比。

| | 优美 | 壮美 |
|---|---|---|
| 形态上 | 小而巧 | 粗而壮 |
| 色彩上 | 鲜明柔和 | 浓墨重彩 |
| 动势上 | 偏于静态 | 偏于动态 |
| 境界上 | 和谐协调 | 阔大宏伟 |
| 气韵上 | 平淡隽永 | 奔放雄壮 |

### （三）崇高之美与滑稽之美

崇高是针对我们在人生价值观的正面引领而言的。我们知道什么是崇高，那就是我们正确的价值观，是高大上的，是宏观正面的，象征着人类社会超越了一些伟大的力量然后形成的美。无论是自然界、社会生活中的崇高，还是艺术反映的崇高，归根结底都是人的精神、人格的崇高显现或象征，是人作为社会实践主体在超越自我形式过程中表现的人格力量、宽广胸怀和博大仁爱的道德情操。

滑稽只存在于人的社会生活及其艺术表现中，因为只有人身上才有不安本分的欲求，一旦付诸行动往往又不得体、不合时宜，笨拙可笑。滑稽也是一种美，滑稽的美主要存在于我们的表演当中。我们的日常生活当中也有一些人在一些场合调侃，这是一种幽默感，也是滑稽的体现。

滑稽的美和崇高的美是一种对照，我们要认识各美其美。比如我们看小品《主角与配角》，朱时茂和陈佩斯这对黄金搭档，一个是正面形象，一个是小丑形象。所以，陈佩斯在考进八一电影制片厂的时候，评委就说这个人不用化妆，自带三分幽默感。他们把现实生活当中的主角与配角演得淋漓尽致，同时我们也要用美学的观点来看，而不是只是看看热闹而已。

### （四）悲剧之美与喜剧之美

悲剧、喜剧是又一组重要的审美范畴，在诸种范畴中，唯有“悲剧”和“喜剧”这一对是以情感形态来表现的。“悲”和“喜”人皆有之，但有悲有喜却并非就是悲剧、喜剧。有人说悲剧就是把美好的事物撕碎了给你看，但也并不是说滑稽的就是喜剧，喜剧的主要特点是有一个欢喜的结局。关于悲剧，著名的文学作品中有两大经典的悲剧，一个是来自英国的《罗密欧与朱丽叶》，一个是我国的《梁山伯与祝英台》。也有一些文学作品是悲喜结合的，既有开心，又有忧伤，欢笑和眼泪并存，这就是悲喜剧的艺术。

## 四、知“美”的形式

形式和内容是对应的，形式是为内容服务的。比如现藏于中国国家博物馆的油画《狼牙山五壮士》，是中央美术学院教授詹建俊的代表作，创作于 1959 年。作者采用的是象征手法，画面为五壮士跳崖的瞬间。人物的组织并非自然的真实，而是象征地把人物和太行山连为一体，具有纪念碑式的效果。在构图上，五壮士在画面中构成“山”字形，使画面充满力量感和稳定感。颜色单纯强烈，画面稍稍变形，但这种变形丝毫不生硬、不做作，而是很自然的情感流露，这就是形式与内容相结合的经典作品。

### （一）形式美的自然物质因素

1.形状

形状是物体存在的空间形式，是形式美中最直观的因素之一。我们在造型艺术当中经常用到各种各样的形状，归纳起来无非就是点、线、面。点有大有小；线有粗有细、有短有长；面有形状的对比与变化。直线舒爽；曲线柔美；折线尖锐；线与线又可以组合为交叉线、平行线等各种各样的变化。线条的这种美广泛体现于现实生活中的许多美的领域，尤其在造型艺术的创造中，它们发挥了巨大的作用。我国独有的书法艺术可算是纯粹的线的艺术，书法美首先通过字体的线条表现出来，包括线条的造型、流动、力度、节律、弹性等。面是线的扩大，当线有了一定的宽度后就扩大为面，如长方形就是直线的平行扩大。例如，正三角形给人以稳定感；倒三角形给人以危机感；正方形有刚直方正感；圆形有周密封闭感等。我国古代传统的太极图首尾相行，互相连贯，彼此包容，给人以周而复始、循环往复的无极之感，形状的表现力由此可见一斑。

2.色彩

色彩就其物理性能看，其实是波长不同的光。自然光通过物理学家的三棱镜折射以后，就出现了一个光谱，其中有不同的色彩。色彩往往具有某种象征意义，我们的穿衣戴帽、家居装饰都要用到色彩，怎样搭配才协调？那还要看具体的环境。

比如说，暖色用在家居里就觉得很温馨。我们在医院就看到白色、蓝色比较多，因为它会让人很宁静，这是冷色。红绿灯也运用了色彩学原理，因为红色容易让人引起警觉，所以设置为“停”，而绿色喻示青春和生命，用以表示安全。我国传统戏曲中的脸谱就大多以色彩来区分人物的类别：如白色表奸诈；红色表忠义；黑色表刚直；金色表神异；蓝色表阴险；黄色表勇猛残暴等等。

色彩美的个性差异更为明显，不同性格的人对色彩往往有不同的爱好。据说豪放、富有同情心的人喜欢红色；深沉冷静的人喜欢蓝色；轻浮的人多喜欢黄色；古板的人多喜欢青色。西方许多油画家都有自己偏爱的颜色，并成为他们独特画风的重要因素。例如，荷兰的画家凡·高喜欢用黄色作为基色；提香被人称作“金色的提香”；荷兰的伦勃朗偏爱金褐色；意大利委提奈斯为“银色的委提奈斯”。总之，色彩作为一种大众化的形式美要素，广泛存在于自然、社会、人的日常生活和艺术创造中，没有色彩的世界是无美可言的。

3.声音

声音同色彩相似，从物理属性看，它是由物体振动所引起的一种声波，人类难以看到，故有人称它为“不要空间的物质”。声音包括现实世界发出的一切音响，即庄子所谓“天籁”“地籁”“人籁”乃至“万籁”，凡自然界的风雨声、鸟鸣声、流水声以及人的吼叫声、吟诵声都包含在内，只不过并非所有声音都具有审美价值。

“声”是自然界中产生的所有的声音；其中听起来舒服的叫“音”；“乐”是有节奏的声音，所以声、音、乐这三者本身是不一样的。作为形式美之一的声音美，同作为艺术美的音乐美关系最为密切。音乐美是建立在声音美的基础上的。甚至单纯的声音经一定速度、力度的有序组合，也就成了音乐，这就是“打击乐”，于是“鸣金”“擂鼓”的美成为较为单纯的形式美。声音美的特点是对人感官刺激的迅捷性，同形状、色彩相比，人们对声音美的接受和反应最灵敏、最快速。当一支活泼优美的乐曲奏起时，人们顿时感到轻松、愉快，而一听哀戚之声，心情立刻会感到沉重。

## （二）形式美的组合规律

1.整齐一律

这是形式美最简单的法则，它表现在物质材料量的重复一致、整齐划一，即同一种形状、同一种色彩、同一种音响重复出现而无所变化。整齐一律能体现一种统一有序的洁净美、严肃美，给人以单纯感、庄重感、规整感，有时还能表现出一定的气势。在特定场合中，整齐一律甚至是不可或缺的形式美，例如阅兵式呈现的整齐一律就使人们感受到整齐美、力量美。在拍照时，如果拍雄伟的建筑物，选择好角度就可以看到放射状的线条，它是一个整齐一律的美。整齐一律，因为它比较单调，所以运用得不多。

2.平衡、对称

平衡是整齐一律的发展和变化，指审美对象两部分之间既对立又统一的空间关系保持一种相对的稳定，这两部分既存在差异，又和谐地统一在一起。平衡主要有三种：对称平衡、重力平衡和运动平衡。

蝴蝶外形是典型的对称平衡。重力的平衡，在宋代马远的《对月图》中得到充分的体现，画面左侧重峦叠嶂，右侧仅一小小月亮，然而左下侧画一小人抬头望月，将人视线右移，同样收到平衡的效果。中国国家旅游标志图案“马踏飞燕”则是运动平衡的范本。汉代铜雕“马踏飞燕”，马的三条腿都腾空而起，只有一条后腿踏在一只飞燕身上，整匹马呈现出一副奔驰飞腾的气势，充满动感。按常规，一条腿的支点很难撑住全身，但由于飞马倾斜的角度和前后身体的重量、比例较为均衡，故采用上述比例能给人以稳定的平衡感。

3.比例、节奏

黄金分割比例是我们绕不过去的一个美学的原理。黄金分割比例的原理是通过几何图形表达出来，黄金分割比例约为 0.618:1。这种比例为什么我们会觉得美?

第一，它广泛存在于大自然中，真的是天地有大美而不言。我们经常看到一片树叶的长宽比，它的最宽处最长处的比例很多就是 0.618:1。我们看一些花朵的造型，一个花瓣的宽窄比，也多数都符合黄金分割比例。花型的这些美是自然形成的，它天生就是那么美丽，让我们无数人喜欢心动。

第二，它广泛运用于建筑设计中。例如帕特农神庙建筑就是大量运用了黄金分割比例。经数据测量，它的线条、柱子倾斜的角度不都是直立的。有一些是倾斜向中心是屹立的，这是力学的需要。人眼看起来它就直了，这还有视觉的需要。我们的教科书中任何一本书，常常运用的长宽比，这也是最舒服的黄金分割比。在我们的生活当中，也可以找到很多，比如中国国旗的比例，也是运用黄金分割比例的。

节奏是事物运动过程中有秩序、有规律的反复连续，它由速度的快慢和力度的强弱两种因素构成。节奏在人们生活中处处可见，日月升沉、寒来暑往、海潮涨落、波涛起伏、花开花落，都有一定节奏。人的饮食起居、劳动生活、生命运动也都充满节奏，节奏一旦紊乱，人的生理、心理就会失去平衡，影响生命活动和身心健康。

艺术同节奏关系更为密切。诗要讲究分行、分节、抑扬顿挫的音韵美；绘画、书法要讲究布局、线条的流畅美；建筑也要讲整齐、统一的节律美，如宝塔的每一层之间都保持大体一致的距离间隔，构成类似相同音符的整齐排列，成为一种凝固的节奏。在音乐、舞蹈里，节奏更是核心要素，失去节奏，音乐、舞蹈就等于失去了自身而不复存在了。

4.对比、主从

对比是把具有鲜明对比关系的因素统一起来，互相映衬，从而更加突出各自的特征，达到珠联璧合、相得益彰的效果。对比是对立统一规律的体现，它反映在现实世界中的一切领域。从物质到精神，从内容到形式，世上几乎没有不可对比的事物。有黑就有白，有方就有圆，有悲才有喜，有福才有祸。“朱门酒肉臭，路有冻死骨”，便是封建社会中阶级状况的对比。

在文学作品中也有大量对比的例子：“红雨随心翻作浪，青山着意化为桥”，毛主席的诗一看就是很美的色彩对比；“蝉噪林逾静，鸟鸣山更幽”，蝉鸣的声音是唰唰地响，因为你听得清晰，反倒对比出这个山林的幽静来；“野径云俱黑，江船火独明”，杜甫这首《春夜喜雨》，“野径云俱黑”描绘出黑压压的云层，把船上的渔火衬托得更加明亮，明暗对比的画面感很强；“春风桃李花开日，秋雨梧桐叶落时”，这是一个时间的对比；“山重水复疑无路，柳暗花明又一村”，这就是空间的对比。

当然，我们在运用这些对比的元素进行美学组合的时候，还要讲究主和从的关系。比如主角与配角，就是一个主和从的关系。你是主角，你就当好主角，你是配角，就当好配角。

如果我们要在艺术中总结一个规律的话，那就是对比与统一。所有的线条色彩，虚实节奏韵律变化，所有的对比如果不统一就会一团糟，所以必须要回到统一上来。

### （三）形式美育的途径

任何艺术门类都要做到这样，那我们如何找到美育的途径？落实起来有这四个方面：

一是到大自然中去领略自然形式之美，行万里路，读万卷书。因为生活中的美、大自然的美、艺术鉴赏的美，都是无处不在的。你的眼睛要开阔，看得越多，见识越广。所谓见多识广，一定是见多才能识广，并不是识广见多，说到什么地方，需得亲自感受过才能真心体会。

二是到社会中去感受创美活动与产品。社会生活当中的美就更多了，社会生活的环境、产品，我们购买的生活用品，都有大量的对照。同样一件物品，它的造型是多样的。

三是把艺术鉴赏与艺术美育结合起来。

四是通过专门实践训练，提高创美能力。

## 爱美——培养爱美情怀

爱美的教育，主要是从心理层面来说：“爱美”是人的一种“天性”，爱美之心人皆有之。爱美教育的关键就在于，首先把这种最初无意识的情感倾向提升到自觉的、有意识的心理欲求，成为一种习惯，然后慢慢去感受美。

比如说，我们在户外看到的广告，在电视中看到的广告，就是集中了很多美的元素而创作。成都街头有一个广告让我受益终身，广告画面非常简朴：第一个人物头像达·芬奇，第二个人物头像贝多芬，第三个人物头像列宁，第四个就画了该公司的化妆品，人物就摆在产品旁边，下边就只有一句话“不同的领域，相同的高度”。这句话让我觉得，任何人在任何岗位上都是有价值的，所以一定要有知美、爱美的意识。

我就在想，我作为小学美术老师，我们在学科领域中，是不受家长重视的，家长们更重视语、数、外这三门学科。如果布置作业，家长肯定优先完成语、数、外。那怎么办呢？“不同的领域，相同的高度”这句话启示我：我是小学美术教师，我要在美术教学这个领域做我自己！我做到了很多语文、数学、英语主科教师都没能达到的高度。因为不同的领域可以有相同的高度，我们应当去感受生活当中的哲学美。爱美教育的着眼点在于激发人爱美的天性。如果说“爱美”是人的一种“天性”，那么，爱美教育的关键就在于把这种最初是无意识的情感倾向提升为自觉的有意识的心理欲求，然后又将这种有意识的情感取向导向下意识，成为更高层次上的具有稳固性、习惯性的情趣爱好和价值选择。能达到这一步，爱美教育便会取得理想效果。

爱美教育三个方面：一个是正面的教育引导。分清美和丑，如何辨别好的美，爱美不是爱丑，审美不是审丑。如今有人就是以丑为美，一个词叫“顺手牵羊”，大家都知道不美，你把别人的东西顺便拿走，行为很不美，但是有人却偏爱这么做，觉得这个东西好，顺便就拿走了。我看过一个视频很搞笑，公共卫生间的卷纸，有些大妈把那些卫生纸带回家用，觉得自己回家还用得上，这就是一个极不美的行为。二是爱美的价值取向教育，即崇尚真、善、美。三是爱美的同化趋向教育，是指在形成爱美的情感正向、价值取向的过程中让自己趋向于与类同化的教育。古人云：“见贤思齐焉，见不贤而内自省也。”看到这样的行为好，我要思考能不能做到像他一样，见到不好的就反思一下：是不是我也有这样的问题，我能不能够避免，这就是我们爱美教育要对学生做的引导。让他们看得清、分得清什么是美，什么是不美，然后知道哪些是值得我们尊崇的，哪些是我们要唾弃的。

## 审美——提高审美能力

审美是知美、爱美的深化和升华。如果说知美主要是知识传授、爱美主要是情感培养，那么，审美则着重于审美方法的掌握和能力的提高。审美的对象是艺术作品，我们经常说审美教育，其实就是培养对艺术的感知、欣赏、鉴赏的能力。

一是提高审美鉴赏力。“操千曲而后晓声，观千剑而后识器。”所谓鉴赏力就是要见得多，除了我们先前提到的在大自然中去感受、社会上去感受、在生活当中去感受以外，还有一个最重要的领域就是艺术鉴赏。为什么要重视艺术鉴赏？因为艺术家把所有的美学原理，经过精心的创作，给我们做了大量的集中示范来呈现。我们看一部电影，它反映的一段历史，通过一两个小时就能在整个故事中展现起来。我们看三大战役：平津战役、淮海战役和辽沈战役，打了那么久才打下来，电影则只通过三个小时的集中就把最精彩的部分呈现出来了。所以我们在欣赏美、鉴赏美的时候，要借助于艺术作品来提高自己的审美能力。

二是提高审美判断力。如果审美鉴赏力涉及感性直观能力，那么，审美判断力则更多涉及对审美对象的理解和判断，更具理性色彩。假如我们对艺术作品见得少、分析得少、思考得少，就算是人人见了美，我们也不会有判断力。这个事物美不美，以什么为美，是奇装异服美还是衣着得体美？东施效颦就是一个案例，东施看到西施很美，她就学西施，因为西施心口疼，走路的时候就手捂胸口，皱着眉头，她也学，就成了忸怩作态，反而弄巧成拙。

## 一、表演艺术之美

### （一）音乐艺术之美

音乐是我们生活中不可缺少的，因为音乐可以鼓舞人，可以陶冶我们的情操。悦耳动听的音乐会让大家感到身心愉悦，心情舒畅，包括动物也是一样。有科学家研究发现，听音乐的鸡下的蛋都要大一些，听音乐的猪也要长得快一些，肉质都要嫩一些。

音乐是节奏感很好的声音，它能够对我们思想进行引领，它的频率让我们身心和谐。音乐太多了，古典的、现代的、西方的、中国的，我不可能把所有的音乐介绍过来。下面我们一起来欣赏小提琴和钢琴的协奏曲《新疆之春》。

几年前，72 岁的中国著名小提琴大师盛中国来到成都娇子音乐厅举办了一场音乐会，演奏了很多经典曲目，这首《新疆之春》给我留下了深刻的印象。这首曲目创造于 1956 年，当时新中国成立不久，艺术家要创作作品，来反映人民生活欣欣向荣的景象。

这个曲目采用了新疆舞的节奏特点，非常具有新疆民族风情，它中间还有一个和古典相配合的新疆手鼓的节奏，最后又回到这个主旋律。如果你慢慢地聆听，你就能体会到新疆人民在新中国欢快喜悦生活的情景。你可以静下心来慢慢地聆听新疆手鼓的声音，它有一种非常震撼的力量。所以音乐可以通过节奏与旋律来鼓舞人，这是别的艺术难以达到的。

（播放音频）

### （二）舞蹈艺术之美

舞蹈是人体动作和表情的艺术，它通过有节奏、有组织并经过美化的形体动作和五官面容来表情达意。可以说，舞蹈是人类生存的需要，它往往需要和音乐相结合。舞蹈有三个要素：第一是舞蹈的表情，我们看舞蹈一定要看舞者的表情。即使舞台很大，他也有围绕主题的表情。第二是动作，不同的舞蹈动作不一样，芭蕾舞、传统舞、各少数民族舞都有特定的动作，新疆舞、蒙古舞和藏族舞也是不一样的。这些舞蹈动作都来源于生产生活，与劳动密切结合，最后被总结完善成一整套动作。第三是舞蹈构图，所谓构图就是要有一个造型。优美的造型，才能体现形体的美。

（观看视频）

## 二、造型艺术之美

### （一）绘画艺术之美

绘画是运用一定的物质材料（绢、布、纸、笔、刀乃至手指等），通过色彩、线条、构图等手段，在二维空间塑造形象的艺术。绘画的种类繁多，门派各不相同，题材也不相同。比如《狼牙山五壮士》属于油画，它属于西方的画种；我们中国传统绘画是中国画，中国画又分为工笔、写意和兼工带写三种形式。传统的工笔画、写意画从题材上还可以分为山水、花鸟、人物，从技法上看还可以分为泼墨、泼彩。

绘画最重要的造型手段是色彩、线条、构图。艺术家就是运用它们把握大千世界、传达艺术感受的。色彩、线条的本质在于它的情感意味，一定程度上体现出画家的风格与个性。构图则主要解决物体在空间中的组织、取舍和安排，目的在于调节形、色、线的具体关系，以保证绘画的形象成为一个有机、和谐的艺术整体。

欣赏绘画，一是要看它的构图怎么样，主体放在哪里，主次要分明；二是技法怎么样，运笔是否熟练；三是有没有内涵，精神内涵更重要。一件艺术作品如果只是画得像，那不如照相机。为什么绘画可以拍卖，可以很值钱？它比照片更有价值，就是因为它背后有创作，有最美的构图，有作者的思想，有作者的灵魂。

### （二）雕塑艺术之美

雕塑，指为美化环境或用于纪念意义而雕刻塑造，具有一定寓意、象征或象形的观赏物和纪念物。如果把“雕塑”这个词分一分，一个叫“雕”，一个叫“塑”。所谓“雕”就是做减法，我们在石头上把多余的部分刻掉，剩下的才是作品，这就是雕；“塑”就是做加法，在少的基础上，不断往上加，逐渐塑造成我们想要的造型。所以雕和塑是一个综合的名称。

雕塑是一个立体的三维的艺术，我们可以从四周不同的角度去欣赏这个作品。它不像绘画只是一个平面，知道了雕塑的这个立体空间感以后，我们就要学会怎样来欣赏雕塑。第一个是具象的雕塑，具象就是雕什么像什么，塑什么像什么。第二个就是抽象的雕塑，抽象雕塑对形体的要求不严格，不必和实际的东西相像，但不等于抽象雕塑没有要求。它要求具有美观的特征，还要求内在的含义，如不锈钢锻造的流线形体，必须美观、线条流畅、块面平滑等。

我们欣赏城市雕塑就是一个方向，城市中如果要有文化，除了有建筑还必须要配雕塑，没有雕塑的建筑，就没有生命力。雕塑放在城市建设当中，还要考虑与周围环境是否协调。在城市的街道上走一走时，你就可以带着这种审美的眼光去看一看,这个城市的雕塑是否跟这个城市建设符合。我们有了审美的眼光，不论走到哪里，都会用独特的眼光来看待这个城市。

### （三）建筑艺术之美

建筑与我们的生活息息相关，建筑被称作是凝固的音乐，因为建筑有两个功能：第一必须要实用，第二要有美感。我们以长沙的梅溪湖国际文化艺术中心为例。

长沙的梅溪湖国际文化艺术中心，是世界上最大的芙蓉花建筑综合体，由英国著名女建筑大师扎哈·哈迪德设计，建筑群呈流线之美，处处都体现着建筑美的魅力。建筑群由三部分组成，大剧院是综合体的核心，也是长沙最大的剧场，可同时容纳 1800 名观众；其次是多功能小剧场，最多可容纳 500 人，适应不同的演出需求；最后是艺术馆，由 9 个展厅组成，经常举办国内外各类艺术展览，这里也是最受年轻人欢迎的拍照打卡景点，不必凹造型，也不必找角度，随手一拍都很好看。从高空俯瞰，它宛若三朵芙蓉花绽放在梅溪湖畔，如果恰巧赶上了冬日里的一抹暖阳，仿佛时间都凝固在了这一刻，这样梦幻般的设计荣获 2020 年度伦敦设计奖金奖。

### （四）书法艺术之美

书法艺术与汉字有密切关系。文字的书写本来是表达情感和交流思想的一种实用手段，但由于汉字点、线组合造型的特点，遂使书写演化成中华民族特有的艺术——书法艺术。

书法是我国特有的艺术，韩国、日本也在学，但是用现代韩文、日文写出来的书法却不同于传统意义上的书法。书法艺术可以分为空间艺术和时间艺术，空间艺术为我们呈现了作品优美的画面感，而时间艺术则是在欣赏作品时，品味字里行间的深层含义。

书法就像一条奔流不息的长河，源远流长，宏大精深。喜欢书法首先要了解汉字，而汉字又承载着我国灿烂的文化。书法艺术是一种高度抽象的“线的艺术”。高度的抽象化正是书法艺术造型上的特点。书法的“形”是运动着的“线”或“线”的动态组合，它不能像绘画那样逼真地描绘客观事物，再现生活内容，而只能以抽象的线条表情达意。这就决定了书法艺术本质上属于表现性空间艺术，是借线条、形体、结构表现人的品格、情操、气质的艺术。

我们一同来欣赏《黄州寒食帖》，这是苏轼撰诗并书写的墨迹素笺本。那时苏轼因宋朝最大的文字狱被贬黄州，境遇很惨，第三年的寒食节作了两首五言诗。作为文学作品，这两首并不是苏东坡最重要的诗，但是这两首诗就因为《黄州寒食帖》的书法而流传千古。

### （五）工艺美术之美

造型和色彩上具有审美价值的日常生活实用品或装饰摆设用品，是与人们的物质生活、精神生活以及生产技术关系最为密切的一种艺术品种。

工艺品一般分为实用工艺品和特种工艺品两大类。实用性与装饰性的统一，是工艺品审美特征的一般要求。很多家里都要摆一些工艺摆件，无论是什么材质的工艺品，它为我们美化生活起到了很好的作用。工艺品是精致的，材质不同工艺品的价值就不同。好的工艺品，比如金玉就非常昂贵，而我们普通人通常用一些普通的材料也可以做出精美的工艺品。工艺品最大的价值在于欣赏，在于美化生活环境。

## 三、语言艺术之美

### （一）诗歌艺术之美

诗歌是最早出现的文学样式。诗歌在产生初期是同音乐、舞蹈结合在一起的。

和小说、散文、戏剧文学相比，诗歌最显著的审美特征是长于抒情，富于想象，精练含蓄，讲究韵律。优秀的诗歌作品莫不饱含着真挚而浓烈的情感，或直抒胸臆，或寄情于景，或托物言志，或述事达情。不仅抒情诗写情，叙事诗也情溢于事。诗歌追求的是情景交融，情事一体，以情动人，扣人心扉。从屈原到李白、杜甫，从雪莱、普希金到惠特曼等，古今中外的诗人写诗莫不如此。在情感的抒发中，诗歌中总是驰骋着丰富的联想、想象，或比或兴，或虚拟或象征，无物不可化为情思，无处不可寄寓心境，于是有了“感时花溅泪，恨别鸟惊心”的千古名句；有了“春风又绿江南岸”“红杏枝头春意闹”的生机勃勃的意境；有了“大江东去”的豪放和“晓风残月”的婉约……

诗歌不仅抒发情感，驰骋想象，而且简洁明快，韵律和谐，充满了音乐美。我们推荐一首《春江花月夜》，这首诗被闻一多先生誉为诗中的顶峰上的顶峰，一千多年来，无数读者为之倾倒，词清语丽，韵调优美，脍炙人口，乃千古绝唱。这首诗描绘了一幅春江花月画，书写了游子思妇真挚动人之情以及富有哲理意味的人生感慨，表现了对于宇宙和人生的真挚探索，也有着深长的意味。全诗共36句，每四句一换韵，通篇融诗情画意与哲理为一体，意境通明，想象深刻，语言自然舒卷，韵律婉转悠扬，洗尽了六朝宫体的浓脂蜜粉。

### （二）小说艺术之美

小说是以人物形象的塑造为中心的叙事文学，其审美特征表现在人物性格刻画、故事生动完整、环境创设逼真等方面。因此，人物、事件和环境是小说构成的三大要素。从篇幅长短和容量大小来分，有长篇小说、中篇小说和短篇小说。我们这里以《水浒传》中“鲁提辖拳打镇关西”为例作个赏析。

郑屠右手拿刀，左手便要来揪鲁达；被这鲁提辖就势按住左手，赶将入去，望小腹上只一脚，腾地踢倒在当街上。鲁达再入一步，踏住胸脯，提起那醋钵儿大小拳头，看着这郑屠道：“洒家始投老种经略相公，做到关西五路廉访使，也不枉了叫做‘镇关西’!你是个卖肉的操刀屠户，狗一般的人，也叫做‘镇关西’!你如何强骗了金翠莲?”扑的只一拳，正打在鼻子上，打得鲜血迸流，鼻子歪在半边，却便似开了个油酱铺，咸的、酸的、辣的一发都滚出来。

郑屠挣不起来，那把尖刀也丢在一边，口里只叫：“打得好!”鲁达骂道：“直娘贼!还敢应口!”提起拳头来就眼眶际眉梢只一拳，打得眼棱缝裂，乌珠迸出，也似开了个彩帛铺，红的、黑的、紫的都绽将出来。

两边看的人惧怕鲁提辖，谁敢向前来劝。

郑屠当不过，讨饶。鲁达喝道：“咄!你是个破落户!若只和俺硬到底，洒家倒饶了你!你如今对俺讨饶，洒家偏不饶你!”又只一拳，太阳上正着，却似做了一个全堂水陆的道场，磬儿、钹儿、铙儿一齐响。鲁达看时，只见郑屠挺在地上，口里只有出的气，没了入的气，动掸不得。

在这里，作者充分调动各种感官来描写鲁提辖拳这三拳。第一拳，鲁提辖打在郑屠鼻子上，打得他鲜血迸流，鼻子歪在半边。这是视觉描写，看得见的动作，看得见的鲜血，看得见的歪鼻子。接着是味觉描写，“却便似开了个油酱铺：咸的、酸的、辣的，一发都滚出来。”咸的是血的味道，酸的是鼻子被打的味道，辣的也是鼻子被打坏的味道，而且直冲眼睛。第二拳，鲁提辖打在郑屠眼眶眉梢，打得眼棱崩裂，乌珠迸出。这里描写视觉感受，“也似开了个彩帛铺的：红的、黑的、紫的，都绽将出来。”红的、黑的、紫的是在说明郑屠脸上被打得红一块、黑一块、紫一块的，不成样子了，像开了彩帛铺。第三拳，鲁提辖对着郑屠太阳穴打了下去，这一下就是关于听觉的描写了。“却似做了一个全堂水陆的道场：磬儿、钹儿、铙儿，一齐响。”因为这一拳打在太阳穴上，离着耳朵比较近，耳朵就被打坏了，出现幻听，就像磬儿、钹儿、铙儿，一齐响。

你看，作者对鲁提辖拳打镇关西这三拳的描写多么精彩，并没有直接写鲁提辖用了多大力气，下手有多么重，而是用味觉、视觉、听觉感官来衬托，衬托鲁提辖把镇关西郑屠打得有多么惨，也衬托鲁提辖疾恶如仇、除暴安良的品质。这也正是小说艺术美的魅力所在。

### （三）散文艺术之美

散文也是起源于古时候，与韵文对应。因为韵文讲究押韵，古时候讲四言八句需平仄工整，散文却是讲究自由，想怎么说就怎么说。散文到现在也是广受欢迎的，现代散文大家余秋雨先生的作品《我在等你》为什么被喻为经典？就是因为余秋雨讲得很真，诗里表达了作者对爱人的爱和等待，表现最多的则是对爱人的包容。整首散文诗里包含无限深情，表达一个主旨，那就是——不论什么时间，什么地点，发生任何事情，“我都会等你。”

如果有一天，你说还爱我，我会告诉你，其实我一直在等你；如果有一天，我们擦肩而过，我会停住脚步，凝视你远去的背影，告诉自己那个人我曾经爱过。或许人一生可以爱很多次，然而总有一个人，可以让我们笑得最灿烂，哭得最透彻，想得最深切。炊烟起了，我在门口等你。夕阳下了，我在山边等你。叶子黄了，我在树下等你。月儿弯了，我在十五等你。细雨来了，我在伞下等你。流水冻了，我在河畔等你。生命累了，我在天堂等你。我们老了，我在来生等你。

这篇散文，读起来朗朗上口，情感真切，也充分体现出散文的艺术美。

### （四）戏剧文学艺术之美

戏剧文学通常是指供戏剧演出用的文学剧本，是戏剧艺术的一个重要组成部分。受舞台演出的制约，戏剧文学具有鲜明的特点：主要运用人物语言塑造形象，人物语言要求口语化，富有动作性、文学性和潜台词；人物、事件、时间、场景高度集中；具有尖锐的戏剧冲突。与戏剧文学联系较为紧密的电影、电视文学其特点大致与戏剧文学相类似。

戏剧文学作品的分类方式有多种，如根据容量大小可以分为独幕剧和多幕剧；根据表现形式可以分为话剧和歌剧；根据所反映的矛盾冲突的性质、所运用的表现手法以及对读者的感染效果，可以分为悲剧、喜剧和正剧等。正是有戏剧文学艺术的创作，我们才能欣赏到一出出精彩绝伦的舞台艺术盛宴。

## 四、综合艺术之美

综合艺术是指包含多种艺术元素并通过这些元素的有机结合，在一定的时间和空间中，以演员创造的角色形象来反映生活、表达思想感情的艺术。

综合艺术有戏剧艺术、电影艺术和电视艺术等。综合艺术吸取了文学、绘画、音乐、舞蹈等各门艺术的长处，获得了各种艺术手段和艺术方式的艺术表现力，将时间艺术和空间艺术、再现艺术与表现艺术、视觉艺术与听觉艺术的特征融会在一起，具有特殊的艺术感染力。

虽然各门艺术都有不同程度的综合性，但它们的综合性是部分的、有限的，而综合艺术的综合性则是全面的、无限的。前者的综合是在一个艺术品种的范围内，后者的综合则涵盖和包容各种艺术。因此，综合性是综合艺术显著的审美特征。这里我们一起来欣赏一段电视舞台表演的经典黄梅戏《夫妻观灯》。

黄梅调是安徽安庆的一个民间小调。在舞台上，没有任何布景来塑造空间形象，只有虚拟的场景，男主人公进门的时候让他的娘子给他开门。这个动作，他就营造的是这个虚拟的门。到了街上以后，那街上的情境也没有布景，我们能看到的就两个人。但是通过演员的表演，仿佛置身于热闹的灯会场面，通过两个人物的语言、表情、唱腔、手势完美的表达，把这个故事演绎得非常精彩，成为黄梅戏的经典。

（观看视频）

### 创美——注重美育实践

创美，就是美的创造实践。作为教师，我们如何利用美学的资源，结合我们的教育工作和社会生活进行创美实践？途径很多，一般包括 3 个主要方面：创造日常生活美的教育；激发创美想象力的教育；一般艺术创造力的教育。

你从事什么学科教育教学工作，有哪些美育因素，跟什么相关联，要与我们的具体实际相结合。我们说知美、爱美和审美，最终就要落实到我们的创美上来，这才是我们美育的终极目标。

## 一、日常教学活动的美学因素

（1）从直观性美学因素看，有教师的仪态美、板书的形式美、教学的环境美等。

（2）从表述型美学因素看，有教师的语言美、教师活动的节奏美等。

（3）从氛围美学因素看，有课堂双边情感交流的和谐美、思维活跃兴趣盎然的意态美等。

（4）从教材本身的内容看，总是包含着科学美、自然美、艺术美，社会美等因素。

## 二、“五育”如何并举

在我们的教育教学工作实践中，如何实现“五育并举”？美育又该担负什么样的角色呢？

美育对德育的渗透和辅助，有两个方面：其一是借助审美因素来减弱德育教学中不可避免的灌输性，引导学生从情感和美感角度来体验道德行为，即不但晓之以理，而且动之以情，从而使德育内在的约束性和强制性转化为学生的自觉性。其二，利用教学过程中的审美氛围、审美情调激发起学生对生活的热爱，使其树立起美好的生活理想，使其精神升华而内心领悟什么才是值得追求的美好人生。因此，美育的情感激发对于德育中的意志形成有着明显的滋养及促成功效。

同时，要使智育审美化具体操作起来。一方面应注意的是在智育的教学活动中加强情感交流，增加审美愉悦，将学生导入一种审美的境界，在审美境界中识事物，学生就会以一种主动积极、富有创造性的态度来求知；另一面要注意利用审美形象来促使领悟，即所谓“以美启真”。教师要善于把“真”转化为具体可感的形象或生动的模型，使学生直观地认识到“真”。

在体育活动中，应积极贯彻美育原则。首先，教师在教学活动中，要通过美的方式来诱导学生体力的发挥，降低和减轻学生的厌倦感和疲劳感，促进学能的运用和身体机能运行的协调，使教学更有效地进行。其次，要按照美的方式来促进学生运动能力的发展。教师应提出审美要求，并使自己在教学中呈示范性运动形象，激起美感，让学生自觉地建立起美的运动模式，并从自身运动过程中感受到美，健与美是体育与美育的共同追求，高度的身心和谐是体育与美育的共同结果。

审美活动本就是与劳动结合在一起的，歌、舞、乐三位一体的状况生动地表现了这一点。《诗经》中有首诗叫《芣苢》，那是劳动者快乐地歌唱自己“采采芣苢”的动人场景。劳育与美育之间有一种先天性的联系。要在劳育中贯穿美育，还必须注意改善劳动环境，尽可能使之美化，使环境本身也能成为审美对象。另外，要注意劳动组织的和谐有序，多个组成部分协调运转，使每个劳动者能够高效率地发挥能力，并从中获得自身本质力量和美的体验。

我国教育方针的目标就是培养学生德智体美劳等全面发展，培养社会主义事业建设者和接班人。我们和学生互动，双边交流思维和谐，师生关系和谐良好是教育本身的内容，蕴含美的素材，去挖掘自然美、艺术美、社会美等。因为我们作为老师，无论你在哪一个领域教学，你都要注意贯穿一个原则，就是对文化的传承。不仅仅是考高分，不仅仅是教知识，还一定要传承文化。

作为老师，今天我来讲文化、讲美，也是为了让我们的传统文化得到弘扬。我觉得中国传统文化之美如何在我们的学科教学当中去传承，可能还需要大量地去了解、去学习、去掌握、去影响、去创造。有一句话说，只有努力的人，你才有资格谈公平，只有自律的人，你才有资格谈自由。

世界上有两样东西最美：一是太阳，二是你努力的样子！

愿美与我们同在！

谢谢大家！

# 教学常规与教学实践

**王莹菊**

大邑县教育局中小学教研室副主任，四川省特级教师，正高级教师，成都市和大邑县两级名师工作室领衔人，大邑县十名“首席名师”之一。

老师们：

大家好！

教学方面的基本要求，叫教学常规。接下来，咱们就以“教学常规与教学实践”为题，主要讲两个方面：第一，是什么；第二，怎么做。知道教学常规的具体内容，知道具体怎么做。

## 一、什么叫常规？

经常实行的规矩或规定，日常奉行的规则，就叫常规。各行各业都有自己的常规，做好了常规，就是练好了各自的基本功。

比如，《少林寺》中的小和尚，一开始师父为什么让他挑水？为什么要求用两臂挑？为了练力气。力气，就是少林武功的基本功。练好了力气，什么功夫都好办。

再比如，练习绘画。木炭素描，这项基本功训练是不可逾越的，又是最枯燥的。一个石膏人头、一朵假花、一个盘子，需要一回又一回地描画，很多人都不耐烦，马马虎虎敷衍一下就完了，但后续要发展就难了。而那些画得扎实、画得“像”的，今后再学习其他画种就很容易上手，画的质量也高。

素描是画画的基本功，三笔两笔就能表现出事物的基本特征。这对于以后画任何事物都是良好的铺垫。

俗话说“千里之行始于足下”“万丈高楼从地起”，基础的重要性毋庸置言。

## 二、什么叫教学常规？

教学上通常的做法，教学上沿袭下来经常实行的规矩，就叫教学常规。日常教学事务有其内在规律，这是我们从事教学工作必须遵循的规定和规则。大家都认为这么做才能保证正常的教学工作秩序，这么做是有道理的，于是就变成了教学常规。

教学常规是教学的基本功，也是创新的出发点。一个教师教学效果的好坏，关键在教学常规做得怎么样；一个教师要成为优秀教师，必须从做好教学常规开始，没有捷径可走；一个新教师的成长，也要从做实教学常规开始。

教学常规有哪些？就是通常说的“教学五认真”：备课、上课、作业、辅导、考试（学业测评）。

现在，我们再加上一个“教学研究” ，就变成“教学六认真”。

## 三、教学常规的具体要求

### （一）备课

当前，我县教师备课中存在着一些问题。

1.不重视备课

很多老师认为，备课就等于写教案，写教案是耽搁时间，没什么用。因为有这样的认识，所以不重视备课，写教案只是为了应付检查。

备课，是为上课作准备。凡事预则立，不预则废。不管做什么事情，只有做了充分的准备，成功的概率才会大大提高。

电视剧《琅琊榜》的主角梅长苏，不管做什么事情，都无往而不胜，甚至几乎不可能成功的事情，他也能把它做成了。有一个片段是，营救赤焰军副将卫铮，本来梅长苏是不打算救的，因为几乎没有成功的可能性，不过靖王坚持，没有办法，但是后来真就成功了。为什么？是运气好吗？不，梅长苏的安排相当精细。目标是什么，每个人如何分工，会遇到什么情况，该怎么解决等，他都安排到了。非常深入，非常细致，非常充分。梅长苏的成功，源于他的“备课”认真。

任何事情皆是如此，预则立，不预则废。打仗，肯定需要先想好方案：这个仗的目标是什么（攻取什么），采用什么路线，需要什么装备，这个思考和准备的过程就叫备战。如果要打仗了，你还不知道这个仗要怎么打，那么你只有死路一条，没有哪个打仗的人会拿自己的生命开玩笑。

同样的道理，教学一堂课，需要考虑清楚：这堂课，学生要进攻的知识堡垒是什么，用什么方式（教学方法），怎么进攻（教学步骤），需要什么武器（教具）。这个思考和准备的过程，叫备课，用文字记录下来，叫教案。如果你走进课堂却不知道要做什么，要怎样做，你这堂课肯定一塌糊涂。全国小学语文界著名的于永正老师说：“反正，不备课或者备得不充分，我是不敢进课堂的。”

由此可见，备课是很重要的。但是在我们的教学实际中，却有很多不重视备课的现象，随随便便就走进教室了，课堂的低效也就可想而知了。

2.不细致备课

有一种说法：现在课程改革强调课堂生成，精细化的备课会影响生成，备课就是要粗犷一点才好。是这样吗？

从刚才营救卫峥那个片段，你们看梅长苏的备课，是精细还是粗犷？

课堂如战场，瞬息万变；学情如敌情，至关重要。通常所说的“驾驭课堂”，就是说要能够根据课堂的变化，从容应对，最终达成教学目标。如果你没有对学情的种种预设，没有应对措施，一出现状况就手忙脚乱，怎么驾驭课堂？怎么保证课堂目标的有效达成？所以，课堂有效的生成，一定是在精心预设的条件下产生的更新颖、更独特、更深入的生成。没有精细的预设，就没有精彩的生成。

有人认为，有经验的优秀教师可以不写教案，因为教案全装在他头脑里，但事实上，就算名师上课也是要写教案的，而且好多是详案，把自己在课堂中要说的每一句话都写下来了。

全国著名小学数学特级教师徐斌说：“曾有人错误地认为，既然课堂是生成的，课程改革后应该简化备课，甚至不要备课。殊不知，没有备课的全面考虑与周密设计，哪有课堂上的有效引导与动态生成？没有上课前的胸有成竹，哪有课堂上的游刃有余？”

对于新教师来说，因为经验欠缺，更需要写教案，而且是写详案。很多学校要求新教师写详案，是有道理的。

### 3.缺乏审辨能力

教师在备课时，往往会查阅一些参考资料。现在的资料很多，网上的、期刊上的。可问题是，好些“参考资料”往往很不靠谱，结果越“参考”越糟糕。怪味尝惯了，味觉麻木了，就丧失了辨别滋味的能力。

查阅资料，要借助于靠得住的学科专家，要借助于靠得住的学术论著。知道在哪些学科领域有哪些专家，有哪些靠得住的论著，有哪些优秀教师上过哪些成功的课例。这是教师专业知识中很重要的组成部分。正如人在武林，不知道天下有哪宗哪派，不知道谁是高手、谁是草包，那是很难混出名堂来的。

（二）上课

当前，我县部分教师上课中也存在一些问题。

1.课堂组织差

学生课堂纪律差，管不住，是我们很多老师的噩梦。很多新老师的课堂，乱哄哄的，学生我行我素，发呆的、搞小动作的、讲话的……教师大声呵斥，拿起棍子或铁尺敲击讲台，也不管用。

面对这些问题，有以下几种对策：

（1）建立有效的评价机制。唐僧的紧箍咒，牢牢控制了孙悟空的言行，让他听话。在课堂上，我们也需要这样的“紧箍咒”。这个紧箍咒不仅仅是让学生痛，还要让学生乐。我们要有一个整体性设计。比如：将学生分为小组，以小组为单位进行评比，按照奖励标准，做得棒的同学，随机表扬一颗星，由小组长或者学生自己记录；获十颗星后按数量晋级，每满十颗星获一个笑脸；每周评出获星最多的优秀学生，在展示台上展示得到笑脸的情况；每月一总结，够 10 个笑脸发小奖状、小礼物或者一张喜报，让孩子带回家；期末谁得的笑脸多，谁就被评为“三好”学生。需要注意的是，评比一定要公平，否则评价就失去了效用，而且很容易引起学生的不满，影响学生对老师的信任。

（2）多让学生学。引导学生紧张、高效地参加学习。学生学习都忙不过来，还有精力讲话吗？新老师总想在课堂上多讲点，总觉得自己讲得越多，学生也学得越多，所以满堂灌。结果是，老师讲老师的，学生讲学生的，学习效果也很差。

（3）让自己的语言变得生动。很多老师，课堂上泛泛而谈，照本宣科，说话干瘪瘪，学生想不开小差是一件很艰难的事情。这需要老师不断锤炼自己的语言，变得有感染力，吸引学生。

2.没有为学而教

上课不是从“学”的角度，而是从“教”的角度：“我要教这些”“我要这样教”，我把这堂课上完了，我的任务就完成了。

比如，教概括课文主要内容。拿到一篇文章，有的老师就把课文的主要内容直接告诉给学生，这篇课文主要讲什么什么，让学生抄下来。老师教的任务是完成了，但学生学的任务并没有完成，因为换一篇文章，学生就概括不出来，这说明学生并没有学会。

从学的角度怎么完成这个教学内容？要让学生亲身实践，带着学生进行具体的概括训练。第一步，告诉学生方法，比如，写事情的文章可以用要素归纳法（时间、地点、人物、事件），弄清几个要素，再把这些要素合起来，就是主要内容。第二步，学生按方法操作，概括主要内容，老师进行点拨。学生掌握了这种方法，再换一篇写事情的文章，也能够用这个方法去完成。

3.上课没有章法

上课没有基本的套路，随意性很强，脚踩西瓜皮，滑到哪里算哪里。

做什么事情，都应该是有章法的。比如：练武功的人，都是从一招一式开始，练熟、内化、融会贯通。武林高手都是精通一种功夫，加上别的功夫，最后无招胜有招。我们新教师就像新入武门的人，没有形成经验系统，对于很多教学理论也大多停留在概念层面。我们需要抓手，让自己的教学行为有套路、有章法。这个抓手和套路，就是教学模式。

教学模式可以解决套路和章法的问题。教学模式，是把优秀教师的成功教学经验过程化、细节化、显形化。普通教师运用模式，是模仿（做中学）、理解（做中思）和创新（做中创），能够更大范围地普及成功经验，大面积提高教学质量。

当年的江苏省洋思中学，以三流的师资、三流的硬件、三流的生源，取得了一流的教学成绩，靠的就是“先学后教，当堂训练”教学模式。类似这样师资薄弱学校，通过建立适合自己的教学模式，走上飞速发展之路，一跃成为全国名校的情况，并非个案。

由此可见，建立教学模式是一种有效的提高教学质量的途径。所以，中共中央、国务院印发的《关于深化教育教学改革全面提高义务教育质量的意见》提出：“各地要定期开展聚焦课堂教学质量的主题活动，注重培育、遴选和推广优秀教学模式、教学案例。”

我们大邑也在进行课堂教学改革，也在探索适合自己的教学模式。目前，小学有五种样板模式：东街小学的“书吧式课堂”教学模式，北小的“121”情趣课堂教学模式，南街小学的“双向四环”教学模式，子龙街小学的“三三学堂”教学模式，安仁镇学校的“点式教学”模式。

具体的内容和操作，在《以学定教：为学生的学习力而教》这本书里面有。虽然这本书写的是语文学科，但是其他学科也是差不多的。大家阅读了这本书，也就了解了大邑县小学课堂教学的主要情况。这是 2017 年出版的书，这两年在此基础上，还在不断完善和调整，比如东小的“书吧式课堂”已经进入 3.0 版了。

### （三）作业

关于作业，谈三个问题：作业的功用、作业的设计、作业的处理。

#### 1.作业的功用

（1）检测学习效果。教师的教学目标、学生的学习目标有无达成？达成度有多高？考试，固然是重要的检测方式，而更重要的检测方式是平时的作业题。作业检测的深入性、细致性和及时性是考试难以比拟的。

（2）深化内容理解。课堂教学一般因为时间和空间有限，只能以传授知识为主，而且也因为时间和空间有限，往往只能达到初步的甚至是肤浅的理解；深奥的原理、复杂的知识、烦琐的公式等，还需要通过做题加深理解，深刻领悟，融会贯通，从而达到举一反三的目的。

（3）巩固所学知识。课堂上，因为各种原因，学生的学习常常难以达到巩固的程度，需要课后巩固记忆，进行意义建构。写作业就是一种很好的复习巩固。根据德国心理学家艾宾浩斯的“遗忘曲线”，学习需要及时复习，平时的课后作业是最为及时的一种复习。

（4）实现知能转化。掌握了知识不等于具备了能力，从知识到能力还有一个长短不一的过程，实现知能转化还需要有“桥梁”，作业就是这些“桥梁”中的最重要的一座。数理化等理科学习，从知识到能力的“桥梁”还要更长一些。

因此，课后作业不仅是重要的，而且是必需的，提高教学质量必须优化作业环节，教师和学生都不可等闲视之。

2.作业设计的原则

布置给学生的作业并非越多越好，越难越好，而是越精越好，越实用越好。对于学生，作业当“适可而止”，这体现在三个方面：

（1）作业贵在“适用”，并非越“花”越好。能够起到检测知识的掌握、加深内容的理解、巩固知识的记忆、实现知能的转化，这样的作业，本身就是一种不可或缺的学习，而且是自主的、深入的、及时的学习。因此，重复的、肤浅的、零碎的、缺乏针对性的题目，应该毫不犹豫地抛弃。

现实中，有些粗制滥造的练习因为是由著名教师编写，或由著名出版社出版，或者名称特别抢眼，我们往往视若珍宝，甚至在学生难以独立完成的情况下，让家长全力以赴甚至越俎代庖。这就失去了作业的本来意义。

教师自己设计作业，你会从整体上去把握课标、把握教材，对自己的专业提升很有帮助。而且，你设计的作业是根据学生的情况而来，具有针对性。

（2）作业贵在“适量”，多少合适。作业负担不能过重。同一门学科，有的老师安排了六七样，重复内容很多，既加重了学生负担、让学生厌学，也没有什么效益。一门作业也许并不多，数门作业加在一起就不少，而学生的课余时间已经少得可怜。

一般来说，作业往往安排在课余和回家完成。学生的时间和空间往往是有限的，作业量超过学生所能承受的范围，作业就成为负担，同时也就失去了它应有的作用。不仅如此，有些学生家长还安排了一些补习班和特长班，几乎挤占了学生所有的时间和空间，这是不科学的，也是不明智的。

用最少的作业达成最大的目标，是优秀教师需要终身研究的永恒的课题。

当然，减轻学生过重的作业负担，并非不要负担，而是负担合理。

（3）作业贵在“适度”，难易合适。一方面，没有难度不行。在一些课上，全班作业的性质可能把学生引向机械地、单调地重复黑板上所写的东西。例如，语文课上，被喊到黑板跟前的学生把自己造的句子抄在黑板上，许多教师就让全班把这个现成的句子照抄下来，这样做是不能刺激学生的独立脑力劳动的。只有使学生的脑力劳动个体化，才能保证学生积极的智力活动。有经验的语文教师，在这种情况下，都会要求每一个学生自己造句。（苏霍姆林斯基《给老师的建议》）

另一方面，难度过大也无用。很多教师认为，学生进行高难度训练就会超越他人，为班级争光。其实，适合的才是最好的，不适合的就是不好的，超越了学生的实际水平，作业就会适得其反。跳一跳还摘不到“果子”，学生也就不愿再跳了。奥数被叫停，就是因为对小学生进行高强度、高难度的训练，不仅达不到目的，反而会影响基础性的学习，甚至会损伤学生的学习积极性。

（4）作业的处理。

①分析应认真。作业往往反映了学生掌握知识的情况，哪里理解不到位，哪里理解有偏差，哪里没有掌握等。认真分析学生作业，可以有针对性地查漏补缺，提高学习的效益。

②处理应及时。一是批改及时，学生刚刚做完，马上就给予反馈，学生会记得很深。二是改错落实，一定要让学生纠正自己的错题，不然，作业白做了。并且，尽可能做到当面指导学生改错。

### （四）辅导

这里的辅导，指老师对学生个体的辅导，也可以说是“补课”，班级授课制的必然产物。

辅导对象：补谁？后进生、中等生、优等生都需要。

辅导内容：未掌握的、不熟练的、拓展性的。

辅导方式：集中进行的、小组实施的、个别辅导的。

1.辅导的时间

（1）早晨刚刚到校的时候。可与个别学生接触，作短时间的辅导。

（2）中午（至下午上课前），可以让学生更正上午做错的作业，优秀学生可以自由活动，可以进阅览室看书。

（3）中学有自习课。作业做错的，应更正作业，教师给他批改，并作必要的辅导；优秀学生可看课外书籍、预习明天的功课或练习竞赛一类的拔高题；必要时，文科老师也可与个别学生接触，作短时间的辅导。

2.辅导的要求

一是问题辅导（针对性）。教师辅导必须循循善诱，诲人不倦。

二是及时辅导（及时性）。课间，学生不做作业，教师一般不辅导学生。即使有特殊情况，与学生谈话，时间也不宜长，以免影响学生上好下一节课。

三是个别辅导（差异性）。老师忙不过来的时候，可以让学生辅导学生。学生教学生是一种很好的方式。

### （五）考试（学业测评）

对于考试，不少老师认识上存在误区，对考试结果的运用也较为单一，缺乏深入的分析，简单粗暴地把考试作为评价学生学业水平的唯一依据。

测试后，应留心对测试结果的分析，看到数据背后的因素。可以横向跟同年级班级比较：学生之间的差异，在正常幅度之内吗？别的老师的方式方法，是否可以借鉴？也可以纵向跟过去比较：学生原来存在的问题有没有改善？学生的哪些方面在进步？老师的哪些做法需要继续发扬，哪些做法需要调整？

（六）研修

研修分为集体研修和个体研修。今天重点谈个体研修，个体研修主要以反思的形式进行。

美国心理学家波斯纳提出教师成长公式：成长= 经验+反思。

为什么反思有这么大的好处？首先，及时的反思能帮助形成积极思考的意识和习惯。第二，反思可以将思维条理化、深刻化，培养善于思考的能力。长此以往，对个人成长的助益是不言而喻的。同时，反思也为我们写论文集聚了素材。

教学反思并不复杂，在教学中多留一个心眼，多想一想就行。怎么反思呢？我谈三个问题：

1.反思的对象

一是对自己。二是对过去，主要是对已经发生的教学行为，不是对未来。三是对得失。

2.反思的内容

反思目标的设定与达成。教学以后反思：教学目标明确吗？集中吗？实在吗？教学目标实现了没有？达到哪个程度？如果没有达到，问题在哪里？等等。

反思过程的实施与问题。一是教学活动。在过程的实施中，所有教学活动是否紧紧围绕教学目标展开？有没有跑偏？二是学生反应。从学生的反应来看,学生的眼神、行为和语言有什么表现？为什么会出现这种现象？学生思维的障碍点在哪儿？有什么办法可以解决这个问题？三是教学效果。从教学实施的效果来看，哪里做得好？哪里做得不够好？可以怎么改进？

反思设计的理想与现实。在设计时想要达到的目的，与实施以后的现实相比，距离有多大？比如作业设计，理想的作业具有三个特征：典型性、差异性和思维性。

首先是典型性。作业要起到以一当十的效用，练习以后，反思哪些练习是多余的，可以归并？

然后是差异性。作业要尽可能满足不同层次学生的需求，练习以后，反思针对不同层次的学生的练习，哪些是不可行的，哪些是可行的，对于可行的练习，下次也可以这样设计。

第三是思维性。练习需要有思维含量，练习以后，反思学生是否经过了思考？

上面主要是从课堂教学这个方面进行的反思，除此而外，还有许多内容值得反思，比如个别辅导。辅导时，你关注学困生了吗？你知道学困生的学习难点在哪儿？采取什么方法更能帮助学困生突破难点？该给优生开什么样的“小灶”，让他们能“吃饱”？如何利用优生资源帮助后进生提高？

3.反思的形式

碎片化反思。随手记录，不一定正式，一两句话也可以。

专题式反思。围绕一个专题，进行相关的学习、实践和总结。比如围绕“如何让学生计算少出错”，首先可以查阅这方面的相关材料，制定一些措施，然后将这些措施运用到实践中，看看效果怎样，然后进行总结，写成论文。

阶段性反思。比如一个学期结束了，需要对这学期的教学得失进行反思，对以后的教学进行安排。

# 芬兰教育带来的思考

**郑俊红**

大邑县北街小学校长，成都市特级校长，成都市名校长工作室领衔人，大邑县十名“首席名师”之一。1995 年 8 月参加教育工作。自担任校长以来，一直致力于营造一个“洋溢着真情真趣、闪耀着生命灵性、涌动着智慧光芒”的师生精神家园。

老师们：

大家好!

在教师职业生涯中，每个人都有许多学习进修的机会。对待每一次学习进修，不同的教师会有不同的态度，不同的态度也就决定了不同的成长状态。

态度一：心安理得。这一类教师在考察学习中，始终抱着“心安理得”的心态，把“生源差”“条件差”“待遇差”作为借口，认为“我们没法和他们比”“自己这样做已经很好了”，完全没有想要改变的愿望，得过且过地混日子。

态度二：短暂冲动。在培训、考察时受到当时环境的影响，心里有了教育改革的强烈冲动，但回到工作中，由于日常事务的冲突，这种强烈的改革冲动慢慢消失殆尽；或者尝试一段时间后，由于多种原因又放弃了。这类教师对教学有自己的见解，但是大多只停留于口头上，难以成为名师，更难以形成独特的教学风格。

态度三：持续改进。这一类教师始终保持强烈的改革热情，在培训学习中不断吸收新的理念、新的措施，不断在教育教学实践中试行新的措施，“反思—实践—总结—再实践”成为他们工作的基本样态。因而，他们始终站在教育改革的前沿，成为这一领域的佼佼者。

今天，我们一起走进北欧小国——芬兰，去了解它的教育。芬兰和我国迥然不同，政治、经济、文化等都存在较大的差异，可能会完全颠覆你对现在教育的认知。你是心安理得？还是短暂冲动？抑或是持续改进呢？

## 芬兰印象

说到芬兰，你会想起什么呢？是可爱的麋鹿，还是神秘梦幻的极光？还是这个经济发达的北欧小国，有着举世闻名的教育事业？

自 2000 年开始，经合组织（OECD）每三年会在世界范围内进行一次 15 岁学生的能力评估测验。在这项被称为教育界“世界杯”的“国际学生评量”（PISA 测试）中，芬兰学生的阅读素养、科学素养、解决问题的能力和数学能力一直都在全球前列。世界经济论坛也多次把芬兰的高等教育评为全球最佳。

带着对芬兰教育粗浅的认知，2019 年 10 月 18 日，我们成都市小学领航班的校长们踏上了芬兰学习之旅。在为期两周的学习考察中，“平等、高远、闲适、灵活、宁静、信任”这些词语深深地刻在了我的脑海里，挥之不去！

## 印象之一：平等

1.每个孩子享受着平等的教育

芬兰的学校无论在城市还是乡村，都是一样的设施设备，一样的师资标准，一样的免费午餐，一样的教育质量。国际教育比较分析者认为：卓越表现存在于芬兰的每一所学校，芬兰的校际差异几乎为零，学生的家庭背景对于成绩的影响也几乎为零。所以，芬兰没有所谓的“好学校”“差学校”之分，大家都认为身边的学校就是最棒的，当然也就不存在新生入学季的“择校”焦虑。

2.人与人的关系是平等的

在芬兰赫尔辛基万塔的一所小学里，我们参与了一场特殊的欢送仪式：全校师生集中在学校礼堂，为一名在学校工作了14年、即将退休的校工举行欢送仪式。尽管仪式很简单，但是很多教师流下了眼泪。校长说，校工同样是学校的主人。孩子们相信校工是无所不能的，标本是他做的，校门是他修的……

在这所学校里，教师们分成了若干个小组，负责管理各方面的事务，人人有责，人人尽责，人人皆享有话语权。学生小导游凭手中的一把钥匙就可以打开所有的门，带领我们参观学校。无论是校工、教师、厨师，都会热情地给我们解释……

其实，不只是这所学校，在其他学校，我们同样强烈感受到了“因为平等，所以和谐”“因为职业无高低贵贱之分，所以人人乐在其中”！

3.用心关爱特殊群体

芬兰提倡全纳教育，特殊孩子实在不能适应正常学校生活的，才会被送到赫尔辛基的瓦特里特殊教育学习与咨询中心去，学习基本生活技能或进行康复训练。

在赫尔辛基的特殊教育咨询中心，虽然只有50个特殊孩子，却配有103名教职员工，包括教师、心理专家、理疗师、护士等等。这里的设施设备充分满足了不同特殊孩子的需求，满是暖暖的人性关爱：烹饪室的桌椅、炉具等都是升降式的；有专门训练孩子生活技能的起居室，可供一家人居住体验；如果身体健康状况特别严重又不能来这里学习的特殊孩子，政府会安排护士轮班护理……所有费用都由政府全额买单。

赫尔辛基特殊教育咨询中心的老师们还会经常去普通中小学培训教师、参与特殊孩子的康复训练，帮助普通中小学对不同程度的特殊孩子提供一般、强化和特殊三种力度支持。

## 印象之二：高远

### 1.教师职业“门槛”高

在芬兰，想进入教师这个行业，“门槛”是很高的。以选择小学教师职业为例，进入师范类院校学习的时间是5年，并且要取得硕士学位。大学期间，不仅要在学校学习相关教育、科学等理论，每年还会有几周到教师培训学校（即指定的普通中小学）接受实践培训。

五年的学习，这些“准教师”已经接受了全科教师相应的理论及实践的指导，一毕业就可以很轻松地进入良好的工作状态。当然，在教师培训学校的实践培训期间，若认定你不适合当教师，虽然毕业时也会给你颁发硕士学位，但是会建议你去从事与教育相关的其他行业。

这也许是芬兰的学校对教师没有评估考核的重要原因之一吧！因为“门槛”本身就很高了，教师基本的职业素养在初入职时就已经比较好了！

### 2.学生发展目标指向适应未来

芬兰的课程大纲厚达700多页，明确提出要培养学生适应未来社会的七大横向能力：一是思考与学会学习的能力，二是文化素养、沟通与自我表达的能力，三是照顾自己、管理日常生活的能力，四是多模态识读能力，五是信息与通信技术能力，六是工作生活技能和创新精神，七是参与、影响、建构可持续发展未来的能力。

同时，每个学科要重点培养哪些能力，也有具体要求，如多模态识读能力几乎在所有学科都有要求。这些能力要求，明确不含糊，简单且全面，特别有利于指导教师的教育实践。

3.家长理念先进

由于文化背景、价值观不同，芬兰家长们和我国家长的理念，存在很大差异。他们重视孩子兴趣培养，是“为兴趣而学”，不是“为才艺而学”。他们认为，这个过程可以更好地帮助孩子认识自己、了解自己，帮助孩子找到自己痴迷的地方，这会是孩子一生成长的内驱力。

他们会花时间了解孩子玩的游戏和社交软件，分享自己上网的经历，培养孩子良好的使用习惯和应用能力。

他们重视全家人一起吃饭，认为教养与生活密不可分，成人不应该站在知识和经验的高地上去教育孩子，而应该活给孩子看。所以，爸爸们往往会在中午或晚餐后处理商务上的事，晚餐时间通常会陪伴家人。

他们重视培养孩子良好的社交能力，认为可以让孩子清楚自己在群体中的定位或可能性职责……

总之，芬兰家长不关注孩子眼前的“分数”，而是关注孩子品性的发展、适应未来的能力。

## 印象之三：闲适

1.生活节奏慢悠悠

芬兰的上班族是幸福的，通常 9 点上班，11 点午餐，下午 2、3 点就可以下班，有大把大把的时间陪伴家人、做自己喜欢的事。尤其是到了周末，商店要 12 点以后才开门，有的甚至不开。图书馆、博物馆等地方，到处会看见“全家福”……真的很惬意！难怪芬兰已经连续两年被评为全世界幸福指数最高的国家。

2.教学节奏慢腾腾

在芬兰罗瓦涅米的教师培训学校，我们听了一堂三年级的数学课，是关于7的乘法口诀的，由一位学生教师（实习生）执教。45分钟里，除了小测试（14道口算题）、检查家庭作业和末尾看视频大约用去了10分钟之外，其余的35分钟，学生都在玩“宾格”游戏——关于7的乘法的计算。

据了解，关于7的乘法口诀的教学内容，芬兰的老师至少需要一周的时间去教。我们还看到，教师允许学习水平不同的学生，使用不同的教材，做不同等级的习题。

同行的校长们一致认为，如果国内的课堂是这样的，我们肯定会认为教学容量小、教学方法单一、教学节奏太慢，通常判定它为不合格的课。但是在芬兰，我们却不约而同认为，在这样小容量、慢腾腾的课堂里，包含着满满的信任、等待、尊重和包容，而我们国内的课堂却多了些功利、少了些从容！

## 印象之四：灵活

1.教材选用自主

芬兰虽然有统一的课程大纲，却没有规定必须使用什么教材。学校、教师们可以自主研究决定选用什么教材，自主安排课程计划，什么时候上什么内容、什么时间进行小测试，完全取决于教师……充分尊重了教师的意愿和学校的实际。

2.学习方法灵活

芬兰一位校长说，他们全部的努力都在于“如何让学生对学习保持兴趣”，所以芬兰的教育特别关注教与学的方法，关注孩子自信心和创造力的培养。凡是涉及动手能力的课，小学阶段都是必修，如木工、烹饪、缝纫等；体育课更是好玩，可以连续几节课上“捉迷藏”，学生可以任意选择校园的某一地方藏身，等待别的同学寻找，这不失为了解学校、考验孩子“灵活性”的好办法；生物课也不是照本宣科，而是让孩子们动手解剖活鱼……

就连我们的课，也那么好玩。如拉普兰大学的教师给我们上编程课，在“摆拼游戏”中，我才真正意识到“什么是编程”“怎样引导孩子编程”“严谨思维、逻辑思维多么重要”。在凯拉瓦地区的学校参与 steam 课程的培训学习，在“玩高塔”活动中深刻理解 steam 课程的核心教学理念，“玩中学”“做中学”，是我们在芬兰课堂看到的基本模样！

3.评估方式多元

芬兰有着以学生为中心的评估体系，他们认为每个学生都有差异性，学习能力是不一样的，所以不存在统一的评估体系。评估可以是小测试，可以是对话，可以是观察……目的不在于看学生掌握的知识有多少，而在于根据评估改进学生学习、饮食、睡眠、锻炼等，让学生变得更健康！

在罗瓦涅米教师培训学校的一堂观察课上，教师小结了上次小测试的情况，建议测试效果不好的同学做做习题，可以加分！

又如芬兰的《学生福利法》，有完善的学生支持体系。如对于学习有困难的学生，学校组织教师、家长、专家等人员进行研究讨论，决定给孩子提供一般支持、强化支持还是特别支持……总之，基于改进，无限信任，耐心等待，给以成长的时间。

## 印象之五：宁静

1.城市宁静

芬兰地广人稀，街上行人稀少，人们说话都是轻言细语的；在乡村，往往隔很远才能看见一户人家。在这里待了十几天，从没听见汽车鸣笛，在没有红绿灯的地方，车辆都是主动避让行人。宁静，是一种文化，是一种素养！

2.校园宁静

罗瓦涅米的教师培训学校是隶属于拉普兰大学教育学院的一所九年一贯制学校，有600多名学生，但是学校整天都是非常安静的。课间休息时，孩子们都去操场玩，楼道上无孩子奔跑、喧闹……很多时候都会让人产生错觉，学生放假了吗？在别的学校也是这样。宁静，是一种习惯！

3.内心宁静

罗瓦涅米教师培训学校的一位女教师，具有全科教师教育背景，在学校里却是一位专科教师。原以为她只上一门课，殊不知却是待在了11个组，通常上6至8门课（我们听她上了两节完全不同的课，一堂三年级的手工课，一堂八年级的健康教育课）。在我们看来简直不可思议，她却兴致满满，说很喜欢这样的工作。其实，芬兰的教师都这样，乐于接受挑战，主动参与教育研究，主动参加各类培训，主动攻读博士学位……与其说与他们受尊重的教师地位有关，不如说与他们内心的安宁有关、与责任心有关：不受外界影响，摒弃杂念，静心教书，潜心育人！

## 印象之六：信任

在凯拉瓦的一所普通高中，我们和校长、老师以及9个高三的孩子互动了近一个小时。整个过程深深地震撼着我们：孩子们都认为高三比高一、高二轻松，因为很多课都修完了；两点半放学回家以后，都是做自己喜欢的事（极少数的孩子会做一个小时左右的作业），健身、玩游戏、听音乐、阅读、睡觉等；没有家长会强迫他们选择学校、选择专业，只是给出建议，决定权在自己；高考有三次考试机会，选择最好的成绩作为升学依据；高考由学校教师自己监考、自己阅卷，教育局最多派巡视员来看看总体情况……

这一切，都源自芬兰文化倡导的无限“信任”！而这种“信任”也弥漫在整个社会，成了一种社会氛围：在宾馆吃早餐不验餐券；在商场购物不用存包，蔬菜水果也是自己称好了去交费；乘公交车、火车也不用验票；家长相信孩子能独立解决问题……

## 芬兰教育成功的原因

从观察到的表面现象、查阅到的有限资料和听到的并不完整的信息来分析，我认为芬兰教育的成功和以下六个方面有关：

### 原因之一：职业平等的价值追求

芬兰虽然只是一个北欧小国，但其在每年的全球人均经济排名中一直名列前茅，芬兰人的幸福感离不了芬兰几乎覆盖了公民“从摇篮到坟墓”的社会保障体系。正因为这样，也就产生了这样的认知：职业平等，工作没有高低贵贱之分，当然也没有因“焦虑”而产生的各种竞争。

### 原因之二：教育规律得到普遍尊重

“教育是一项慢的事业”，需要长时间的积累才能显现出良好的效果。芬兰文化的无限信任（政府信任民众，上级信任下级，家长信任学校，老师信任学生），使得教育规律普遍得到尊重：教育投入完全满足办学的需求；学校办学自主，几乎没有任何的评估考核，更不会有来自外界的干扰；教师教学自主，可以静心去研究教育、改革课堂，为学生制定课程；不提倡推优、排名，学生 15 岁之前没有什么大考，即使小测试也只是学生个人和教师之间的事情，不会过早地给孩子贴上“标签”……在这样的氛围中，没有指责，没有苛求，一切的发生都是自然而然。

### 原因之三：教师素质高

芬兰教师都属于高学历，而且必须毕业于教育类院校，特别强调教师的教育技能、教育热情及创新思维；除了系统的全科教师培养体系之外，特别支持教师的在职研修：继续攻读博士学位，开展教育理论研究实践（如研究自我效能感、现象教学的教师大有人在），研发出版教材，学习领导力课程……可以这么说，芬兰的大部分教师一直行走在研究的路上。因为芬兰教师和律师、医生一样，非常受社会的尊重，这一职业也通常成为芬兰年轻人的首选。

### 原因之四：有完善的学生支持体系

芬兰有《学生福利法》，倡导“每一个都重要”“不让一个孩子掉队”。如对特殊学生，会根据情况区别提供一般支持、强化支持、特殊支持；对学习程度不一样的孩子，会进行弹性授课，所需费用全由政府买单；偏远地区，公共交通不方便，政府会安排计程车接送学生……充分保障了每一个学生的学习权利。

### 原因之五：让学习有兴趣成为重要的理念

在芬兰的学校，几乎没有听到关于办学理念、办学特色的解读，而如何让学校变得更加有吸引力、如何提高孩子的学习兴趣，从而让孩子更加自信和有创造力，是我们在每一个学校都听到和感受到的。课堂里没有指责，没有人会强迫你背诵“ABC”，没有要求你必须怎样；无论男女，都一样学习织毛线、使用缝纫机，学习木工、烹饪……有的是等待、包容、尊重，一切行为都旨在激发孩子内生的动力！行走在芬兰的学校，你会看到学生是开心的，教师是满足的，校长是愉快的！

### 原因之六：阅读成为芬兰人重要的生活方式

1928 年，芬兰就制定了《图书馆法》，规定每个城镇必须有自己的图书馆（约平均每 5000 人就有一座图书馆）；芬兰的图书馆，全是由知名设计师设计，还有艺术区、游戏区等，图书馆成为芬兰的人文地标；孩子的第一本书是政府送的；孩子上学后，家庭作业规定“至少半个小时的阅读”；在偏远地区，政府专门设立“流动图书馆巴士”送书上门，每年的借阅量可以达到740万册……阅读成了很多芬兰人的重要生活方式之一。

综上所述，芬兰从政府到家庭都重视教育，以平等、信任为出发点，将教育的目的定位为学习，而非竞争。同时为教育提供政策支持、资金保障……最后形成了一种社会风气，并且影响到了每一个人的价值追求、行为选择。在这样的正向循环中，高质量的教育效果自然就显现出来了。

## 芬兰教育带给我们的启示

在我们看来，芬兰的教育已经是理想中的教育了。可是芬兰人依然认为还有很多问题：教育机制需要创新，教育改革成效不大，学生的学习兴趣不高……于是，我们可以得出一个结论：没有任何一个国家的教育是完美的。

在一次亚洲国际学校大会上，剑桥考评院研究与开发总监蒂姆·奥茨（Tim Oates）谈到中国的教育，他认为：

“中国教育语境中，‘努力付出，才能收获回报’的价值观，让每个人、每个家庭都十分关注孩子的学习，我认为这是一种巨大的力量。”

“在数学教育中，我们一直强调对数学关系的深刻理解，以及对数学技能的掌握。可是，在中国的数学教育中，死记硬背式与理解之间的联系，比我们想象中要复杂得多。并且，有关大脑学习的最新研究表明，这两者存在一定的关系。这些都引起了英国教育界极大的兴趣，并开始向中国取经，观察和研究中国的‘学习政策’。”

……

所以，我们一边要看到我们国家教育的优势所在，一边要不断反思我们的历史、我们的方法，看看哪些还在制约着我们，束缚着我们走向更加美好的明天。有些问题不是短时间就能完全改变的，如诚信体系的建立、升学机制的进一步优化、教师培养选拔体系、特殊学生支持体系……但唯有逐步改革我们的模式、改革我们的教育方法，才能让我们的教育更多地满足人民的需要、国家的需要。

## 让教育因需要而发生

曾经看到过一句话：“一个城市的底蕴和灵魂，就看他怎么对待自己最有价值的那块土地。”

芬兰赫尔辛基市中心的颂歌图书馆，闻名于世界的原因在哪儿呢？芬兰政府花了 5 年时间，一遍又一遍地倾听了上万民众的意见，这座图书馆才终于有了雏形；又花了整整 5 年，耗资 9800 万欧元，在市中心 17000 ㎡的土地上，这座图书馆才终于建好。颂歌图书馆超越了人们对一座图书馆的所有期望：可以遛狗、3D 打印、喷制广告、玩游戏、做饭、聚会、亲子活动、缝纫……它成了一个自由开放的地方，一个人们最喜欢去的地方，藏书少但借阅量却很高的地方。

赫尔辛基的 Kurkela 学校，所有空间设计可谓匠心独具，为学校进行的合作教学提供了无限可能。学校的楼道上不仅有图书，还有台球桌、乒乓球桌、双杠等健身器材，学生课间可以尽情玩耍……

我们是否冷静思考过，我们今天的孩子需要什么？若我们今天依然站在成人的角度去思考，以成人的视角去进行教育变革，我们的路一定会越走越窄。

我们应该秉承“儿童事大”的理念，让所有的教育行为因需要而产生。我们要从儿童特有的行为方式、意识方式、成长规律等去思考和改进学校的文化建设、规章制度、课程设置、空间建设等，广泛倾听学生的想法，并最大限度地满足学生的需要，让学校成为充满灵性、充满智慧的地方，成为儿童幸福成长的精神家园！

## 坚持儿童是课程的起点和终点

教育部教育发展研究中心副主任陈如平先生讲过，在“立德树人”“五育并举”背景之下，学校课程改革的新动向有 10 条：体系化、综合化、跨学科、跨领域、项目化；学科课程基础化、功能教室主题化、学习空间场馆化、特色课程博物馆化、校本教材乡土化。

在这样的改革趋势之下，教师必须坚持儿童永远是课程的起点、终点，把学生充分的、自由的、健康的发展作为课程建设的追求。

孩子的天性是好动的、好玩的，一切有关于“玩”的事情都会吸引他们，所以，让学习变得好玩，应该成为重要的教学理念。在玩中，孩子们可以更加清楚地认识自己的能力，激发学习的兴趣，激发创新的欲望，让知识的掌握变得更加容易。教育中，我们应该蹲下来，以孩子的视角去创设情景，去设计游戏，去设计方法。那样，我们教学一定更加具有吸引力！

## 教育要回归孩子的生活世界

芬兰大力倡导现象教学法，这和项目学习最根本的不同在于，问题产生的方式不是凭空想象，而是一定来源于学生的生活实际，并由学生提出来。

在罗瓦涅米教师培训学校，我们听了一堂八年级健康教育课，内容是关于年轻人谈恋爱的。教师给出的案例涉及同性恋、异地恋、文化背景差异等诸多方面，学生要讨论三个问题：你认为他们的恋爱怎样？存在什么问题？如何解决？这堂课紧扣孩子的身心特点、生活实际，引发孩子对于未来生活的思考。据了解，老师在接到该班教学任务的时候，就已经全面规划好了至少一年的课程，如何进行综合教学，如何实施现象教学法。

我们在课程实施中，如何让学生的亲历生活与课程发生真实的联系，真正培养学生发现问题、解决问题、适应未来生活的能力，这值得我们深刻反思、研究改进！

## 减少对孩子的过度保护

有人一直在呼吁，我们现在的孩子像温室里的花朵，多了些“温顺”，少了些“野性”，要让他们多些勇敢，经得住风吹雨打。让我们看看芬兰的孩子是怎样经历“风雨”的：

芬兰学校要求孩子每天至少运动2小时，即使冰天雪地、狂风暴雪，孩子们也会去操场玩（雨衣和靴子是每个孩子必备的，因为家长们认为“没有不合适的天气，只有不合适的衣服”）；并不是所有学校的操场都是塑胶的，很多是凹凸不平的沙地，如凯拉瓦的一个幼儿园不仅操场是沙地，甚至用于户外活动的“森林”也满是荒草、树枝以及砍伐后未被清除的树桩；芬兰的小孩1岁就可以进入幼儿园，有时睡着了会被放在婴儿车里推到户外（家里也是），即使零下20几度也会这样做，因为芬兰人认为孩子需要从小适应各种天气………

这一切，家长高度认同。他们认为，尝试和危险是孩子成长中必不可少的部分，孩子从小必须学会适应，所以不会因为偶尔的吃亏、擦伤、碰伤而“麻烦”老师、“指责”学校。

当然，这关乎文化传统和社会氛围等。这就需要家庭、学校、社会做到协同育人，从教育理念上达成一致，为学生的成长营造一个更加安全文明、沟通顺畅、依法办事的良好环境，使我们的学校、教师真正放开手脚，大胆进行教育改革实践，培养出更多敢于冒险、敢于挑战、敢于创新的孩子！

## 承认学生的差异

大多数中国家长都有一个强烈的愿望，希望孩子成为金字塔顶尖的那一个，所以在各种焦虑的“奴役”下，逼着孩子使劲地跑，拼命地跑，题海战术、校外补习更是常态！大多数人都忽视了孩子的差异，都希望孩子能成为最“成功”的那个，而忘了孩子应该做最“幸福”的那一个。

当然，这一切，有很多复杂的原因在内，价值观问题、社会保障体系问题、升学体制机制问题……都是不容忽视的现实。

不过，在学校的教育中，依然有许多可以作为的地方：开设多样化的课程，给学生提供多种选择的可能性，帮助学生找到适合自己发展的领域；改变评价的方式，变单一的文化测试为综合测试，不以一次测试定结果，给予孩子补测的机会；实施分层作业，给予孩子更多的选择权；允许孩子用优势学科去弥补弱势学科……在最大限度范围内尊重孩子的差异，允许孩子差异发展，保护孩子的自信心。

## 努力成为更好的自己

教育的发展、孩子的成长，依赖教师的专业素养，所以教师是实现培养目标的最核心因素。不可否认的是，教师在专业发展上千差万别：有些学校，教师完全是自由生长，无法获得专业发展上的持续支持；有些教师工作时间长久了，积极性降低了，职业倦怠感也明显增强；有些教师自认为经验已经很丰富了，不愿去吸收新的理念与方法，继续用原来的方法去教今天的孩子……

对学校而言，需要创设积极的文化氛围，为教师的持续发展提供好的养分。如何让新教师迅速站稳讲台、形成经验？如何让年轻教师巩固提升、形成风格？如何让中老年教师辐射引领、形成核心？如何让每个教师都参与管理，人人有责，人人尽责？如何让每一个教师具有跨学科教学的意识和能力，使之能适应现代教育改革与发展的要求？这是学校需要持续思考并践行的管理重心。

对教师而言，尤其是年轻教师，保持对教育的钟情、学习的激情、革新的热情，永远追求“更好”的自己，应该成为一生的信念！

当你的坏情绪要爆发的时候，请你读读这段话：

一个人心脏磁场波的辐射范围是方圆 6 米，所以你的情绪会感染周围的人。若你是积极的、正向的，那么大家将因你而快乐；若你经常抱怨、懈怠，周围的人将因你而闷闷不乐。

当你因某个小问题而纠结困扰的时候，请你读读这段话：

你从 80 楼往下看，全是美景；但是你从 2 楼往下看，全是垃圾。人若没有高度，看到的全是问题；人若没有格局，看到的全是鸡毛蒜皮。

当你疲惫不堪、想停止努力的时候，请你读读这段话：

再贵的东西 ÷365，都会变得很便宜； 再小的努力 ×365 ，都会变得很伟大。

所以，让我们一起，向着美好出发！

# 播撒阅读的种子，点亮阅读的心灯

**刘春梅**

大邑县北街小学教师，成都市优秀班主任、成都市优秀青年教师，曾获成都市小学语文青年教师赛课一等奖、成都市“一师一优”视频课赛课一等奖；曾前往贵州、云南、浙江、福建、吉林、重庆等地为教师、家长和学生作公益阅读培训。

各位老师：

大家早上好！

非常高兴今天上午由我来当主讲。我先给大家讲一个故事：

有一个小女孩，出生在红梅之乡。当她呱呱坠地时，正值大雪纷飞，漫山遍野梅花开放。父亲得知自己添了个女儿，高兴不已，便信手写下了毛主席的《卜算子·咏梅》给女孩的外公报喜：

风雨送春归，飞雪迎春到。

已是悬崖百丈冰，犹有花枝俏。

俏也不争春，只把春来报。

待到山花烂漫时，她在丛中笑。

信中除了这首词外，别无其他内容。外公接到信后，猜了半天才猜出自己添了个外孙女。

后来，外公和父亲便根据小女孩出生的时间、地点、景物以及这首《咏梅》给她起了个名。你们猜猜，起的什么名字？

外公和父亲希望小女孩能像报春之梅一样不畏严寒，傲雪挺立，乐观向上，故给她取名“春梅”。是的，这就是我，刘春梅。

当初的小女孩如今已经长大了，大家猜猜我有多少年的教龄？告诉大家，截至现在，我虽然只有 14 年教龄，但我已经有 22 年的工作经历了。老师们或许有些意外，心里也充满了疑问：没有教书时，你都在干吗？接下来在我的讲述中，相信你们会找到答案。

## 历尽艰难，成为教师

在做教师之前，我曾在传呼台、建筑公司、电子科技公司、社区等行业和部门工作过；我担任过话务员、推销员、会计、出纳、大学生村官等；我曾经在成都和大邑之间来回奔波，也曾经手握一张地图穿梭于成都的大小招聘会，还曾在找工作的过程中上过当、受过骗……

记得刚走出大学校门时，父母希望我能够回到大邑，说是离他们近一点，相互有个照应。可我毕业时正赶上各单位裁员，行政事业单位根本不可能进人，而大邑又没什么企业，所以，我在大邑没有找到适合的工作，便拿着父母给的 300 块钱义无反顾地去了成都。

找工作并非如我想象中那般轻松。当时的我每天都要买一份《华西都市报》和《成都商报》，关注上面的招聘信息。我只要一看到有合适的岗位便会打电话去咨询；只要一听说哪里有招聘会，便会拿着一张地图，转乘多次公交车（当时的我还不会骑自行车）前去应聘。就这样，我整天东奔西跑，电话打了不少，招聘会去了不少，也在多家职介所留下了自己的个人信息，却始终没找到适合自己的工作。

其间，我也去试了几家公司。记忆最深的是通过一家职介所，我去了一家叫“红满江”的酒厂应聘文员。当时交了60元钱的中介费后，在一间破旧的办公室里，一个妇女不冷不热地给了我一瓶酒，要我去推销。

我对她说，我是来应聘文员的。她告诉我，要应聘文员可以，但前三个月要去推销酒，推销得好就可以当文员。我想，也罢，就试试吧。

可没想到的是，她又对我说：“你得先把这瓶酒买下来才能去推销，要不然，你把酒拿走了不回来怎么办呢？”接着，她滔滔不绝地说起这酒如何如何好，能够滋阴壮阳，外面批发价卖180元一瓶，她给我厂价只卖80元，我拿出去还可以零售价卖200多一瓶。她还说即使卖不掉，送人也划算，既适用又有档次。

被她天花乱坠地吹了一通后,我便掏出了我仅有的80元钱买下了一瓶酒。之后，我也羞羞答答地出去推销过，但大家可以想象，像我这种比较腼腆的性格出去推销是什么样的情况？最后当然是以失败告终，从此再也没有回到这家酒厂了。

此后，再找工作的我总有种“一朝被蛇咬，三年怕草绳”之感。当时的我也分析过，像我这种刚出大学校门且眼高手低的人是不容易找到合适工作的。脏、累的苦力活，肯定是不愿意干的；自己没有专业技术，技术工作是干不了的；营业员、服务员什么的，自己又是不屑的。此外，很多工作都要求须具备几年的工作经验，要交押金或是办健康证什么的。当时的我就想找一份行政管理、文员之类的工作，但这类工作一般要求身高一米六以上，形象气质佳，而我呢，个子娇小，且刚出校门，一脸的稚气，用我同学的话说，一看我就是被骗的对象。所以，一个月下来，家里给的300块钱早花光了，我又在同学那里借了一些钱，连生活都成问题，哪里还有钱去交押金哦！

这是我走出校门后遭受到的第一次沉重打击，我深深地体会到理想与现实的严重脱节。想回家吧，又觉得当时出来时，在父母面前表现得那样坚定，甚至和父母闹得有些不愉快，现在如此落魄地回去，多没面子。在当时那种“山穷水尽”的情况下，我就想，此时无论是什么工作，只要是不失尊严、能够生活下去的，就要去试试。

就在这个时候，我看见报纸上登出通发电信股份有限公司正在招聘话务员的信息。对于这家公司，我还是有一点了解的，以前在电视里看到过这家公司打广告，是一家规模较大的电信公司。于是，在这走投无路之时，我便抱着试一试的心态去了这家公司应聘。由于我的声音还算比较轻柔，普通话也行，打五笔字的速度还算快，便顺利地成了这家公司 2186 传呼台的一名话务员。

我在传呼台一干就是两年，但这份工作毕竟是靠声音吃青春饭，而且随着手机的出现，传呼行业也慢慢走向萧条。尤其是当我们台和 166、126 台合并变成 96166 台后，待遇、人际关系等大不如从前。加上我一个人无依无靠地在成都工作，时常有种孤独感，尤其是节假日，像我这种多愁善感型的人就特别地想家、想亲人。

一次回家看望父母时，我的一个高中同学将我介绍到了大邑县的一家建筑公司当出纳，待遇也不低。就这样，我便辞掉了传呼台的工作，在这家建筑公司做了 2 年的出纳。在建筑公司工作期间，我边工作边自学，通过成人高考考上了成都大学汉语言文学专业的本科。

这时，刚刚结婚的我，为了学习方便，又辞掉了建筑公司的工作，到成都边读书边在我同学的电子科技公司当出纳。2 年后，为了生孩子，我又辞去了电子科技公司的工作，回了家。就这样，我结束了在大邑与成都之间来回奔波的日子。

将孩子带到半岁后，我觉得应该找份工作做了。这时的我通过全县公招成了一名大学生村官；一年后又通过考试，成为第一批特岗教师；又一年后，我参加了全县教师公招，幸运地成了一名在编教师。

这就是我的工作经历。大家可以看出，我是走了一段曲折的路后，才和现在的各位成为同行的。以前的工作经历让我目睹了社会上一些丑陋的现象，可以说，在我做教师之前一直有种山重水复疑无路的感觉，直到我成为一名教师后，我才真正有了柳暗花明又一村的感受。

和以前的工作相比，我更喜欢教师这个工作， 因为教师工作是单纯的，不用东奔西跑；我的同事是单纯的，不用钩心斗角；我的学生更是单纯的，他们像待放的花苞……

这段经历，让我感受颇多，最主要的有两点：

一是机会是留给有准备的人。

我认为，我之所以能够适应那么多不同行业的工作，并且能够在那样激烈的竞争中幸运地成为教师，这和自己从未放弃过阅读和学习是分不开的。在传呼台上班时，我白天上班，晚上就去读夜大，学行政管理；在建筑公司上班，我自学汉语言文学，参加成人高考并考上了成都大学汉语言文学专业；在电子科技公司工作期间，我边读本科边自费到四川大学学习会计；在社区工作期间，我坚持看公务员考试及教育学、心理学方面的书籍……总之，我从未放弃过阅读和学习。

就在我刚拿到教师资格证的那一年，正好有机会参加第一批特岗教师公招，我就幸运地成一名特岗教师。（在此，我想提醒老师们，我们平时就应该在提升自己的业务能力和综合素养的同时，将该取得的一些证件提前准备好，当机会来临时，我们才能把握住机会，如果待到有机会时再去考取相关证件，可能为时已晚。）

我曾听到有的老师开玩笑说：“如果有一天下岗了，让我去社会上找工作，我还真不知道我除了教书还能做什么？”听到这句话的时候，我有一种危机感，我想到了自己刚毕业找工作时没专业技术，高不成、低不就的情形。在座各位不妨也问问自己：“如果有一天不当教师，我可以做什么？”现在的教师行业已经不是“铁饭碗”，所以，我认为我们应该有种危机感，无论我们以后会做什么，都应该在做好现在的工作的同时，丰富自己、锻炼自己，不放弃阅读和学习，为将来储备能力。我相信，机会是留给有准备的人的，优秀的教师到哪里都应该是受欢迎的。

二是经历就是财富。

有一句话说得非常好：“人生就像是一场旅行，不在于目的地，而在于沿途的风景和欣赏风景的心情。”在传呼台，我学会了与不同的人交流；在建筑公司，我目睹了建筑工人是如何顶着日晒雨淋抢工期；在电子科技公司，我揣摩着客户与商家的心理；在社区，我聆听着社区居民的呼声，体验着政府基层工作人员琐碎的事务……不同行业的工作经历，让我有了不同的生活体验，也学会了与不同的人打交道，这些经历丰富了我的社会阅历和工作经验，成为我人生道路上的一笔不可多得的宝贵财富。

## 初为人师，手忙脚乱

虽然我好不容易成为一名教师，但初为人师的我在工作上却很不顺心。

记得刚刚走上教师工作岗位时，我是在蔡场小学任教。由于之前从没教过书，也没有实习过一天，我对如何教书一无所知。可以说，明天就要上课了，今天的我还不知道这个课该怎么上。大家可以想象一下，开学初，我的工作有多么忙乱。

记得开学的第一天早上，我便忙得不可开交。当其他班师生都在操场上排得整整齐齐地准备升旗时，我还在教室里和我们班孩子一起打扫卫生。当大队辅导员来叫我时，我才匆匆忙忙地带着学生一窝蜂地向操场跑去，因为我不知道要参加升旗仪式。散会后，其他班都是安静有序地排着队回教室，我们班却是一哄而散，因为我根本不知道怎么组织学生。

当我正在教室里手忙脚乱地处理班务时，学校的广播站却通知全体教师开会。我往教室外面一望，见幼儿园的一位老师也在教室里，我以为还没开始开会，便继续抓紧时间在教室里处理着班务。过了一会儿，当一位老师亲自到教室来叫我时，我才匆匆忙忙地赶到会议室，这时才知道，只有我一个人未到，领导和老师们都已经等了我很久了，而那位没去开会的幼儿园老师是事先请过假的。于是，在开学的第一天，我就挨了一顿批评。

接下来，我在班级管理方面又遇到了新的问题。我没有任何班级管理经验，管不住学生。对学生，我不能打，也不能骂，讲道理吧，二年级的孩子又不懂，我气得哭，可他们却莫名其妙地看着我笑。

此外，班上学生人数多、行为习惯差、活动量大，有几大“金刚”是全校闻名的，学生的安全令人担忧。刚开学不久，我们班的一名学生在课间打球时就伤了脚，造成骨折；不久，一个患有癫痫病的学生和同学打架，头上鼓起了一个大包。此外整天都有学生在我的面前告状，只要我稍微离开教室一会儿，便有学生哭哭啼啼地来找我。那时的我感觉自己简直是倒霉透了，什么不顺心的事都发生在我身上。对于这个患癫痫病的学生，我后来一想起就觉得后怕，要时刻提心吊胆地关注他，生怕他发生什么意外。（在这里，我也提醒我们的新教师，尤其是要当班主任的老师，新接班时一定要清楚班上孩子的身体状况，对特异体质的学生一定要格外关注，提前做好相应措施。）

在教学方面，我同样面临着许多问题，因我从未教过书，也没有实习过一天，没有任何教学经验，因此，我的教学效果差。

第一次上教研课时，我根本不知道该怎么上，便照着参考书，将每一句要说的话全部写下来，几乎是照着念完的，还自以为语言很优美。可一位老师毫不留情面地对我说：“你这堂课真是太糟糕了。你的这些语言再优美，二年级的孩子也听不懂啊！”当时的我曾为这位老师的话偷偷地哭过，我甚至怀疑自己根本不是教书的料。

记得那时，我在教学日志中罗列了我班的问题，竟有 21 条之多，我时常感觉领导和老师们都用怀疑的眼光看着我，甚至在背后议论我。

可以说，初为人师，我的工作是很不顺利的。但就是我这样一个没有一点教学经验的人，却是学校里工作量最大的。我一周要上 21 节课，每天至少要上 4 节课，有时还是 5 节课。除了上我们班的语文课外，还要上两个班的音乐课、三个班的信息技术课和幼儿园的创游课。除此之外，我还是 71 个孩子的班主任。

那时的我，嗓子几乎每天都是沙哑的，有时只见张嘴不闻声音。白天在校除了上课外，我还要处理班务和一些杂事，根本没有改作业的时间，只能每天将作业提回家改。有时作业实在太多，也会叫家人帮着我改。

那时，我成了学校的“重点关注”对象，时不时就会有领导站在我的教室外面听我上课，或是站在窗口往教室里望，看我们班的纪律、卫生等情况，我想，他们对我实在是放心不下。

工作上的劳累和不顺心让我变得灰心沮丧、心浮气躁，我对自己没有了信心，甚至对工作和学生产生了恐惧感。

然而有一次，我和哥哥谈起了我的工作，哥哥的话点醒了我。哥哥告诉我说：“既然你已经选择了现在的工作，你就应该努力把它做好。你不能改变环境，却可换一种心境。如果你整天这样抱怨、浮躁，你不但工作毫无进展，情绪也会越来越糟糕。”哥哥还说：“蔡场小学是个很锻炼人的地方，如果你连这样高强度的工作都能够把它做好，还有什么工作做不好呢？”在哥哥的帮助下，我一边试着调整自己的心态，一边找工作中的问题，并慢慢加以改进。

改进，从班级管理开始。

首先是整顿纪律。上课纪律不好直接影响教学效果，所以，我首先从抓纪律开始。只要一发现上课纪律不好，我就马上停课进行纪律整顿，有时甚至整堂语文课用来训练听课习惯。此外，我还利用体育课和体育老师一起对学生的队列队形、上下楼梯、课间跑步、做操等进行反复训练，一直到学生有进步为止。

其次，制定班级公约。我学习别班先进的管理经验，制定了班级公约，实行了操行分制，划定了活动区域，将教室和公共区进行划分并承包到每一个孩子身上，定好每一岗，根据操行分高低选出班干部。

我们都做过学生，都有这样的体会：当我们喜欢这个老师，就会喜欢这个老师上的课。所以，那时的我便将这些孩子当成自己的孩子一样，用心地去爱他们，和他们一起玩，教他们唱歌，做他们的朋友。

我与孩子们的关系发生明显改善，要数那次我们共同经历了“5.12”大地震。永远也忘不了那一天——2008 年 5 月 12 日。

那天下午，天气出奇的闷热，孩子们也有些昏昏欲睡。14：28 分，当我正在给孩子们听写词语时，突然，几声沉闷的响声从脚下深处传来。紧接着，教学楼开始前后晃动起来，我有些站立不稳，忙扶住了讲台。这突如其来的晃动把孩子们吓坏了，大多数孩子不敢吱声，手紧紧抓住课桌，面露惧色。有几个孩子用胆怯的声音在问：“老师，怎么了？”我叫孩子们不要说话，以便作出冷静的判断。

当我还未能做出明确的判断时，晃动停了下来，但仅仅停了几秒钟，楼房又不停地晃动起来，而且比刚才更加厉害，窗户也发出“咔嚓咔嚓”的响声。这时，我的头脑里立即闪现出“地震”二字。我突然忆起父母曾经讲过他们遇到地震躲在床底下的事，便立即用命令的口气对全班孩子说：“全部蹲在桌子下面，不要出声!”一时间，孩子们全部将身子缩在了桌子下面，动作出奇地敏捷。

作为一名初涉教坛的新教师，我从未遇到过类似的突发情况，不敢确定自己的做法是否妥当。当看到孩子们都屏住呼吸躲在桌子下面时，我迈着蹒跚的步子往教室门口走去，准备看一下其他班是怎么做的。当我站在门口往楼下望时，才发现操场上已经聚集了很多学生。只见楼下教体育的李浩老师声嘶力竭地叫着我的名字，我连忙对孩子们大声叫道：“快，赶快跑到操场去！”我话音刚落，孩子们便一窝蜂地朝楼梯口涌去。我怕孩子们因慌乱而出现踩踏事故，便迅速跑到楼梯口，边叫孩子们不要慌张，边维持着秩序。

当我看到教室里没有孩子出来时，仍不放心，又往教室跑去，想看看是否还有学生。一到教室，我发现我们班的小月还在慢吞吞地收拾自己的书包，浑然不知周围发生的一切。我一边大声叫着她的名字，一边跑过去，拉着她就往楼下跑。这是一个智力有些障碍的孩子，她反应迟钝，下楼梯得一步一步地往下挪，可她偏偏体形又胖，身材矮小的我根本背不动，只得连拖带拽地和她往楼下逃去。这时的我，心都快要跳出来了，算来不过几十步的楼梯，也变得格外地长。快走到一楼时，学校的郑主任跑过来帮我迅速地将小月带走。这时，我才知道，我是全校最后一个离开教学楼的。

在这次地震中，我从容镇定地组织班上的孩子撤离，并扶着一个智力有障碍的孩子逃离，成为全校最后一个离开教学楼的人——这件事得到了领导的表扬。我后来想，如果当时的震中是大邑，我肯定光荣地牺牲了，那在座的老师们今天也没有机会在这里看到我了，或许我的名字已经家喻户晓了也未可知。

后来，我的学生自制了卡片送给我，并在卡片上写道："刘老师，谢谢您在危难之中救了我们！"其实，我并没有学生说得那么好，当灾难来临时，作为教师，我只是本能地做了所有老师在那个瞬间应该做的事。和那些地震中的英雄比起来，我还差得很远很远……

我在这次地震中的表现让我班孩子们大为感动，这以后，我和孩子们的心贴得更近了。

这之后，我在班级管理中还加入了一点小创意。对于表现优秀的孩子，我会奖励给他们一颗糖或是一张我亲手制作的书签，并在书签上写上一句读书名言或勉励的话。因为礼物中包含着老师的心血和期望，故孩子们都争先恐后地当先进，并将书签视为珍品。

慢慢地，我的班级管理效率有了明显的提高，孩子们也越来越喜欢我了，经常会有学生送我东西（折的小花、画的画、写的信、家里带的糖果什么的），我看见他们的脸上总挂着无比幸福的笑容，当然，我也尝到了当老师的幸福。

在教学方面，我也慢慢进步着。

学校当时给我安排了两位师傅。在我与师傅的相互听课中，他们不断地给我指导。我将在教学和班级管理中遇到的问题随时记在本子上，有不懂的方面及时向师傅请教，就这样，我慢慢地有了进步。

我白天在学校忙着上课，晚上就去听南街小学住读班的课。同时，我还订阅了《班主任之友》《小学语文教师》等杂志，还经常找一些有关教学方面的书籍来看，并在网上观看名师的教学视频等，将好的教学方法应用到自己的教学中。

此外，学校凡有教研课、公开课或是外出学习的机会，我都要争取参加。因为那些教研课、公开课都是经过精心准备的，有很多值得借鉴的地方，尤其是在评课活动中，我收获很多。我每次总是听别人的课，想自己的课，并经常反思，逐步改进。

不仅如此，我还坚持写教学日志。我从到蔡场小学的第一天起便开始写教学日志，将自己每天的做法、收获、困惑、反思写在本子上。一开始，我是在本子上写，后来建了博客就在博客上写，现在开始在QQ上写。在电脑上写的好处是方便整理成论文、案例等。

慢慢地，我的工作进入了状态，班级管理工作也得到了学校的肯定。第一个月下来，班上的纪律有所好转。当我第二次上教研课时，老师们一致肯定了我的进步。第一学期期末考试后，我班的成绩成了全年级第一，我也被学校评为了“最佳礼仪教师”。

初为人师的经历让我明白了：不能改变环境，不如改变心境。

当我在教学中遇到困难时，如果一味地灰心沮丧、心浮气躁，那我就不会有进步，更不能体会到做教师的幸福了。此后，当我再次遇到类似的经历时，我总是想起哥哥对我说过这句话：“不能改变环境，不如改变心境。”这样一来，自己的幸福指数也提高了。

接下来，我的工作便慢慢进入了状态。

## 成长途中，收获满满

工作上虽然进入了状态，但我毕竟是特岗教师，总有种朝不保夕的感觉，第二年，我便参加了全县的教师公招。和大家一样，我也是经过了重重竞争，最终幸运地成为一名正式教师的，这时的我已接近30岁了。

作为学校的青年教师，上公开课几乎成了我教学中的“家常便饭”，直到现在，我仍然要上公开课。

应该说，现在许多学校都存在这样一种现象：年轻老师做的事要相对多一些，年轻老师上公开课、教研课和参加各种活动的机会也要多一些，我也不例外。

我自从踏上教师这一工作岗位起，每学期都要上教研课、公开课和参加一些活动。记得 2009 年下学期，我便参加了 6 项活动：教师大比武的区点赛、“学谭东，做人民满意的人民教师”的演讲比赛、县级家庭才艺比赛、排练学校的课本剧、排练学校的国学经典朗诵、在全县的校长会上发言。

这些活动前后相差的时间不远，大家可以想象，要花去多少精力和时间。我只知道，当时的我没有睡过一个好觉，每天要加班到很晚，连睡觉和走路都在背稿子。当然，劳累过后能取得好的效果也能得到欣慰。

由于我的精力有限，也有些活动的效果并不理想。在教师大比武的区点赛中，只取前两名，我得了第三名；课本剧的排练和国学经典诵读的指导，由于我没有经验，精力也有限，演出的效果并不理想；就连我最有把握的演讲比赛，也由于我记不住稿子而与决赛失之交臂。比赛结束后，我觉得领导和老师们似乎都用失望的眼光看着我，我也有种“累死不讨好”的感觉。当时，我就想起一句话——“多做多错，少做少错，不做不错。”当时的我觉得这句话说得太有理了，我后悔，自己为什么要参加这么多活动。

不久，有两件事情改变了我的想法。

第一件事：我们县要选两位老师参加成都市的青年教师阅读赛课活动，教研室的老师一致推荐我去参加。原来，我在教师大比武中虽然没有冲进县赛，但是我上的课却给在场的评委和教研室的老师们留下了深刻印象，于是，他们一致推荐我参加市上的比赛。

在这次市级比赛中，我幸运地获得了成都市一等奖，并在整个参赛准备过程中学到很多东西。这件事情告诉我：有些事情，当时来看似乎没有什么收获，但是，有很多收获却是隐性的，到一定的时候才会显现出来。所以，不要计较眼下的得失。

第二件事：当时，我的演讲虽然没能进入县赛，但我的演讲稿却获得了县二等奖。此外，在那段忙碌的日子里，我将自己的心情结合自己在教学中的一个实例写成了一篇随笔——《给学生的一封信》，这篇文章被学校推荐到县上参加德育征文比赛，被评为了县一等奖，还被推荐到市上参加比赛。拿到奖状时，我就想：如果我没有那种忙碌的亲身经历就写不出真情实感，自然也不可能获奖，这是“困难”带给我的机会。

这两件事情，让我感慨不已：很多事情，或许当时不能见到立竿见影的效果，但它却可以让我们得到锻炼、积累经验，成为我们成长路上的垫脚石，在无形中给我们提供意想不到的机会。

我相信，任何付出都不会白费。年轻人尤其如此，人是在做事情中成长起来的，也许，我们现在付出 80%的努力，只会得到 20%的效果，但随着不断地积累，待到有一天，我们也许只需付出 20%的努力，就能够收到 80%的效果了。所以，当自己承担的任务比较多时，我总告诫自己：不要计较眼下的得失，要把困难当机会。

慢慢地，我根据这些年的成长经历总结出：要想成长快，应该养成多读、多思、多写、多做的好习惯。

首先，是多读。

工作十多年了，我一直不会打麻将，这让很多人难以置信，其间也有不少“好心人”想把我“拖下水”而未遂。我常常将更多的时间用在看书和学习上，越是看书，我越是发现自己的肤浅，越是肤浅，我就越想看书，从而形成了一个良性循环。

我看书有个习惯，就是喜欢做笔记和查字典。若是自己的书，就直接在书上勾画和批注，若是别人的书，就要在笔记本上进行摘录。我将这些读书笔记分门别类，空闲时就拿出来翻翻，也能学到不少东西。我现在的读书笔记有几十本，摘录的都是我这些年读书的精华。所以，我把它们当作宝贝一样珍藏着。

“旅行是身体的阅读，阅读是心灵的旅行。”我既喜欢读书，也喜欢旅游，以自己的实际行动践行着“读万卷书，行万里路”。

我每到一个新的地方，就会在当地买上一本书并盖上印章作为纪念。既有纪念意义又能保存长久，最主要的是价格比较透明，不会像其他纪念品一样价格悬殊太大，且辨不清真伪。

除了外出学习或旅游时买书，我也经常在网上买书，或是带着孩子去书店买。我们家什么都不多，唯有书多，可以说目之所及都是书。我在书本中汲取着营养，书本成了我无言的老师。

《学记》曰：“是故学然后知不足，教然后知困（困惑）。”对于我们教师而言，要学的东西太多，而我知道的东西又太少。正如培根所言：“读书补天然之不足，盖天生才干犹如自然花草，读书然后知如何修剪移接。”有人说，给学生一杯水，教师应该有一桶水，但一桶水如不再添，也有用尽的时候。我以为，教师不仅要有一桶水，而且要有“自来水”“长流水”、不断更新的“活水”。因此，在教学中，书本是无言的老师，读书就成了我教学中最大的乐趣，也让我收获颇丰。

一是多读书有利于提高创新能力。有人说：读书就是在和大师们对话。确实是这样的，多读书，特别是读了一些教学方面的书后，我常常会惊叹“原来还可以这样上”“我怎么没想到呢”。所以经常读书，在教学实践中，我的思路会更宽，更具有创新性，教学效果也更好。

二是多读书有利于更深入地钻研教材。多读教育书籍，有了更深厚的教育理论作支撑，对我在教学实践中分析教材很有帮助，我从教育教学书籍和杂志中学到了一些方法并为我所用，让我在教育教学过程中更加应对自如。作为一名教师，我相信每个人都希望自己站在讲台上的时候是坦然的，自信满满的，胸有成竹的。而这一切最基础的是，教师要具备先进的教育理念和丰富的教育资源，读书是最好的途径。

三是多读书会提升教师气质，增强教师魅力。既然新课程理念是培养有个性的学生，那么首先我们教师不能没有独特的风格，不能没有鲜明的个性，个人风格的前提是要多读书，从书中慢慢积累，慢慢摸索出自己的独特之处。因为阅读的范围比较广，我从书中汲取了一定的知识养料，并常常在课堂上或是课下与学生的交流中，拓展学生的知识面，成为学生心目中崇拜的老师，学生因为喜欢我，故而喜欢我的语文课。

四是多读书促进了我的教学反思能力。对教师而言，能否以“反思教学”的方式化解教学中发生的教学事件，这是判别教师专业化程度的一个标志。多年来，我一直坚持多读书，将在读书过程中产生的想法，及时地记录下来并更好地反思自己的教学。在反思的过程中，我的教育智慧也随之不断增长。

在此，我建议新教师要多读书，我认为新教师广泛阅读有诸多益处：一是能从阅读中学习到新的教育教学理念并应用于工作，从而尽快适应新工作并能在工作中做出成绩；二是广泛阅读可以丰富新教师的知识面，从而在处理教育教学时更能得心应手；三是新教师广泛阅读可以成为学生的榜样，并能在学生的心中播下阅读的种子，在学生的未来生根发芽，启迪学生的智慧人生；四是新教师广泛阅读有助于自己快速成长，可以除掉心中的浮躁，换来心中的一片宁静。

“得阅读者得语文”，为了让学生养成良好的阅读习惯和浓厚的阅读兴趣，我主要从以下几方面着手：

（1）推荐阅读内容。我根据孩子的年龄特点，结合教育局教研室的推荐书目和名家推荐书目，列出每学期的阅读书目。在推荐给孩子之前，我会提前阅读这些书目，确定为优秀书目后才推荐给孩子们。

（2）学会阅读积累。为了不增加孩子们的负担，我让孩子们养成边阅读边勾画的好习惯，并在阅读完后在《日积月累》本上做简单的积累，如每天在积累本上写上时间、书名、页数（读了多少页）和好词佳句。这样便于老师检查，也便于孩子形成每天坚持阅读和积累的好习惯。

（3）注重身教的力量。让学生养成良好的阅读习惯，我首先要成为一个阅读型的教师。我每天坚持阅读，做读书笔记，并常常与学生分享我的读书心得。孩子们在赞叹的同时，也学着我做读书笔记，并将自己所读完的书籍一一记录，既形成了良好的阅读习惯，又有一种成就感。

（4）建立阅读奖励机制。我鼓励孩子们多读书，多积累，并利用每天早读的时间请学生讲故事或分享读书内容,这既检查了学生的读书情况，又锻炼了学生的口才，还达到了读书分享的目的。同时，我还通过班会课进行专题阅读分享或竞赛，以积分制对爱阅读的学生进行评分，以书签、书籍等作为竞赛的物质奖励。

（5）应用阅读于写作。孩子在广泛地阅读并有了丰富的积累后，我鼓励他们将自己的积累应用于口语交际和习作表达中。我常常在课堂上进行拓展延伸，以训练学生的口语表达和习作表达能力，凡发现有学生用上好词佳句的，我都对其表扬和加分，学生有写得好的文章，我会推荐到校报和校刊上发表，让学生品尝到阅读带来的乐趣和成就感。

其次，是多写。

多年来，我每天坚持写读书笔记，还经常写随笔。我觉得写随笔很有好处，既可以练笔，也可以为交论文、总结等材料作准备。当需要交论文时，我们不必临时“抱佛脚”，可以在平时写的随笔中挑一篇来交；即使没有现成的文章，也可将平日里收集的一些素材稍作整理，而不用煞费苦心；如果在平时的随笔中连一点素材也找不到，那也没关系，因为你平时都练着笔，要临时写一篇应该也不是一件很困难的事。如果平时不动笔，临时“抱佛脚”可不是一件容易的事。

我认为写随笔不仅要经常写，而且还要及时写。有时一堂课下来觉得很轻松或是效果不够好，或只是突然灵光一闪，有点想法，都可以马上记录下来，如果没有时间，就想到什么写什么，几句也行，先写下来，待到有时间时再来充实和整理，否则过不了多久就全忘光了。

在此，我也建议新教师多参加论文、叙事、案例等的写作比赛，这不仅对自身是一种提高，而且还关系着自己以后评优晋级等切身利益。

那作为普通教师，我们一般写什么样的随笔呢？我认为，一是记录自己平时在教育教学方面的思想火花：一次联想、一回顿悟、一个念头、一缕思绪……都可以用随感、格言的形式写下来；二是写教育笔记，即课堂教学、学生教育或班级管理中成功或失败的做法以及对“特殊学生”的跟踪教育等；三是读书随笔，即在阅读过程中的一些感悟和收获；四是根据自己的工作经验或体会写成的相对比较正规的论文。

再者，是多思。

我认为反思对于教师的成长也是非常重要的。在课后对教学手段记忆犹新时，要静思回顾，反思自己教学过程中的得失。

在听别人的课时，要反思自己的课，将别人好的做法应用到自己的教学中，在遵循教学规律的基础上形成自己的教学特色。我通过听专家讲座、优秀教师上课，并结合自己的教学特点和想法探索出了“低段写字教学三步法”—— 一看二写三对照。即一看高矮、二看胖瘦、三看笔画。看笔画时要看重点笔画、易错笔画、穿插避让笔画。此外，我也探索出了“古诗词教学四步法”，即会读诗、明诗意、知作者和唱诗歌。

此外，在教育教学中遇到问题时多思考并寻求解决办法，可将遇到的问题作为个人课题来进行研究。一听到“课题”，可能很多老师还没开始便先胆怯了几分，感觉很高深。其实课题没有想象中那么难，我们可以从个人课题做起。个人课题可以从平时教学中的困惑开始，你在解决困惑过程中的一些实践和收获等就可以作为支撑个人课题的材料。在此，我也建议老师们在工作中做一些实实在在的课题研究，这对你的成长以及评优晋级都大有裨益。

最后，是多做。

（1）多上公开课。自从成为教师后，我每学期都会上公开课。我曾经在一学期里上过两堂县级展示课（一堂是上海梦想公益基金会考察团到我县考察梦想课程时，我上了一堂展示课；另外，还上了一堂全县的心理健康研究课）、参加三次赛课活动（一次是校级的，一次是县级的，一次是市级的视频课赛课）、承担两次县级专题发言（一次是全县的梦想课程种子教师经验交流，一次是“雁行”语文期末总结会上的交流发言）和做三期的教师培训（给贵州省开阳县、贞丰县和安龙县的教师作梦想课程培训）。我也曾经在一周内上了两堂县级公开课、承担了一次县级交流发言并参加了一次市级才艺比赛。

正是因为一次次的历练，我才不断地进步，并越发自信和从容；正是由于有这一次次的历练，我才能从最初对教书一无所知到后来迅速成长，才能在我从教的第三个年头，就获成都市青年教师赛课一等奖，才能在我从教的第五个年头，被评为大邑县优秀教师和成都市优秀班主任，并竞聘上学校的办公室副主任,才能在从教的第七个年头有幸被评为大邑县的“十佳教师”……

其实，我当初做那多么事情时，并不是冲着荣誉去做的，当时只想不断地充实自己，锻炼自己，没想到，在提升自己的同时，荣誉也意外地随之而来。

（2）多做公益。我不仅自己爱阅读，还通过公益课堂将阅读的种子传播到全国各地。

我被成都市“3+2 读书荟”聘请为讲师，利用周末和节假日为大邑县、邛崃市、崇州市、温江区、天府新区、双流区、松潘县、达州市、资中市等多个区市县的留守儿童和家长开展公益讲座，向更多的家长和儿童传递了阅读的正能量，让更多的人爱上了阅读。

与此同时，我还被上海真爱梦想公益基金会聘请为讲师，曾前往重庆、贵州、云南、甘肃、浙江、福建、吉林等地为教师和学生上公益阅读课和开展阅读公益讲座。一次次外出讲课，虽然常常加班熬夜，但仍然乐在其中；一张张奖状，既是荣誉，也是鞭策。

看到越来越多的人爱上阅读，我感动满满，我感到自己的人生变得更有意义了。为了让更多人爱上阅读，我成立了“闻语书友荟”，与一群阅读爱好者一起坚持阅读、坚持分享，传递真善美，弘扬正能量，我继续播撒着阅读的种子，我希望点亮更多阅读的心灯！

最后给大家推荐一些阅读书目：苏霍姆林斯基的《给教师的建议》、王春易的《从教走向学——在课堂上落实核心素养》《有问必答——小学语文教学疑难问答》、林语堂的《苏东坡传》。当然，这些书目只是我在阅读的过程中认为比较适合我的。因每个人的爱好不同，也可以选择不同的阅读书目。时间对于每个人来说都是一样多的，看手机是半天，追剧是半天，吃喝是半天，打麻将是半天，购物是半天，阅读也是半天，朱光潜先生说得好："把时间花在美好的事物上，便不算虚度。"

"我们无力改变人生的起点，但可以通过阅读改变人生的终点！""阅读是教师最好的修行！"作为一个阅读的受益者，我希望在未来的路上，老师们能够爱上阅读，坚持阅读，在阅读中成长，在阅读中丰盈，在阅读中遇见更美好的自己！

# 向着“好老师”成长

**王小凤**

大邑县安仁镇学校副校长，四川省特级教师，2001 年参加教育工作，主要从事小学语文教育教学工作和学校德育管理工作。

亲爱的老师们：

大家早上好！

“没有一个冬天不可逾越，没有一个春天不会来临。”2020，咱们在一场伟大的抗“疫”斗争中接受了一次大考，以教育人的实际行动书写着一个个生动的故事。

2021 年的春天，好像来得比往年更早。假期里，大家就和家人、朋友、同事一起走进大自然，踏春赏花，尽情享受春日的暖阳。正是因为这个春天的来临，咱们才有机会在进修校的组织下坐在这里开启 2021 的新征程。新学期的生活在今天就将开启新的篇章。

今天是老师们上班的第一天，可能有些老师就在嘀咕，第一天上班就让咱们听讲座，枯燥乏味。所以我尽量以讲故事的形式跟大家分享我的成长故事。

在座的老师们有一学期教学实践了，工作中可能也遇到过一些难题，一些困惑。在今天上午的培训中，如果我的某一个故事能够带给您一点点思考的话，我想，咱们今天的交流就是有意义的。

今天我跟大家分享的主题是《向着“好老师”成长》。

每个人心目中都有自己认为的“好老师”的形象。做“好老师”，是每一个老师应该认真思考和探索的问题，也是每一个老师的理想和追求。“好老师”没有统一的模式，可以各有千秋、各显身手，但也有一些共同的、必不可少的特质：做“好老师”，要有理想信念，要有道德情操，要有扎实学识，要有仁爱之心。

而“成长”，一般指长大、长成成人，也泛指事物走向成熟，摆脱稚嫩的过程。简而言之，就是自身不断变得成熟稳重的变化过程。

台湾著名作家刘墉先生在《成长是一种美丽的疼痛》中提到：成长是一个改变的过程。在这个过程中，最重要的不是目的，而是在改变的过程中，所获得的快乐和启迪。完美的人生不在于宝马香车，名誉地位，最重要的是拥有丰富的心灵世界,而成长的过程则是丰富心灵世界的必经之路。

当将好老师作为人生的目标，每一份经历都是成长，咱们也会在这个过程中变得内心丰盈、灵魂富足。向着好老师成长，咱们就会一边教书一边美。

## 理想信念——做有教育情怀的好老师

正确的理想信念是教书育人、播种未来的指路明灯。不能想象一个没有正确理想信念的人能够成为好老师。

——2014 年 9 月 9 日习近平在同北京师范大学师生代表座谈时的讲话

2018 年，在北京参加“中国好教师”颁奖典礼时，我有幸现场聆听了中国教育学会名誉会长、北京师范大学资深教授顾明远老先生就教师队伍建设问题发表的主旨报告。其中有一句话，我印象非常深刻。顾老说：“当教师首先要有当教师的意愿，这是教师成长的基础。一个人不愿意当教师，便不能在教育工作里很好地完成任务。”所以，做教育，是需要理想、需要情怀的。

很庆幸，我有一个教师梦。二十世纪八十年代的中国农村，有“跳农门”之说，也就是跳出农村、农民这个行列。我是在农村长大的，小时候我爸经常说，你一个女孩子，身体又不好，又没有什么力气，家里种田种地，不是你干得下来的，上学得认真点，争取考个师范学校，以后当教师，不要再像我一样面朝黄土背朝天。

因为有了我爸长期的“敲打”，我更坚定了自己的目标——做教师。如果说这是一个理想的话，那么后来我遇到我的小学一年级老师，当教师就变成一种情怀了。

以下附上我的成长故事——《无悔的青春 无悔的选择》，让大家了解我选择做一名人民教师的心路历程。

记得上小学一年级时，我遇到了生命中的贵人——我的班主任，那位年轻美丽而又温柔可亲的女老师。她写着一手漂亮的粉笔字，说得一口流利的普通话，爱着一群天真烂漫的孩子。是她，让我更坚定了我做教师的梦想——我也要像她一样，做一名小学教师。为了那梦想，我常常在放学后召集几个小伙伴在竹林里玩“老师—同学”的游戏。

“长大后我就成了你，才知道那块黑板，写下的是真理，擦去的是功利；长大后我就成了你，才知道那支粉笔，画出的是彩虹，落下的是泪滴！”听着这首《长大后我就成了你》，2001 年 9 月，我怀揣着满腔热情和赤诚，带着青春的激情踏上了三尺讲台，在一个偏僻的小山村开始了我的教育生涯。走进学校，看着凹凸不平的土屋教室，高低不等的木制桌椅，曾经立下的雄心壮志以及胸中怀有的那份对教育事业的执着，此时已烟消云散——我心酸，我沮丧，我懊悔……我为什么要选择做一名教师呢？

但是当我站上三尺讲台，感受到山区孩子纯真稚嫩而又充满渴求的目光时，那一瞬间，我所有的希冀又化成了七彩粉笔，我感受到了肩上承担的那份沉甸甸的责任。当我开始成长为一名人民教师时，我才真正懂得了儿时的梦想已不再是一种游戏，而是一种事业。

时光匆匆，转眼间我已经走过了二十年的从教生涯。时间在我提笔书写教案时静然逝去，光阴在我批阅作业、辅导学生时悄然溜走。日复一日，年复一年，伴着青山流水，伴着晨钟暮鼓，我的学生们走了又来了，来了又去了……而我却依然做着我的教育梦，我的教师梦！在教育的那片沃土上享受着心中的那份苦与乐。爱并痛着，苦并乐着！

回首过去岁月的点点滴滴，当我在课堂上倾心投入和孩子们教学相长的时候，当我和孩子们在办公室促膝谈心的时候，当我看到学生的成绩明显进步的时候，当我在那个特别的节日收到孩子们的声声祝福的时候，我和许多老师一样，体会到了做一名教师背后的欢乐与幸福。

我将教师职业视为我的终身事业。因为热爱，所以执着。

我想，在座的老师们，大都是有教育理想的人。因为有些老师考了好多年才考进教师编制，这样的考试也真可谓是千军万马过独木桥，所以，咱们要珍惜来之不易的工作。也有可能，在座的一些老师压根儿没想过要当老师，最后阴差阳错地又当上了教师。那这就是您与教师的缘分了。既来之则安之，在咱们暂时还没有那个能力和机会选择其他工作的时候，咱们就做好当下的事情，当好“老师”，也当“好老师”。毕竟对于咱们大多数的老师来说，教师这个职业可能就是衣食父母。

一切都是最好的安排，既然咱们现在没有办法选择其他工作，那就修炼一颗平常心，认真干好自己的工作，做一个幸福的老师。

## 道德情操——做有人格魅力的好老师

好老师的道德情操，最终要体现到对所从事的职业的忠诚和热爱上来。好老师应该执着于教书育人。

——2014年9月9日习近平在同北京师范大学师生代表座谈时的讲话

一个孩子来到世间，出生在什么样的家庭里，他无法选择，甚至在哪所学校读书，遇上什么样的老师，他也无法决定。家长把孩子送到咱们手里，这其实就是一种信赖和托付！教师职业是个良心活儿，而我们选择了做教师，就应该有这样的承负和担当。

因为，咱们都将或已经为人父母，自己的孩子上学，也不免想要选择好学校、选择好老师。将心比心，人心同然。面对那些孩子，该如何才能对得起家长的那份信赖和托付？最起码，要对得起自己的良心；最起码，不能误人子弟。

因为，那是“很重的戒条”。纪昀《阅微草堂笔记》中讲过一则故事：

清代浙江鄞县的一位儒生，生活困顿，又未能取得功名，只好做了私塾先生。因为是“只好”，这先生便做得憋屈，也做得敷衍。有一次，他得了重病，在梦中到了阴曹地府。他惶恐地问一位官吏：“我这回得的病，还能不能痊愈？”官吏说：“你寿运未尽，但禄运已终，很快就会来到这里。”先生委屈地说：“我半生都以教书为生，从未做什么坏事，更没有谋财害命，禄运怎么会先结束了呢？”“你受了人家聘用，拿了人家报酬，却不认真施教。阴间认为：没有功劳，白吃饭，就是浪费，必须销除你应得的禄运，来弥补你浪费的财物。所以，你寿命未尽，但禄运先完了。”停了停，官吏又说：“做先生，本来是非常尊贵的，你却误人子弟，这比干别的职业玩忽职守受的处罚还要重得多，耽误学生的一生，这是犯了很重的戒条！”

那位先生从惆怅中醒来，病情果然不见起色，再也没能好起来。

“笔记”不过是笔记，故事也不过是故事罢了。但是作为教师，这个职业有着它的特殊性，教育的对象是活生生的人。“教育绝非单纯的文化传递，教育之为教育，正是在于它是一种人格、心灵的唤醒。”“教育应以提高人的生命质量为第一目的。”“教育的最终目的不是传授已有的东西，而是要把人的创造力量诱导出来，将生命感、价值感唤醒。”这些都是教育的本质，是教师的责任，我们要用自己的人格魅力去影响学生。

在咱们的身边，经常看到有这样的教师，他们的专业知识非常丰富，但是走进课堂，管理不了学生，不听话的、不做作业的比比皆是。教师就抱怨，学生不听话啦、作业不做啦、不想管啦……咱们试问自己，如果咱们的学生什么都懂，什么都不用老师教，什么错也不犯，那咱们岂不是要失业了。

说到失业，我就想到2017年10月搜狐网上的一则标题为“接下来，教师会不会要失业了？”的报道。

国庆期间，在河南上演了一幕新科技的大戏：计算机和人展开了为期四天的人机大战。

这一次，对垒的双方不再是李世石和阿尔法狗，而是人民教师和人工智能教学机器人——准确地说，是“智适应”教学系统。而比拼的项目也不再是围棋，而是“教书育人”。

活动组织了78名中学生进行一轮数学摸底测试，根据成绩划分为两组，分别接受教学机器人和真人高级教师的授课。在四天时间里做针对性和集中教学辅导，结束后再进行一轮测试，核算两组学生的分数提高情况。结果显示，人机大战的成绩是：机器教学全面碾压真人教学，在最核心的平均提分上以36.13分（机器）完胜26.18分（真人）！

看完这则新闻，很多人想到的第一个问题恐怕就是：一旦教学机器人大范围投入使用，教师会不会失业？

其实，随着科技的进步，类似的担心一直都存在。比如当电视刚出现的时候，就曾经有人认为，电视教学可以取代教师。因为从理论上讲，只要全国每年级每个学科选出一名最优秀的教师在电视上授课，所有学生只需要在家里收看即可。别说老师要失业，就连学校都没有了再存在的必要。而有了互联网之后，在线教育更是提上了一个新的高度。电视教学是被动地听，在线教育不仅可以看、可以听，还可以和老师互动，可以重复听、暂停播放、存储，更可以选择不同的名师。

不过，事实证明，这些技术手段对传统教学的影响微乎其微。为什么会这样？因为电视教育也罢，在线教育也罢，都不能解决教育当中一个最主要的问题：学生学习的主动性。

因为学生不可能在理想状态下学习，你屏幕上老师在讲课，学生可能在睡觉，可能在走神或干别的，这些都是通过技术手段难以控制的。现在的“智适应”教学系统，虽然可以通过大数据分析，个性化地对学生进行教学，其效率甚至比真人教师更高，但仍然不能避免必须要求学生在理想化状态下学习的弊端。而河南的试验之所以取得良好的效果，其实从一开始就默认了有一个接近理想状态的前提——教学机器人不用去维护教学秩序，而且参加试验的学生们是全身心投入学习的。换句话说，在试验的时候，并没有将机器人最大的短板考虑进去。如果教学机器人真的上岗，至少有以下三个方面的问题难以解决：

一是学生学习主动性的问题。不是每个孩子都想学习，都爱学习。

你再有针对性强的教育资源，如果他不接受，效果仍然是零。如果是真人教师，可以激励，可以批评，可以惩戒，可以第一时间采取措施。而机器人不会这样做，就算会这样做，由机器发出的指令和真人相比效果也完全不同。学生可以尊敬师长，敬畏老师，但不可能对一个冷冰冰的机器言听计从。

二是实现教学目标的问题。咱们知道，素质教育的新课程教学有三维目标，即知识与技能、过程与方法、情感态度与价值观。即使学生学习的主动性没有问题，机器人充其量也只能在知识与技能目标上可能比真人教师更胜一筹，在其他两个目标上则难以实现。换言之，机器人只能进行纯粹的应试教育，以分数和知识掌握程度来衡量教育教学成果，这本身并不符合素质教育的大方向。

三是课堂中可能出现的意外问题。实际课堂会有各种各样的意外情况，比如，学生打架了怎么办，突然停电了怎么办，有学生生病了怎么办，学生故意捣乱怎么办？这些都是问题。机器人对于预定程序外的事情可能束手无策，但是咱们的教师可以有办法。在实际教学中，一些没有经验的教师都可能受到“熊孩子”的欺负和愚弄，更不用说不会主动思考的机器人了。学校教育不同于工厂里生产产品，教师在教育教学中需要和学生进行感情交流。从这一点上讲，再先进的机器，也代替不了人的作用。

但是，教师将来上课时带一个机器人“助教”，是可以实现的事情！其实现在各学校的多媒体网络教学系统，已经部分起到了这样的作用。所以，教学机器人的出现不会让教师失业，只会让教师的工作更轻松、效率更高。

我举这个例子的目的就是想告诉咱们的老师，教师要明确自己在孩子成长过程中的责任与担当，咱们不仅授业解惑，更重要的是“传道”，身教重于言教的人格之道，用咱们的榜样示范、人格魅力去影响一批又一批的孩子们。

其实，在过去的这个学期里，咱们看到了一些老师特别优秀，在师父的带领下，在同伴的互助下，都取得了优异的成绩。也有个别教师成绩不太理想，分析其中原因，其实跟平时的付出是有一定关系的。因为，学校相关部门在巡查的过程中发现，有些老师的课堂（随堂课）是没有精心准备的，路过教室，再站门口听几分钟，你就会发现问题。有三分之二的学生没有用心听课，搞小动作的、讲话的、东倒西歪的……再看板书，语文课上，黑板上还写着上节课的数学板书，要么就是东一块、西一块儿，大大小小的字就嵌在那“大花脸”黑板上。甚至有些女老师还背着包包在上课……究其原因，就是咱们的教师太随便了，没有“敬畏”课堂。

豫剧大师常香玉有一句名言“戏比天大”，对老师而言，就是“课比天大”，上课是老师的“圣事”。

咱们试着反思一下自己：每一堂课，是否提前设计了备课？我的课，我是不是提前进了教室？乱七八糟的讲桌台面，我是否安排学生收拾了？地面好多纸屑，我是否让孩子们捡起了？黑板擦了没？桌椅摆放整齐了没？昨天的作业是否做到心中有数？谁交了？谁没交？昨天说的要检查背诵，是否检查了？讲课中，有学生开小差，是否走下讲台，用小动作或者眼神提示他？讲到某个知识点，是不是连自己也不会？甚至，学生在做作业，有的老师就在讲台上玩起了手机……

下课，再看办公室，有个别老师的办公桌乱得不成样子，镜子、化妆品、早餐、作业……乱七八糟。再数一下作业本，班上五十个人，只收了四十来本作业。再翻开作业一看，有些孩子的作业做了十次，有些孩子的作业做了八次……这样状态的老师，教学质量好不到哪儿去吧？“亲其师，信其道。”学生都有向师性，如果咱们老师的一言一行、一举一动在学生面前不具有榜样示范作用，那么咱们又怎能用人格魅力去影响一批又一批的学生呢？

所以，做老师，做好老师，一定要有责任、有担当，用咱们的人格魅力去引领孩子们健康成长。

## 扎实学识——做有专业素养的好老师

在信息时代做好老师，自己所知道的必须大大超过要教给学生的范围，不仅要有胜任教学的专业知识，还要有广博的通用知识和宽阔的胸怀视野。

——2014 年 9 月 9 日习近平在同北京师范大学师生代表座谈时的讲话

这里所谓的扎实学识，含义是广阔的：既包括扎实的专业知识、过硬的教学能力、勤勉的教学态度，还包括科学的教学方法等。咱们在座的每一位老师都是大学毕业，教育学、心理学、自己的专业知识在大学里已经学得非常扎实了。但是，在大学学的理论和走上工作岗位的教学实践还是有很大区别的。俗话说：“要给学生一碗水，教师要有一桶水。”教师干的是专业活儿，涵盖的内容是比较多的，比如学生思想政治工作（德育工作、班主任工作）、教学质量、工作量、论文写作、学科竞赛等。所以，在这个信息化的时代，一定要修炼自己的专业技能，做一个有专业素养的好老师。

### 一、在阅读中积累

阅读不能改变人生的长度，但可以改变人生的宽度和厚度；阅读不能改变人的相貌，但可以改变人的气质。人类知识的增长速度已经远远超越了我们个人的学习速度。我们再也不能指望凭自己在学生时代所获得的知识享用一辈子。随着自己年岁的增长，阅历的增加，我们会觉得自己有好多需要学习的东西。

有老师总是说，我每天很忙，没有时间读书。其实咱们完全可以把自己玩手机、刷朋友圈的时间借十分钟、二十分钟、半个小时进行阅读，每天积累一点点，积累的东西也就会越来越多。下班回家，只要有时间，我都会选择和孩子一起阅读。他读他的，我读我的，有时我们也同读一本书。因为小时候读书条件有限，在最该读书的年纪没能系统地读书，所以现在读起来显得吃力，尤其是记性不好，有些书还要反反复复读几遍。不过，我相信，只要能长期坚持下来，收获还是不小的。我也经常鼓励班里的孩子去阅读，给他们推荐相关的书籍，还经常有意无意地告诉孩子们，你们的这种表现或者说的哪句话让我想起昨天读到哪本书中的哪个情节。咦？孩子们觉得原来老师也是在读书的。孩子们自然也就会在老师的潜移默化下阅读。

那我们应该读点什么样的书呢？我认为专业的书籍必不可少，它是我们专业成长必需的营养品。闲书也不错，睡觉前看上一二十分钟，今天遇到的坎儿可能就过去了。读书使我们遇见更好的自己。所以现在我每天都坚持阅读，阅读我所任教的语文学科的专业书籍，王崧舟的《王崧舟讲语文》、薛法根的《为言语智能而教》、吴忠豪的《从教课文到教语文》、何捷老师的《全程写作教学法》……在书中，我找到了很多语文教学的捷径，同时也接触到了大量的语文教学改革的前沿思潮，对我的语文教学帮助很大。当然，文学的、历史的书籍我也都去读，它们可以丰厚自己的精神，涵养自己的品质，提升自身的素养，为我能更好地胜任教师工作增添智慧。

## 二、在写作中反思

除了阅读，写作也是促进一个人成长的路径。华东师范大学叶澜教授说：“一个教师写一辈子教案，不一定会成为名师；如果一个教师能写三年反思，就有可能成为名师。”

作为一名教师，如果仅仅满足于获得经验而不对经验进行深入的思考，那么，即使是有 20 年的教学经验，也许只是一年工作的 20 次重复。除非善于从经验反思中吸取教益，否则就不可能有什么改进。美国心理学家波斯纳也提出了“优秀教师=教学过程+反思”的成长公式。

这并不是要求咱们每一位教师都要奔着名师这个头衔去反思、去写作。如果咱们能把发生在教育教学中的一些特别有意义的事情记下来，它一定会促进咱们向着好老师的方向再成长。

反思些什么呢？其实反思也没有那么高深，可以是一堂课的成功之处；也可以是失败之处；还可以是教学中的灵感；也可以是一个教育故事。平时养成记录的好习惯，当哪天要交论文、交案例的时候，拿出来整理丰富一下就搞定了。省得到时候挖空心思也找不到素材。曾经有一个校长的经典语录我一直都记着，确实很受用。他说：“平时做的急时用，急时做的没有用！”我之前带过的一个徒弟，也是我的学生，她刚到咱们学校的时候，也跟很多老师一样，摸不着北，当班主任教语文，完全就是晕的。她不知道每天早上要安排学生轮流打扫卫生，也不知道下午放学要排队……以至于总是被分管领导批评。后来，她当了我的徒弟，因为工作特别繁忙，我给予她最成功的指导，就是教她写反思。两年的时间她迅速成长，第三年就调入城里学校了。开始，她不知道写什么，后来我就把我以前写的反思给她看。

“王老师，我捡到一张学生证！”一个女孩子走进德育处，递给我一张学生证。

我接过学生证——这张学生证已经模糊不清，照片看不清楚，班级看不清楚，甚至连边角处也已经不再完整。“这么破的学生证啊，扔了吧。”我随手将它扔在了办公桌旁边的垃圾桶里，又拿起笔批改我那厚厚的一摞习作。那个女同学转过身，走了……

突然，我的内心纠结了一下。“喂！那位女同学……”我起身快步走到办公室门口。这时正是下课时间，外面有很多学生走过，我已经分不清刚才捡到学生证的是哪个女同学，甚至可以说，我刚才根本就没有看清她是谁，她有多高，她穿什么颜色的衣服……

回到位置上，我的内心久久不能平静，手中的笔拿起又放下，我为我刚才的举动感到懊悔。我轻描淡写的一句话，不经意的一个举动，可能已经深深地伤害了那个女同学的心。我为什么不能像往常一样问问：你是哪个班级的？你叫什么名字？在哪里捡到的？请在“好人好事”记录本上记下这件事。太忙了吗？也许！那一摞习作下午就要发到学生手中进行修改，不抓紧时间批改怎么行呢？但是，正是由于我的疏忽，我不经意的一个动作，可能使这颗幼小的心灵受到伤害。她会不会觉得老师不喜欢她？她会不会觉得自己做的事无意义？她会不会觉得老师教给的拾金不昧是骗人的话？我心中有太多的疑问。

作为一名德育工作者，我在反思。后来，我在学校校刊上发表了一篇文章，专门给这个我都还不知道班级、也不知道姓名的学生道了歉。因为我深知，教师乃树德树人的布道者，咱们布的“道”对学生的影响是很大的。过去咱们说，老师的使命是“传道解惑授业”。随着网络的发展，老师的这三个使命也必将有重大的变化，属于教科书范围的授业和解惑，可以被网络所取代，而教师的不能被取代的主要使命还将是布“道”——身教重于言教的人格之“道”。

我既是一名老师，也是一名家长。生活中，也有很多值得记录的东西。有时，我也把教育孩子的心得记录下来。

## 清晨序曲

“儿子，快背上书包准备出发了。”按照惯例，在家吃完早餐，儿子就随我一起去学校，我上班，他上学。

怎么没有应声呢？刚从房间里提着包出来的我正在纳闷。儿子爸爸就发话了：“你让你妈来评评理，我刚才就是让你把丢在地上的纸团捡起来，你就做出这个样子，又没谁惹你骂你……”

只见儿子从卧室里慢吞吞地走出来，很委屈的样子，眼泪还唰唰地流着。“我就是不小心把纸团丢在垃圾桶外面了，正要去捡，爸爸就狠狠地打了我的头，还吼我，明明就是我正要去捡……”孩子哽咽着。

“你是要去捡啊？你分明就是扔在地上不管它了!”先生的声音变得高了八度。

儿子委屈地分辩道：“妈妈，我真的是正要去捡……”

“我没看见你会捡？”还没等我说话，先生的音调又提高了八度。很明显，光凭着先生这大清早一个八度又一个八度的音调，儿子是没办法取胜了。儿子委屈的泪水唰唰地往下流。看来，他们俩都不会认为自己有错，真不愧是一对父子俩！

“大清早的，有什么事不能好好说？你是不是在让他捡的时候打了他？或者声音太大了嘛？”我终于忍不住了。

“我哪里有说过什么？我只是让他捡起来而已。”先生也觉得自己很冤枉很委屈，不明白为什么儿子就哭哭啼啼的，好像真的是受了多大委屈似的。

我猜想可能是先生作为大男人手重，轻轻碰了儿子的头一下，自己倒没注意，儿子就误认为爸爸是在打他。

“我明明正要捡，他就打我的头……”儿子的哭声越来越大。

“马上八点了！还不走！要迟到了！”面对大清早的不和谐的奏鸣曲，儿子奶奶看不下去了。我一看时间！哇，快八点了，再不走真要迟到了。

“好了好了，没事儿了，已经捡起来就行了。走吧，再不走就要迟到了。”

儿子背上书包，提上饭盒上了车，我迅速发动车子，开车直往学校去。

## 突发事件

一路上，儿子闷不作声。

“儿子，今早的事情都是小事情，不去计较它了。擦干眼泪上学去，不然被同学看到要笑话的，你可是男子汉哦！”我从后视镜里看到儿子一直在流泪，又一直在抹眼泪。我想，对于早上发生的事情，儿子一定还在委屈中，又生怕到了学校，同学看到他哭过，被笑话。他眼泪一个劲儿地掉，又一个劲儿地抹。

儿子突然惊讶地说道：“哎呀！妈妈！我的小黄人水杯忘记拿了。”

早上，光顾着了解先生和儿子吵架生气那件事了，忙乱中我也是忘记提醒儿子拿杯子了，估计他也光顾着委屈没心思想起拿杯子了。

“杯子在哪儿？要不要调头回去拿？”

“算了，回去拿上学就迟到了。大不了我今天不喝水就是了。”

“等会儿我去办公室把我的水杯给你拿过来吧。”想着儿子在这么热的天气里要是一天不喝水，作为母亲的我多少还是有一些心疼的。

从汽车后视镜里看着儿子坐在位置上不停地抹眼泪，我只能又一次告诉他：“儿子，今早的事情是小事情，可能爸爸也是误会你了，以为你乱丢垃圾，这是不好的习惯，他只是想让你改掉坏毛病而已。爸爸可能只是用手轻轻碰了一下你的头部，提示你捡起来，并没有要打你的意思……”

## 意外出现的“小黄人”

到了校门口，停车，下车。儿子快步向他们班的教室走去。我都还在担心今早的事情会不会影响儿子今天的学习情绪。

我的办公室门口，我班上的那几个孩子正在排着队等着我给他们批改作业呢。打开办公室的门，儿子的那个“小黄人”杯子却呆呆地立在我的办公桌上。一定是上周五放学的时候儿子忘记带回家了。

我把儿子的“小黄人”杯子洗了洗，又灌上热水，请咱们班的一个孩子回班级的时候顺便给儿子送到班上去。我灵机一动，告诉我的学生，就说是他爸爸给他送来的。我琢磨着，有了这个爸爸送来的“小黄人”，儿子一定会很开心的。

……

## 哪里来的“小黄人”

工作忙活了一整天，我也早把这件事给忘记了。下午放学，儿子刚到办公室就神秘地说：“妈妈，妈妈，我告诉你一件事！”

“什么事？”我疑惑地问道。

“早上，有一个姐姐来找我，说是爸爸给我送来的杯子。”我佯装不知道地问：“哪个姐姐？”

“我也不知道，好像是校门口值班的学生会的姐姐呢！”我心里暗想，原来儿子把我班上给他送杯子的学生误认为是校门口值班的学生了。看来“爸爸送来杯子”的事情假得真了！

“妈妈！妈妈！你说，杯子会不会是爸爸送来的呢？”

“什么时候送来的？”我假装不知道地问道。

“我刚进教室一会儿。”

“那肯定是爸爸送来的呗！爷爷骑车不会那么快就送来了，只有爸爸开车才会那么快呀……我就说嘛！爸爸是非常爱你的，他一定是看到你的杯子忘记在家了，想着你今天没有水喝，心疼你，才给你送来的。”儿子会心地笑了。

趁儿子在办公室做作业的工夫，我悄悄给先生打了一个电话，告诉他我向孩子撒了一个谎，他要帮着圆才行。提前告诉他，省得回家后露馅儿。

## 爱的教育

做完作业，跟儿子一起回家。路上，我跟他探讨了“小黄人”的事情。

“儿子，今天的杯子事件你有什么感受呢？”

儿子不愿意直面我的问题，倒是给我讲起了他上学期才读过的一篇文章《拐角处的回头》。说实话，我没有读过那篇文章。但是，听儿子讲起来，我知道他已经明白了故事的真谛。我又说，其实我还想到了一篇文章，那就是关于林海音小时候的一个故事。

“哦！妈妈！妈妈！我知道你要说什么了，就是《城南旧事》里边的《迟到》。”

“是啊！那你讲讲呢？”

“林海音小时候上学经常迟到，在一个下雨的早晨，林海音赖床不想去上学，爸爸抄起鸡毛掸子把她从床头打到床尾，被父亲痛打一顿以后去上学。正在她上课的时候，爸爸给英子送来了她的花夹袄和两个铜板。”

“是啊！没有一个父母是不爱自己孩子的。爸爸也一样地爱你，只不过有时候爸爸表达爱的方式不一样罢了。”

儿子好像明白了什么似的，若有所思地点点头。

阅读、写作、反思给了我教育孩子们的灵感，也给了我教育孩子们的方法。作为一名教师，只有在不断地阅读与反思中才能去发现更好的自己。

## 三、在磨砺中成长

每个人都有做教师的潜能，每个教师都有成为好教师的潜质。就专业成长而言，最重要的就是归本求源，发现“自家宝藏”——自身具备的适合做教师的资质、禀性、能力。很多时候，它们是处于被掩藏、被遮蔽的状态，需要特定的时机被发现，需要特别的事件去展露——无论是别人提点，还是自己悟得。我的成长，也是这样的。我很感谢我的工作经历，也感谢我生命中遇到的贵人。因为它们让我发现了“自家宝藏”，也促进了我在专业方面的成长。

### （一）感谢山区工作的经历，让我发现“自家宝藏”

我在山区工作了三年。参加工作第一年就是在咱们县的一所山区学校——邮江小学的一个办学点——团山小学。第二年在另一所希望小学，第三年到了中心校。我姑且认为是自己工作还算认真负责，受同事们喜欢，所以领导才将我的工作地点一年一换，从最艰苦的村小一步步提拔。在我的很多同事看来，曾经在山区工作的经历“不堪回首”，但是我一直觉得这是一笔很大的财富。虽然山区学校硬件条件不好，但是软环境很轻松。当我都还是不满十九岁的孩子，还浑浑噩噩的时候，我就要当孩子王，当老师。有那么十几二十个孩子任我没有章法地折腾，还没有人来对我的工作指指画画，任我自由发挥。我很感谢有这样宽松的工作环境，山区工作三年的时间我只上过一次公开课。但是我一直坚持一个原则：把每一件平凡的小事做好。所以，我的常规工作受到学校表扬，获得了学校的“常规工作先进个人”，期末教学质量荣获一等奖……在工作的第二个年头，我所任教的四年级语文被县上抽检，获得了全县第四名的好成绩。这张荣誉证书我至今珍藏着，因为它让我发现了“自家宝藏”——自身具备的适合做教师的资质、禀性、能力。

### （二）感谢校长细致入微的管理，倒逼班级管理创新

三年后，我被调入了现在任教的学校。当时，这所学校叫安仁小学，是镇上的一所中心校，我的磨炼从此时就开始了。我一到这个学校，领导就给了我一个一年级的班级任教。可能领导听说我在邮江工作的时候，教学效果还行，人也算年轻，所以学校给我压了担子，给了我一个五十二人的班级。在山区任教的时候班上才十几二十个学生呢，五十多个人的班级对于我来说就是很大的一个挑战。每天清晨，校长会早早来到学校，站在校门口迎接每一位老师和学生，谁迟到了，谁没来，她心里清楚着呢。早读课上，校长会到每一个班级巡查，趁你没注意，可能她已经站在你的教室门口了。甚至，哪节课上，你正在批评哪个学生，她就站在你的教室后

面听课了。或者哪天开会，校长就说，课间操的时候哪个班级的哪个同学追跑打玩不文明休息了……诸如此类的事情让学校老师对校长意见特别大。但是，我打心眼里感激这样的校长，正是由于她对学校管理的严谨细致，学校才培养出了那么多优秀的教师，那么多优秀的学生。

那个时候最不适应的就是周一大清早就要开全体教师会。每个星期的第一天就进入节奏非常紧张的状态，我是很不适应。对于高年级的班级来说，他们可以安排孩子们自主管理。但是我带的可是才一年级的小朋友，离了班主任是要翻天的。一开始，我就找高年级的哥哥姐姐到班上开展手拉手活动。我去开会的时候，高年级的学生就负责帮我教班上的小朋友读拼音，或者看着他们读课文，甚至帮着整理班级的卫生。后来，我发现这样也不是长久之计。高年级的学生也有他们的学习任务，班上的孩子什么时候才能成长起来？于是，我开始了我的班级管理初探“好习惯成就大未来”。首先布置教室的环境文化，开辟出“我是小画家”“我是小小书法家”等展示平台，每周展示学生作品。再通过平常的观察，发现孩子们除了学习以外的特长。比如扫地特别有章法的是哪几个孩子；拖地特别干净的是哪几个孩子；安放桌椅特别整齐的又是哪几个孩子；擦窗户、早读管理、排队指挥、领读……我一一给孩子们进行了分工，让每一个孩子都能在班级管理中有所担当。别看孩子小，但是做了自己最擅长的活儿，他的自信感、成就感就来了，学习上也来劲儿了。我培养了孩子们桌椅整洁、地面整洁、抽屉整洁、讲桌整洁、穿衣整洁、领巾整洁等一系列好习惯，我也用我的实际行动引领着他们。走进教室，桌子没有摆整齐，我是不会上课的；讲课走到巷道里，谁的桌子下面有纸屑，我会让他马上捡起来扔到垃圾桶里……我经常开玩笑跟同事讲，我说我是有强迫症和洁癖的人。以至于现在我到哪个班级巡查课堂或者听课，看着桌椅不整齐、讲台上乱七八糟，我非得请老师、学生收拾好了才行。我一直坚信，有良好的生活习惯的学生，他的学习习惯也不会太差，学习也就不会差。

我教的一年级孩子们就这样一天天养成了良好的习惯，虽然周一早上的全体教师会，周二下午的教研会，还有每天课间操和下午放学的两次集合让我用了很长时间才适应。但是，这个过程倒逼着我进行班级管理的创新，我们班班风正、学风浓，经常受到校长的表扬。一年级的元旦节，我给我们班编排的舞蹈还荣获了全校一等奖。我感谢校长的严格管理和要求，促使了我在班级管理中想办法，并取得了一定的成绩。我的班级在二年级就被评为了县的先进班集体，所以，我一直打心眼儿里感谢那位其他老师都不喜欢的校长。

因为有这样一个好校长，学校活动的开展是比较多的，老师们的凝聚力就是在这些活动中增强的。我记得我到学校的第二年教师节，学校要进行演讲比赛，我作为青年教师被安排参加演讲比赛。说实话，在那之前我从来没有当着那么多老师的面讲话，那时的我在那样的场合是非常紧张的。工作中也有很多跟我一样的老师，面对几十个学生，上起课来行云流水、侃侃而谈，毫无紧张感。但是要参加什么演讲，或者是在全体教师会上做经验交流的时候，多少还是紧张的。我记得那次演讲快结束的时候，我差不多紧张得要哭出来了。我的这个毛病又是怎样改掉的呢？这得谈到我工作中遇到的又一个贵人。

### （三）感谢心理健康教育导师对我的磨炼，促进心灵的成长

在我调入安仁小学两年后，镇上的七所学校合并成了现在的一所九年一贯制学校——安仁镇学校。因为学校合并，领导班子也做了调整。学校来了一位心理健康教育的省特级教师担任副校长。可能发现我这个人工作还挺认真的，于是我被招为徒弟，在任务型的学习方式中自己能上台自如地讲话了。在心理健康专业方面经常被师父带着去参加各种培训。每周要完成什么事情必须列清单，还要逐一汇报进展情况。参加各种活动要主动发言，要主动上公开课，为咱们学校的心理健康教育特色工作做宣传等。在他的带领下，我们学校被评为了四川省的心理健康教育特色学校，我也参加了咱们县上的两届心理健康教育赛课，从第一年的二等奖到第二年的

一等奖，我非常感谢师父对我的帮助和磨炼。

我印象最深刻的还是在他的引领下我自身心理素质方面得到的锻炼和成长。记得那时候学校刚刚合并，新学校占地八十多亩，新学校新面貌，加上学校心理健康教育特色工作有声有色，到学校参观的团队也越来越多。县内的、县外的、省内的、省外的……以至于那时候，学校的老师们都开玩笑说以后到咱们学校来参观得收门票才行。可见那时候在学校接待参观的任务也是很重的。作为学校少先队辅导员，带领团队参观学校的事宜就落到了我的头上。要带领团队走遍八十亩地的角落，还要在这个过程中一直做介绍。对于我这个不善言辞，应变能力也不强的人来说是有难度的。在师父给的参观路线下，我花了不知道多少个夜晚才写出了我这辈子第一次独自完成的上万字的解说稿。带着团队参观还要对着稿子念，我觉得这是对听者的不尊重，我就试着把这个稿子背下来。因为是自己写的，所以背起来并没有想象的那么艰难。我经常晚上在家对着镜子一遍又一遍练习。给团队解说，不仅要说清楚学校的概况，还要移步换景，讲出学校的特色，这么浩大的工程，学校领导还是比较重视的。于是，在师傅的指导下，我带着学校心理健康教育组的老师参观，给他们解说；带着学校教研组长、年级组长参观，给他们解说；带着学校领导班子成员参观，给他们解说……在这样多次的演练中，我终于能自如地进行解说了。

感谢师父对我的磨炼！后来我也记不清接待了多少支来参观的团队，担任解说的任务。只知道经过多次这样的磨炼，咱们学校各种活动的主持、接待解说几乎都由我来担任，直到现在，我在学校举办的一些大型活动中还担任着主持的活儿。所以，我很感谢师父逼着我在这些方面有了长足的进步。否则，我今天也不可能有胆量和勇气在这里跟大家分享我的成长故事。

### （四）感谢语文学科导师的引领，促进专业的成长

2008 年下半年，我休产假。一学期的产假结束。到校上班第一天，带

我原班语文课的老师见我就直呼："快救命！你那个班级我教不了，家长要求太高了，学生也不好教，一会儿说我哪个字音没读准，一会儿说我哪个词没教好。"于是，产假结束到校上班，我教语文的同时兼职心理健康。

2012年，我参加大邑县青年教师赛课，在学校语文组老师们的帮助下，荣获了县级一等奖。后来又在教研室语文教研员们的帮助下，参加了大邑、邛崃、崇州片区的成都市青年教师赛课，也获得了一等奖。在磨课的过程中，就遇到了我现在的师父，四川省特级教师，大邑县教育局小学教研室主任王莹菊，一个对小学语文教学情有独钟的老师。在磨课的过程中，有了新想法，她可以跳过饭点和我交流她的想法，甚至在我找不到灵感的时候，把一个班级的学生分成两半，她用一半学生上给我看，我再用另一半学生上。后来，她成立了大邑县名师工作室，我有幸加入了她的团队，每学期都要上公开课、写论文、做科研、做交流……在这些任务型的学习中，工作室的成员累并收获着，快乐着。后来，师父成立了成都市的名师工作室，团队的研修辐射到了县外，到西昌、遂宁、松潘等地送教。

2015年成都市"名师好课"送课到安仁，我们学校作为初中和小学的场地，我除了要进行前期的诸多准备工作而外，还接到了一个任务：与成都市的小学语文名师茹敏老师同课异构。接到这个任务，我就觉得压力山大。在师父的指导下，在小学教研室教研员们的帮助下，我反复地修改教学设计，每天一做完学校工作回到家就沉浸在磨课中，晚上睡觉都还在思考自己的课哪里还需要修改。临近活动的前两天，师父和她的同事们都还在给我讲哪里需要怎样修改。有一天下午，我竟然改到哭起来。一遍遍地修改，一遍遍地试上，压力大到晚上几乎睡不好觉。磨炼的过程是非常艰辛的，后来我的那堂课在成都市"名师好课"中受到了好评。2017年，我又跟随"名师好课"的其他专家一起到甘孜、青海去送教。也有缘认识了更多语文学科的专家和名师，从中也找到了自己与那些专家、前辈的差距。这些差距促使我在语文学科教学的路上更加卖力地学习。

"不经历风雨怎么见彩虹？"我坚信，付出就会有回报。这些年，在师父的引领和自己的努力下，我感觉自己收获不小。回首这些年的经历，觉得它们就是一笔巨大的财富。

教学实践中的磨砺对一个人的成长帮助是最大的。作为青年教师，咱们要通过阅读、实践、反思，发现“自家宝藏”。再多听老教师的课、优秀教师的课、前辈名师的课，虚心学习求教，这样的收获远远胜过自己的闭门造车。有机会就多走出去学习，没有走出去的机会就利用网络资源好好学习，看实录，听讲座，静下心来读书。采他山之石以攻玉，纳百家之长以厚己。有学习的机会就珍惜，有展示的平台就锻炼。在不断的磨砺中，战胜自我，超越自我。

## 仁爱之心——做有宽容之怀的好老师

教育是一门“仁而爱人”的事业，爱是教育的灵魂，没有爱就没有教育。好老师应该是仁师，没有爱心的人不可能成为好老师。

——2014年9月9日习近平在同北京师范大学师生代表座谈时的讲话

现在很多地方流行“抢生源”这一说法，学校招收的全是好学生，甚至有些学校还要面试家长，留守儿童不要，家长不是本科学历不要，家长没有学过教育学、心理学不要……这样收来的学生全是好学生。对于教“好学生”的老师我不佩服，我更敬佩的是能“教好”学生的老师。

咱们面对的学生都是独特的个体，都不是按模子批量生产的。有层次、有差异、有优劣，这才符合客观实际。好学生听话、品行好、学习好，方方面面都能让教师省心，在投入同样多的精力下，好学生更容易出成绩，更能让教师有成就感。而那些所谓“非好”的学生，品质、纪律、学习，凡事都需要老师操劳，教师殚精竭虑，时间没少用，力气没少出，结果却未必让人满意。所以，有幸教到一班好学生，咱们便容易喜形于色，信心倍增。但是，咱们并非总是有这样的好运气。在教师的职业生涯里，谁都可能摊上调皮捣蛋、桀骜不驯的学生，笨拙、反应迟钝、让你头疼的学生，有着不少缺陷的学生。更多时候，咱们所面对的，只能是一班参差不齐的学生，甚至有着小毛病的学生还要占相当的比重。遇此情况，咱们该怎么办？那就是得有一颗仁爱之心，做有宽容之怀的好老师。

从本质上说，教育，就是一种悲悯和担当，是对生命可能存在的缺憾的弥补和救助，是一个生命对另一个生命的关爱、包容、呵护和帮助。这就是教师职业的使命、天命——应当承担的、无可推卸的职责和义务。做一名教师，就应该用咱们的一颗仁爱之心去感化自己的学生。作为一名学生，自己的老师上过的哪一节课，或者说是哪一个知识内容给你留下的印象深刻吗？有，可能是极少。但是，要是你在某一次犯错的时候，本来预想的是受罚，甚至是做好请家长的准备，但是老师却用一颗仁爱之心包容了你，耐心地教育了你。这个一定会让自己终生难忘。（播放视频）

教师的启示

许多年前，汤普逊老师对着她五年级的学生们撒了一个谎，说她会平等地爱每个孩子。但这是不可能的，因为前排坐着泰迪·史塔特——一个邋遢、上课不专心的小男孩。事实上，汤普逊老师很喜欢用粗红笔在泰迪的考卷上画大大的叉，然后在最上面写个“不及格”！

一天，汤普逊老师察看每个学生以前的学习纪录表，她意外地发现泰迪之前的老师给的评语十分惊人。

一年级老师写道：“泰迪是个聪明的孩子，永远面带笑容，他的作业很整洁、很有礼貌，他让周围的人很快乐！”

二年级老师说：“泰迪很优秀，很受同学欢迎。但他的母亲罹患了绝症，他很担心，家里生活一定不好过！”

三年级老师：“母亲过世泰迪一定很难过，他很努力表现但父亲总不在意。若再没有改善，家庭生活将严重打击泰迪。”

四年级老师：“泰迪开始退步，对课业提不起兴趣，没有什么朋友，有时在课堂上睡觉。”

直到此刻，汤普逊老师才了解泰迪的困难，并为自己此前对泰迪的态度深感羞愧。而当她收到泰迪送的圣诞礼物——别人的礼物用缎带及包装纸装饰得漂漂亮亮，泰迪送的礼物却是用杂货店的牛皮纸袋捆起来——汤普逊老师更觉得难过。

汤普逊老师忍着心酸，当着全班的面拆开泰迪的礼物。有的孩子开始嘲笑泰迪送的圣诞礼物：一条假钻手链，上面还缺了几颗宝石，另外是一瓶只剩四分之一的香水。但是汤普逊老师不但惊呼漂亮，还戴上手链，并喷了一些香水在手腕上，其他小朋友全愣住了。

放学后泰迪留下来对汤普逊老师说："老师，你今天看起来好像我妈妈！"泰迪离开后，汤普逊老师整整哭了一个小时。

从那天开始，汤普逊老师开始特别关注泰迪。而泰迪的心似乎重新活了过来，汤普逊老师越鼓励泰迪，泰迪的反应越快。到了学年尾声，泰迪已经成为班上最聪明的孩子之一。虽然汤普逊老师说过她会平等地爱每一个孩子，但泰迪却是她最喜欢的学生。

一年后，汤普逊老师在门边发现一张纸条，是泰迪写来的，上面说汤普逊老师是他一生遇到的最棒的老师！六年过去了，汤普逊老师又发现另一张泰迪写的纸条，泰迪已经高中毕业，成绩全班第三名，而汤普逊老师仍是他一生遇到的最棒的老师！四年后，汤普逊老师又收到一封信，泰迪说有时候大学生活并不顺利，但他仍坚持下去，而不久的将来他将获得荣誉学位！他再一次告诉汤普逊老师，她仍是他这一辈子遇到的最棒的老师！四年过去，又来了一封信。信里面告诉汤普逊老师，泰迪大学毕业后决定继续攻读更高学位，他也不忘再说一次，汤普逊老师还是他这一生遇到的最棒的老师，而这封信的结尾多了几个字："泰迪·史塔特博士"。

故事还没结束呢！你瞧，这年春天又来了一封信，泰迪说他遇到生命中的女孩，马上要结婚了。泰迪解释说，他的父亲几年前过世了，他希望汤普逊老师可以参加他的婚礼并坐上属于新郎"母亲"的位置。

汤普逊老师完成了泰迪的心愿。但你知道吗？汤普逊老师竟然戴着当年泰迪送的假钻手链，还喷了同一瓶香水——泰迪母亲过世前的最后一个圣诞节用过的香水。

他们互相拥抱，史塔特博士悄悄在耳边告诉汤普逊老师：“汤普逊老师，谢谢你相信我，谢谢你让我觉得自己很重要，让我相信我有能力去改变！”汤普逊老师热泪满盈地告诉泰迪：“泰迪，你错了！是你教导我，让我相信我有能力去改变——直到遇见你，我才知道该怎么‘教书’！”

教师对学生的影响往往就在一个瞬间，你的一个决定或者一个行为可能会决定孩子成为天使或者是魔鬼。所以，咱们得有一双慧眼，用一颗仁爱之心才能在学生心灵埋下真善美的种子。

（分享电影《阳光夏令营》片段）

人人都是德育工作者！咱们心中一定要装着学生的成长！用智慧双眼发现学生问题背后的原因，用仁爱之心、宽容之怀引领他们健康成长。

著名特级教师于漪说：“与其说我做了一辈子教师，还不如说我一辈子都在学习做教师。”让咱们一起共勉，一辈子做教师，一辈子学做教师，向着好老师的目标成长。

# 好习惯点亮生命的精彩

## ——“十个好习惯”养成教育策略


**龙梅芳**

四川省大邑中学教师，全国优秀语文教师、成都市优秀班主任，县新教师培养导师、市名班主任发展室成员，多篇论文获国家、省、市等级奖项，多次参与市级课题研究，多次承担省、市、县班主任及学科专题讲座。


老师们：

大家好！

教育家叶圣陶说：“教育是什么？往简单方面讲，只需一句话，就是养成良好的行为习惯。”《中小学德育工作指南》也提出：“始终坚持育人为本、德育为先，大力培育和践行社会主义核心价值观，以培养学生良好思想品德和健全人格为根本，以促进学生形成良好行为习惯为重点。”由此可见，良好的行为习惯是促进一个人健康成长的重要条件，是健全人格形成的基础。

作为班主任老师，我一直在思考，如何从实际出发，深入研究当前初中学生的特点，有计划、有层次、科学地制定教育内容，促进学生良好习惯的养成？近几年，我依托县教育局“看得见的德育——让‘十个好习惯’点亮孩子美好人生”养成教育活动，在教育教学实践中大胆尝试，在班级管理中探索出了一系列培养学生良好的生活习惯和学习习惯的教育策略。

“十个好习惯”具体内容是“每天锻炼一小时、学习认真有计划、干干净净每一天、节约资源不浪费、自己事情自己做、家务劳动主动做、文明礼仪待他人、说了就要努力做、按照规则来行动、对待别人要宽容”。

现将“十个好习惯”养成教育策略具体做法提出来，与大家共同探讨。

## 一、营造良好氛围，养成“十个好习惯”

初中阶段，是学生人生的转折期，也是学生心理从幼稚走向成熟的过渡时期，容易产生逆反心理。因此，班主任要认识到培养学生良好行为习惯的重要性与艰巨性。我个人认为应把良好氛围的营造放在养成教育的第一位，让学生在不知不觉中受到潜移默化的熏陶，这更有利于矫正他们不良的行为习惯，为他们的美好人生打下坚实的基础。

为此，我主要采用以下四点策略。

### （一）开展“十个好习惯”家校动员会

一个好习惯的养成，它不只是学校的规范、督促、教育，更在于家长的示范、叮嘱。班级管理中，我结合县教育局“十个好习惯”的要求，一般会在每学期开学的第二周就开展“养成十个好习惯，和陋习说拜拜”的家校养成教育动员会。从初一到初三，围绕“习惯养成”教育至少开展六次这样的家校座谈会，让家长、学生、老师都积极投入到养成好习惯的热烈气氛中来。

### （二）设立“十个好习惯”文化宣传栏

班集体是学生学习生活的主要场所，是学生接受知识、掌握技能、养成健全的人格、形成思想观念的主要阵地和心灵归宿地。为了让学生主动地、自觉地受到“十个好习惯”的熏陶，我在后黑板报设置了“十个好习惯”宣传栏，让学生知晓“十个好习惯”的具体内容及要求。教室内墙张贴“习惯”方面的名人名言，激励学生人人养成好习惯。教室外墙打造一整面“十个好习惯”榜样人物事迹宣传专栏。将教室内外布置得新颖独特，用这些无声的信息所散发出的文化气息刺激学生的感官，使他们时时处处受到好习惯的感染和熏陶。

### （三）宣读“十个好习惯”班级誓言

“少成若天性，习惯成自然。”意思是说，少儿时期养成的习惯就像人的天性一样牢固，很难改变。英国著名哲学家培根也说过：“习惯真是一种顽强而巨大的力量，它可以主宰人生。”这两句话很好地诠释了学生从小养成良好习惯的重要性。所以，为了学生自觉养成“十个好习惯”，我特编辑了“养成好习惯，争做好少年”的班级誓言，并规定学生每天早中晚三次宣读。

初一班级誓词

我是××班的一员，我以青春的名义宣誓：

仪容仪表　　青春大方
言语文明　　举止端庄
谈吐不俗　　良好修养
尊重老师　　友爱同窗
爱护公物　　轻拿轻放
惜时守时　　牢记不忘
自习课堂　　公德考场
安静有序　　无人守望
晨会集会　　班级之窗
站姿挺拔　　充满阳刚

慎交朋友　　积极向上

诚实守信　　勇于担当

（四）宣传“十个好习惯”榜样人物

列宁说：“榜样的力量是无穷的。”尽管已经是初中生了，但绝大多数学生还是认为受到老师的表扬是很了不起的事情，看到某个同学被老师表扬，也会产生羡慕和崇拜感。因此，我充分利用学生的这种心理，只要发现某个同学的良好习惯就随时口头表扬，还会在家长班级 QQ 群里表扬。事迹特别突出的，会让专人撰写好习惯榜样人物宣传稿投递到校广播室大力宣扬。每个月班级出一版好习惯榜样人物事迹专栏，设置“十个好习惯”评比榜，多形式表扬学生身边养成了好习惯的同学，为他们树起榜样，充分发挥“榜样”的效应，表扬先进，纠正不良行为。

## 二、完善督导体系，养成“十个好习惯”

英国作家查·艾霍尔说：“有什么样的思想，就有什么样的行为；有什么样的行为，就有什么样的习惯；有什么样的习惯，就有什么样的性格；有什么样的性格，就有什么样的命运。”古语曰：“无规矩不成方圆。”可见，要让学生自觉养成良好的行为习惯，建立合理的管理评定制度是必不可少的。

这方面，我主要从以下几点入手。

（一）制定养成“十个好习惯”操行公约

正确评定学生的日常习惯表现，有利于帮助学生正确认识自我，激励发扬优点，改正缺点，不断进步；有利于班主任回顾和检查自身的工作，总结经验吸取教训，改进班级管理措施。这一点我借鉴了以往操行评定的做法，对十个好习惯的具体要求做了详细的量化考评公约，每周由操行委员实事求是地按照“操行公约”对学生本周操行表现（学生表现时刻有相关班委记载）进行评定，在每周五对每个学生的量化考核情况进行通报，其目的在于肯定学生在习惯上的优点和进步，指出学生的缺点和问题，明确今后的努力方向，使之不断上进。

出操与集会操行公约（部分）

1.积极参加升旗仪式、年级会及学校组织的其他集会。不旷会，无特殊情况中途不退场，行进途中不说话。集会时，站姿端正，认真听讲，不交头接耳。

2.认真做课间操和眼保健操，动作标准、到位。如有事或因病不能做操，要向老师请假。

3.集合时要做到快、静、齐，听从指挥。

4.集会期间，对报告人或发言人有礼貌，要用热烈的掌声对发言人表示欢迎或感谢，不随意插话，议论，甚至大笑。

5.如果有同学需上台发言，必须事先做好准备，且仪态端庄大方，口齿清晰。

### （二）签订养成“十个好习惯”小组合作协议

“没有线的制约，哪有风筝的高翔。”为了更好地督促学生养成“十个好习惯”，我还把全班分成12个小组，每组4—6人，每组推选一个各方面习惯都比较好的同学担任组长，在组长的带领下制定小组“十个好习惯养成条约”，并签订养成“十个好习惯”小组合作协议。班主任要审查“小组合作协议”是否科学合理。审查合格后，小组就可在组长的带领下实施，但班主任还要适时监管，以防止“暴力执法”现象的出现。

小组合作协议

尊敬的老师，亲爱的同学们：

为养成良好生活习惯，学习习惯，本小组协议……

小组组员签字：

时间：

## （三）撰写养成“十个好习惯”个人承诺书

“习惯决定性格，性格决定命运。”习惯的养成需要外在的帮助，更需要学生自主养成。为了让学生独立自主历练成长，我还让学生撰写养成“十个好习惯”个人承诺书，同样班主任也要对“个人承诺书”逐一审查是否科学合理。只有科学合理、有针对性、可实施的“个人承诺书”，才可能让学生真正实现自我督促。

个人承诺书

尊敬的老师，亲爱的同学们：

为养成良好生活习惯，学习习惯，我向同学、老师承诺……

签字：

时间：

## （四）建立养成“十个好习惯”成长记录册

成长记录册主要用来记载学生每天十个好习惯的养成情况，按照操行公约统计学生每天每周的加扣分情况。这样一来，学生每天每周的表现便直观地展示出来了，一目了然，利于个人、小组评比，一学期下来，每人都有一份好习惯养成档案。对那些做得好的学生是荣誉，对做得不足的学生是督促。

## （五）书写养成“十个好习惯”个人反思

根据一周的成长记录和操行成绩，对个别在本周习惯养成较差的同学，不仅要有同学的帮扶、小组的沟通交流、老师的督促教育，还会让其针对自己存在的不足写个人反思，以此达到自我教育目的。写感悟、写心得、写改进措施，其内容不在于多，而在于意识到问题。

## 三、开展多彩活动，养成“十个好习惯”

“种下一个行动，收获一种行为；种下一种行为，收获一种习惯；种下一种习惯，收获一种性格；种下一种性格，收获一种命运。”帮助学生养成良好的生活习惯、学习习惯，其实并不是简单地“讲”和机械地“管”，虽然“讲”和“管”很必要，但德育教育的效果并不是取决于班主任说了什么，而是取决于学生体验到了什么，明白了什么。因此，作为班主任就必须想办法让教育的形式能促使学生产生深刻的体验。

我多年的实践表明，开展多形式主题活动，无疑是达到这一目标的可行方法。

### （一）晨会课中寻找养成好习惯的幸福源泉

近年来，我一直把早晨的班务时间作为晨会课，让短暂的10—20分钟晨会课成为学生养成“十个好习惯”的舞台。学生通过晨会课上的演讲、讲述、讲座、朗诵、表演、讨论、模拟、咨询、采访、评比等方式，在快乐中潜移默化地接受情感熏陶，锻炼能力，明辨是非，实现自我教育，自我提高。就这样，学生们迎着早上的第一抹阳光在晨会课找到习惯养成的幸福源泉！

### （二）故事会中吸收养成好习惯的精神营养

传统的班级管理中，面对学生群中的不良习惯，不少班主任总是板着脸说教或者训话，其实这既降低教师威信，又不容易达到预期效果。为了让学生养成好习惯，在日常的班级管理中，我会提前准备好适合中学生养成教育的书籍，比如《小故事大智慧》《细节决定成败》《中学生成长故事》等，巧妙运用里面的一些哲理故事，不仅可使学生在良好的心理基础上、融洽和谐的气氛中愉快地接受教育，还能让学生从故事中获取养成好习惯的精神营养，增强习惯教育的吸引力与感染力，大大提高教育效率。

### （三）班会课中汲取养成好习惯的积极力量

班会课是德育教育的主阵地，每学期 18 周左右，我会拿 10 周来开展有关习惯方面的养成教育的主题班会。围绕主题选材，制定养成学生“十个好习惯”周计划。第一周，学习认真有计划；第三周，每天锻炼一小时；第五周，干干净净每一天；第七周，自己事情自己做；第九周，节约资源不浪费；第十一周，家务劳动主动做；第十三周，对待别人要宽容；第十五周，说了就要努力做；第十七周，文明礼仪待他人；第十九周，按照规则来行动。鼓励学生走上主题活动课讲台，以多变的形式吸引学生的眼球，激发学生的兴趣，调动学生参与的积极性，增加主题活动课的魅力，从而让学生汲取养成好习惯的积极力量，领悟好习惯养成的重要意义。

### （四）帮扶活动中感悟养成好习惯的互助之乐

一个班级 50 多个学生，每个学生都有自己做得好的一面，也各有需要提高的地方，于是我认真分析每个学生的优缺点，并把结对名单上墙。然后根据这些特点，制订出了本学年“十个好习惯一帮一结对子”帮扶计划，并根据计划开展一系列的活动。对于学生好的地方，提出来大家一起学习，对于不足的地方，一对一帮助其改正。 在活动中同学间相互理解和沟通，帮助在习惯方面存在问题的学生走出困境，使其在原有的基础上都能够得到一定的发展、进步，最后实现人人养成“十个好习惯”，以促进和谐班级和优良班风的形成。

## 四、形成多元评价激励机制，养成“十个好习惯”

法国教育家第斯多惠说：“教学艺术的本质不在于传授，而在于激励、唤醒和鼓舞。”英国教育家罗素说：“教育语言应当是引火线、冲击波、兴奋剂，要有启人心智、激人思维的功效。”培养学生“十个好习惯”，我们必须采用适当的评价激励手段加以规范强化，既让学生获得好习惯养成的体验，找到前进的动力，也让学生看到自己的不足，明确下一步努力的方向，从而提高学生习惯养成的主动性和自觉性。

评价学生的形式，由过去的班主任说了算，改为自评、同学评、教师评、家长评相结合。在评价的过程中，也提倡用发展的眼光看待学生，及时有效地发现学生身上的点滴进步，从而引导学生明确习惯养成的意义，充分给学生提供前进的动力，这样有利于培养学生自觉养成“十个好习惯”，促进习惯养成活动的有效开展。

实际管理中，我主要采用了以下方法。

### （一）个人争星星

学生个人表现根据班级合作公约量化考核，60 分为基础，在此基础上，学生无论在哪方面做得好都可以加分，每次每方面可加 5 分，做得差的相应扣分，一周累计 90 及以上为 A，加 3 星；80 为 B，加 2 星；70 为 C，加 1 星；60 为 D，0 星。周五总结会后反馈在“好习惯星星争霸榜”上，以此形成人人都为争星星而努力形成好习惯的良好班级风貌。

### （二）小组争红旗

养成“十个好习惯”，以小组合作的整体表现为主要衡量对象，要改变过去以个人成绩为唯一评价标准的做法。因为好习惯的养成是依靠学生之间的互帮、互助、互补、互促，相互协调共同完成的。另外，“十个好习惯”小组集体评价有利于小组之间的竞争，有助于增强学生的集体荣誉感，激发他们潜在的竞争意识。所以我班采用个人争星星、小组争红旗的激励手法。具体做法就是：小组个人总得分×本小组人数=小组分数，一周累计 90 及以上为 A，加 3 面红旗；80 为 B，加 2 面红旗；70 为 C，加 1 面红旗；60 为 D，0 面红旗。周五总结会后反馈在“好习惯小组红旗争霸榜”上。一面小组红旗，小组成员个人可用来兑换三颗星星，以此营造人人“比学赶帮超”的良好班级风气。

### （三）家校齐参评

开学初，召开家长会，给学生家长宣讲“十个好习惯”的内容，发放《“十个好习惯”家长评价表》，要求家长要督促学生做好在家庭生活中的习惯养成，并按评价表要求记录，每两周交一次，班级进行汇总反馈，起到家校沟通作用，以此形成教育合力。

### （四）定期激励表彰

每一天，老师会对孩子们的表现情况作小结，主要表扬做得好的，对做得不足的也是鞭策。

每一周，班级会根据学生的习惯板块操行得分在“好习惯星星争霸榜”上涂上“星”，每增加一颗星学生都会欢天喜地，信心大增。做得好的小组获得一次周交流总结机会。

每一月，班级评选十名“‘十个好习惯’之最”并红榜表扬。

每半期和期末分别开展一次“十个好习惯”总结大会，最终分别评比出“锻炼之星”“文明之星”“节约之星”“环保之星”“孝顺之星”“诚信之星”等各 2—3 名。

通过对比发现，实施“十个好习惯”养成教育之前，学生学习无计划、课堂违纪、待人不礼貌、参加体育活动不积极、在家不做家务等现象较多。实施“十个好习惯”养成教育策略之后，学生的情感、态度和价值观也在引导中得以不断地感染和丰富。学生学会了整理学习用具，自觉遵守纪律，课间文明休息。注意自身的安全健康，养成天天做操的好习惯。知道礼仪的重要性，做到交往得体，学会礼貌待人，学会微笑。学会使用礼貌用语，主动与他人打招呼，同学之间相互帮助，说话亲切了，行为文明了。学生在校、在家的表现越来越好，很多家长给老师打电话，高兴地说养成教育改变了孩子。

事实证明，实施“十个好习惯”养成教育，实现了培养学生“在校做好学生、在家做好孩子、在社会做好公民”的新三好德育目标。英国学者培根说过：“习惯是人生的主宰，人们应该努力追求好习惯。”是的，行为习惯就像我们身上的指南针，指引着我们的行动。好习惯养成得越多，个人的能力就越强。养成好的习惯，就如同为梦想插上了翅膀，助学生抟扶摇而上九万里。

# “融合教育”，接纳所有

## ——大邑县新教师入职培训“融合教育”专题

**王金萍**

大邑县特殊教育学校教导主任，获得国家心理咨询师三级证书，成都市教育科研先进个人、大邑县学科带头人。2009 年 8 月参加教育工作，主要从事特殊教育教学实践和研究工作，努力为所有学生提供公平优质的服务。

老师们：

大家好!

尼克·胡哲是澳大利亚有名的演讲家，他出生于澳大利亚墨尔本，曾被提名为“澳大利亚年度青年”。他天生没有四肢，医学上称这种罕见的现象为“海豹肢症”，但不可思议的是：骑马、打鼓、游泳、足球，尼克样样皆能。尼克为人乐观幽默、坚毅不屈，热爱鼓励身边的人，一股永不止息的激情推动着他游历了 20 多个国家，发表了数千场演讲，用他自强不息的精神鼓舞了世界各地成千上万的人。

身体残缺的尼克实现了他的人生价值，他为什么能成功？各种支持是尼克获得成功的关键。作为一名即将走上工作岗位的教师，面对每一个不同的个体，我们如何给他们提供支持，实现他们最大化发展呢？

接下来，让我们一起初识“融合教育”，一起去寻找答案。

融合教育是指在平等和不受歧视的前提下，尽可能将身心障碍学生安置于普通教育环境而非隔离，普通班级教师关注每一位学生，提供最适合每位学生需要的支持和帮助，使不同学习风格、不同能力和背景的学生能够得到尽可能好的公共教育。同时，给予普通班级教师适当的支持系统、相关服务以及教师成长平台。

融合教育容纳所有学生，通过提供合适的支持，促进积极参与，注重集体合作，满足不同需求，是一种没有排斥、没有歧视、没有分类的教育。

融合教育的核心要素：接纳、公平、参与、包容。

接纳：接纳所有学生，包括有行为问题的学生、学习后进生、残疾学生等。

公平：不论能力和特质，公平对待每一个学生，给予每位学生最适合的支持。

参与：提高特殊孩子的参与度，包括学习、生活、游戏活动、权益、体育竞赛等。

包容：不另眼相看，以平常心对待。

融合教育的原则：

（1）零拒绝；

（2）在住家附近的学校受教育；

（3）按自然比例尽量安排特需学生在普通班级中受教育；

（4）在与自己年龄相近的班级受教育；

（5）普通教育与特殊教育教师共同合作；

（6）教育服务建立在了解学生能力的长处并从长处来进行教学。

融合教育的根本目标是，要在普通的教育环境中为包括残障学生在内的所有学生提供公平优质的教育。其面对的服务对象是所有学生，其中就包括了残障学生和非残障学生。

## 一、残障学生的分类及其特征

### （一）智力障碍

人类智商整体呈现出正态分布曲线，智商分数在 70—130 的占比达 70%，为普通人；剩下 30%由极差者和优秀者组成，为特殊需要人群。

智力障碍，即智力显著低于一般人水平，并显示出适应行为的障碍，需要环境提供全面、广泛、有限和间歇的支持。包括在智力发育期间（18 岁之前），由各种有害因素导致的精神发育不全或智力迟滞（如唐氏综合征）；智力发育成熟以后，由各种有害因素导致智力损害或老年期的智力明显衰退（如老年痴呆）。

智力障碍学生的行为表现及特征：基本认知能力发展滞后，注意力短暂、记忆有问题、分类有问题、迁移能力差、解决问题能力差；语言发展偏差或迟缓；缺乏探索、学习的动机；缺乏学习策略，学业落后于同伴；社交有问题；生活自理技能需要学习训练；具体操作优于抽象思维。

### （二）视力障碍

指由于各种原因导致双眼不同程度的视力损失或视野缩小，以致影响其正常生活和社会参与，分为盲和低视力两类。

视力障碍学生的行为表现及特征：低视力学生视力下降后，其他感觉器官的敏感性会明显增加，触觉和听觉灵敏，但空间知觉困难。具体表现为：近视未矫正学生，视远物时眯眼皱眉，阅读书写时距离目标过近；阅读时眼睛非常靠近读物以使目标读物放大；行走时由于看不清物体，常易发生磕绊；与人交流时，目光散漫，对视视觉交流难。

### （三）听力障碍

由于各种原因导致双耳不同程度的永久性听力障碍，听不到或听不清周围环境声及言语声，以致影响其日常生活和社会参与。包括听力完全丧失及有残留听力但辨音不清，不能进行听说交往两类。

听力障碍学生的行为表现及特征：对事物的认识不完整、不准确；以目代耳，观察事物比较敏锐细致；视觉、触觉、振动的刺激容易引起注意，注意的转移和分配较难；记语言材料时，机械识记多，意义识记少；语言形成和发展滞后；思维活动带有明显的形象性特点，抽象思维能力的发展较同龄普通学生缓慢。

部分听力残疾学生已接受康复治疗，如验配助听器或人工耳蜗、参与言语训练等。

### （四）精神障碍

各类精神障碍持续一年以上未痊愈，存在认知、情感和行为障碍，影响日常生活和活动参与状况。在精神残疾中，精神分裂症所占比例最大，自闭症谱系障碍也属于精神残疾。

精神障碍学生的行为表现及特征：在认知、情感、意志行为三方面存在障碍，生活上基本自理，但自理能力比一般人差，有时忽略个人卫生。

精神疾病典型症状：阵发性狂笑、幻觉、言语凌乱、精神依赖性、神经质性格、意识障碍等，如抑郁症、精神分裂症、偏执性精神障碍、精神发育迟滞、妄想症等。

自闭症谱系障碍表现为社会性、沟通等方面困难，局限的兴趣爱好，偏执、感觉过敏等。

### （五）肢体障碍

人体运动系统的结构、功能损伤造成的四肢残疾或四肢、躯干麻痹（瘫痪）、畸形等，致人体运动功能不同程度的丧失以及活动受限或参与的局限。

肢体障碍学生的行为表现及特征：上肢或下肢因伤、病或发育异常所致的缺失、畸形或功能障碍；脊柱因伤、病或发育异常所致的畸形或功能障碍（脊柱侧弯45度以上者）；中枢、周围神经因伤、病或发育异常造成躯干或四肢的功能障碍。

### （六）言语障碍

由于各种原因导致的不同程度的言语障碍（经治疗一年以上不愈或病程超过两年者），不能或难以进行正常的言语交往活动，以致影响其日常生活和社会参与。

言语障碍学生的行为表现及特征：失语、运动性构音障碍、器质性构音障碍、发声障碍、儿童言语发育迟滞、听力障碍所致的言语障碍、口吃等。

### （七）多重障碍

同一个孩子同时存在以上残疾中的两种及以上残疾，如智力障碍伴有听力受损、自闭症伴有肢体残疾等。

## 二、非残障学生

非残障学生，是指除残障学生以外的所有学生。包含两种情况，第一种学生在智力、感官、情绪、肢体、行为或言语等方面与正常学生有差异，既包括发展上低于正常水平的学生，也包括高于正常发展的学生；第二种是符合残障标准，但暂未办理残疾证的特殊学生。

非残障学生主要包括：天赋优异（天才）、文化差异、困境（留守儿童、家庭困难等）、肢体及其他健康损害（肢体不协调、病弱等）、情绪行为异常、学习障碍（听、说、读、写、计算、推理等存在问题）、注意缺陷多动障碍（注意涣散、多动、冲动）、发展性协调运动障碍（动作协调困难，动作笨拙，手脚不灵活）、心理问题等类型学生。

## 三、大邑县融合教育开展措施

评估安置残疾儿童（少年）。由教育、残联、卫健、民政等部门专业人员组成大邑县残疾人教育专家委员会，按照《大邑县残疾人教育专家委员会工作管理办法（试行）》《大邑县适龄残疾儿童少年入学和安置流程》进行评估安置，保障残疾儿童少年依法接受教育的基本权利，让残疾儿童少年的入学安置方式更科学、专业。

安置流程为：家长申请—教育专委会组织评估—提出安置建议—教育科进行安置。安置以随班就读为主体，特殊学校为骨干，送教上门为补充。

为此，我们建立了“1+5+N”的融合教育区域服务体系，即一个市级示范性特殊教育资源中心、5 个市级示范性特殊教育资源室、N 个普通学校特殊教育资源室。同时，由教育行政人员、医生、资源中心巡回教师、普通学校特殊教育资源教师、班主任、科任老师、家长、志愿者等共同组成融合教育团队提供支持。

我县特殊教育资源中心还会开展咨询与筛查评估、开展业务巡回指导、特教督导与工作评估、特教科研与教研、组织培训与交流、资源整合与链接培育扶持助学组织以提供支持。

随着融合教育的逐步推广，学校工作中，作为一名新教师可以做哪些职业准备呢？

接纳：接纳班级所有的孩子，为他们营造融合、接纳、友爱的氛围。接纳每一个孩子的优劣势，并为他们提供最适宜的教育。

寻求资源：寻求本校资源老师、班主任、科任老师、家长、特殊教育资源中心巡回老师的协助，建立特需学生个人化档案，制定个别化教育计划，有针对性地解决问题，促进每位学生的发展。

团队合作：建立行政、班主任、学科教师、资源教师、家长、志愿者等参与的融合团队，为所有学生获得成功提供支持服务。

人际支持：为融合学生建立积极的人际关系，营造融合氛围，包括自然的人际交往（有家长、同伴等）和正式的人际关系（参与班级、团队活动），让学生拥有共融的归属感。

课堂教学调整：通过评估与设计，帮助学生在资源教室或其他场所，参与特殊课程的学习。同时在输入输出、时间、难度、支持程度、数量、参与度、替换目标、替代课程、环境等方面进行调整，帮助学生参与普通课程的学习，为学生提供适当的调整和支持服务。

每个人都有不同的思维方式、学习方式、能力、长相等，融合教育就是接纳每个人的差异，长其所长、各美其美。当我们不把特殊视作麻烦而视作教育的机会时，所有的学生才能受益。这也正是融合教育的意义所在。

教师在融合教育中扮演着重要的角色，专业知识、能力、准备程度以及持续的支持是影响融合教育成功的关键。目前，融合教育仍然面临着很多挑战，但随着教育改革的不断深入推进，只要我们对融合教育有足够的认识和信心，克服目前存在的困难，就一定能帮助每位学生得到最好的发展，最终实现融合教育的美好模样。

# 用心，闯出属于自己的江湖

**彭艳艳**

大邑县北街小学副校长，大邑名师，成都市科研工作先进个人，1994年8月参加教育工作，主要从事小学语文学科教学和学校教育科研管理工作。

老师们：

欢迎你们加入教师队伍，祝贺你们成为我们江湖中人！

或许听了我的开场白，你立刻就产生了疑惑：学校是圣洁的知识的殿堂，我怎么用了“江湖”这个词语？是的，我想说的就是：学校就是江湖！这并不是我的原创，曾经有一篇很火的文章这样写道：“学校也是江湖，人生没有退路。”这篇文章是一位妈妈写给孩子的，她是从学生的角度看学校，说学校也是江湖的。按照这位妈妈的说法，你们不过是刚出江湖而已！既然从学生的角度看，学校是江湖，你们再次踏进学校，作为学生学习的主导者，又怎能跳出江湖呢？所以我说，祝贺各位再次成为江湖中人。

回望来路，我们会发现，以学生的身份在学校这个江湖里拼搏，那是再简单不过的事情了：只要好好学习，管好自己就好。但当你成了教师，你在学校这个江湖行走就没那么容易了，需要更加用心才行。

对，我要告诉大家的第一词语就是“用心”。

我记不清是谁说过这样一句话了：“一个人可以没有钱，可以没有权，但必须要有心。”我私下认为，用心，是人生的制胜法宝，没有之一。所以，我今天和大家交流的题目是“用心，闯出属于自己的江湖”。

## 一、用心对待这份工作：心存感念，学习不止

今天，你们能够坐在这里，说明你们足够优秀。要知道，现在要获得教师这样一份工作有多么不容易。

对于好不容易获得的这份工作，我们应该认识到以下两点：

做教师不是最好的工作，但它和众多的工作比起来，有着不可比拟的优点：和向上生长的孩子在一起，充满活力与希望；随处可以感受到成就与满足。

教师工作比你们想象的要难做得多，只有不断学习，才有可能胜任。

有人觉得教师工作专业性不强，仿佛只要读过书就可以教，尤其是小学知识那么简单，谁都会。但教育是一门技术，更是一门艺术，不是会做题就会讲题的，要做一名好老师，真的不容易。因此，尽管我们在座的至少都是本科毕业，但我们不能停下学习的脚步。

姑且不说“吾生也有涯而知无涯”，看看当今瞬息万变的社会，知识的更迭速度前所未有地快，在学校里学的那点知识连社会前进的步伐都跟不上，更遑论教学生了。

曾经有人说：“要给学生一碗水，我们必须要有一桶水。”后来有人把这句话改成了：“要给学生一碗水，我们必须是源头活水。”其实我想说，这句话更应该改成：“要给学生一碗水，我们必须做一个善于找水的人。”怎样成为那个能带着学生找水的人呢？唯有学习！不停学习，泛在

学习，我们才能获得成长，进而带领学生成长。

从哪儿学起呢？只要用心，学习的机会随处可见：各类培训、各类教研自不必说，从网络上学，向有经验的老师学，向生活学，向家长学，向学生学……关键是你要有一颗爱学习的心。

## 二、用心和同事相处：融洽和睦，取长补短

你们都是很优秀的人，但我要给大家一条很重要的忠告：务必用若谷的虚怀对待学校里每一位同事。

目前，我们的学校里，各类学历、各类层次的老师都有：中师、专科、本科、研究生。在大部分小学里，中师生、专科生是主流，他们的学历没你们高，但真的，你们不要有丝毫骄傲的情绪，要努力成为受同事欢迎的人。怎么做呢？

从最简单的打招呼开始，不要小瞧那部分中师生，不要轻视那部分看起来平凡的老教师。或许他们的观念落伍了，电脑用得没你娴熟，新鲜事物的接受度没你们高，但别忘了，他们有你们目前无法企及的优势：几十年的实践经验！这些是任何书本上都学不到的，任何学历都不能取代的。你得把笑容常挂脸上，工作上主动承担，教育教学方法上向他们虚心请教。

## 三、用心对待学校安排的工作：做好细节，主动创新

选择了教师就选择了清苦，尤其年轻人，会更苦一点。当然，不仅仅是教师，无论你干哪行，要想有所作为，肯定得吃苦。所以，我首先要告诉大家的就是：

不要怕吃亏受苦。工作多了会很苦，仿佛会有点吃亏，但吃亏是福，你所有的付出都会有回报。

不要拒绝领导给你安排的工作。今天所有的工作都可能是今后的机

会。给大家放一段视频，让我们来思考一下。

（播放视频：《十字架》）

其实我们每个人、每一天都背负着各种各样的十字架艰难前行，它拖慢了我们前行的脚步。这些十字架很多时候对我们似乎都没有多大意义，但关键时刻，它会由负累变成你前进的桥梁。所以，请不要埋怨学习的繁重，工作的劳苦，因为真正的快乐，是努力后的结果，没有经历深刻的痛苦，我们也就体会不到酣畅淋漓的快乐！

因此，不要拒绝领导给你安排的工作，不要把工作当成负担。

年轻人需要历练，每一次历练都是成长，外出培训自不必说，哪怕是校内的一次公开课、一次发言、一份通讯稿写作，都是非常好的锻炼机会。你如何才能在面对众多专家、领导时保持落落大方的状态？如何才能在各级赛课中获奖？如何才能写出优质的论文？请抓住校内的每一次机会！

要知道，机会不是总是有的，你年轻叫你做，你拒绝了，等到 30 多岁想评职称、想要有这样那样荣誉的时候，还能有机会吗？安排你一次、两次，你不愿意，或者说敷衍搪塞不认真做，以后领导还会安排你吗？没有这些机会，你凭什么获得成长呢？或许有的学校有一部分老师的工作稍微轻松一点，但你要知道，他像你一样年轻的时候可能比你还要拼，他今天的悠闲都是当年拼搏换来的。

或许你会产生这样的疑问：如果领导安排的工作太多怎么办？加班！

我最初参加工作是在山区。两年后，应聘到新场镇桐林小学任教，当班主任、教语文，还教数学，音乐什么的也是我上的，工作量真的很大。当时的桐林小学还是比较受瞩目的，加上我对什么事情都非常用心，那份辛苦就不必说了，以至于工作很快就帮助我完成了减肥这么一件艰难的事情。

要知道，我刚毕业的时候体重 120 斤，在山区工作两年，当时人们怎么说的，山区的水碱性大、养人，我也不知道有没有科学道理。反正，在山区工作两年后，我长到了 127 斤，而且是夏天哦。知道吗？当时人家给我介绍男朋友，很多人一见我那么胖，都犯嘀咕：要是瘦点就好了。可是到了桐林小学以后，原本胖乎乎的我很快就瘦下来了，平均每个月瘦 3 斤。不到一年的时间，整个人就完全变了样，原单位的同事都认不出我了。有人问我：你吃了什么减肥药哦？我说：教书啊。

真的，那时候确实很辛苦，一般说来，晚上都得是 12：00 以后才能休息。我记得就在我结婚前一周的星期天都没休息，而是到成都参加一个培训，培训回来我又承担了一个县级中队观摩活动，我还记得活动的名字是："我有一双勤劳的手"。我周五做完活动，星期天做新娘。

后来我当大队辅导员、教导主任，加班更是常态。

我到北小应聘，主考官、现教研室的王主任问过我一个问题：你当着教导主任，还教一个班，你忙得过来吗？你是怎么处理工作上的矛盾的？

我对她说：我唯一的办法就是加班加点。

确实，该加班就加班嘛，很多时候加班是唯一办法。

还有老师问："遇到自己不会做的工作怎么办？"想办法！

不要说什么"我不会做"这样的话。我也经常遇到不会做的工作，但我有一句习惯性的回答："嗯，这个我从来没做过，我想一下。"我所说的"想一下"就是通过各种途径学习、查资料、请教人。

我曾经在学校的全校教师会上给老师们讲，学校的每一项工作要求都是现代社会对老师的基本要求，如果你说你不会，那么只能说明你已经不能胜任这份工作了。假设你是工厂的一名电焊工，如果老板要你焊接某新材料，你说你不会，那是不是这项工作就不做了，或者老板亲自来做呢？结果恐怕只有一个：老板另请高明，你卷铺盖走人。

学校也一样，如果你不会做教师应该做的工作了，那只能说你不配拿这份工资了。或许现行体制下，一时半会儿不会把你怎么样，但你最终的获得一定是少的那一个。而且，谁说得清楚从什么时候开始，学校可以随时炒人呢？

还有，你要争取比别人做得更好！你不光要认真做好学校给你安排的工作，还要创新地做，比别人做得更好。

怎么才能让自己的工作有所创新呢？多做一步！

（播放视频《布鲁诺和阿诺德的故事》）

我们在工作中经常遇到这样的事，收到一份文件，不知道怎么安排才恰当。有人是这样做的："某校长、某主任，今天有份文件是这样的，你看我们怎么办？"如果这样问，校长、主任可能会想："啥事都问我怎么办，要你何用？"

我是这样做的：先告知领导有一项什么工作，我的想法是什么，然后请领导指示。大家要记住，我们去请示领导，不是要把工作推给领导做，而是听他的建议和决策。任何时候你必须要有自己的思考，哪怕你的想法完全被推翻，但你在积极思考，总有判断正确的时候。没有任何一个领导喜欢不思考的人，任何单位都是。

创新并不难，只要你有精益求精的追求，爱思考，善于学习，你总会找到改进工作的新点子。大家都在做的事你创新做，你就出彩了。

## 四、用心对待每一个孩子：陪伴成长，助力花开

要发自内心地重视每一个孩子。每一个孩子都是家长的心头肉，无论他聪明还是愚钝，优秀还是落后，美还是丑。你们还年轻，等你们为人父母了就明白我说的这话了。所以，请你们一定真诚地对每一个孩子好，至少让家长感觉到，你所做的一切都是出于孩子成长的考虑，而不是为了你自己的业绩。

对每一个孩子充满希望。孩子是成长中的人，每一个孩子都拥有无限可能。所以，我们不要因为孩子一时的落后而轻视他，要对每一个孩子充满希望。

## 五、用心和家长相处：用爱沟通，合作互助

给大家播放一段视频，看看我们应该如何与家长相处。

（播放视频《家长退群风波》）

这件事情最近在网上炒得沸沸扬扬，还上了央视。你们再看看评论，估计你们的小心脏会受不了：网上一边倒地骂老师不对。类似的案例数不胜数，而且愈演愈烈。

从我的经历看，现在的老师和家长的关系完全不同于十多年前了。老师没有以前受尊重了！我认为其中一个原因是：现代社会，老师不再是知识的唯一拥有者。以前，一个老师可能是某个范围内唯一有文化的人，但现在不是了。

前段时间有一篇文章，题目是：当年班上的差生成了我孩子的老师，怎么办?

当然，最优秀的人不愿意当老师，不是我们的错，该反思的是社会。但这篇文章的题目确实也反映了一个不容回避的现实：在知识拥有量上，我们老师不再像当年那么有优势。你说你是本科，家长还硕士呢，你“双非”学校的硕士，他 985 的呢。像我这样的中师生更是网络上强烈要求淘汰的对象。

现在的家校关系如此紧张，除了上面说的因素，我想，应该还有以下一些原因：个别老师的师德问题破坏了我们整体的形象；社会竞争带给家长的教育焦虑，让家长对学校教育充满不切实际的幻想；所谓西方“先进”教育理论误导了家长；家长对教育的理解偏颇、片面，对老师的工作性质、工作实际情况不了解。

现在家长的信息渠道多，“教育鸡汤”喝得多，对教育的一知半解导致了他们教育行为的偏颇。这些是社会问题，我们改变不了，那我们能做些什么呢？拿家长退群这件事来说，老师委屈吗？委屈。但老师有没有问题呢？肯定地说：有。改作业确实是老师的事情，没有理由让家长帮忙改。

有人可能就要说了：“那孩子是家长自己的孩子，老师也管不了他家里，不就应该是家长管吗？”

确实是这个道理。可我们该怎样才能让家长心甘情愿地配合老师的工作呢？用心和家长相处，用爱沟通，合作互助。

我们要正确定位家校关系——平等合作。

我们遇到的家长各种层次都有，文化水平高高低低，社会地位差别也很大。家长有的是单位领导，有的是老板，有的却连份正经工作都没有；有的很富裕，有的却在为孩子的教育费用发愁。我们要清楚地认识到，家长有没有钱、有没有权和我们没有一点关系，老师和家长之间唯一的关系就是要合作教育好孩子。

因此，我们必须准确定位家校关系：平等合作，无关乎金钱地位。我们不光这样说，也应该这样做，公正平等地对待每一个孩子和家长，你不能吆五喝六地指挥家长干这干那。

在和家长交流时，我们务必讲究技巧：积极主动地交流；多从正面沟通；讲究说话的艺术。所有的行为都有一个最核心的原则：凡事多站到家长角度，为孩子成长计！

和家长交流任何事情，我们都应该站到为孩子成长的角度，而不要让家长觉得你是为了自己。比如老师让家长检查作业的问题，孩子的学习不能止于学校，家长也要尽到自己的责任。那怎么做才让家长意识到自己的责任，知道自己该怎样做呢？老师千万不要说："把作业给我改出来！"而应该从孩子成长的角度讲："习惯培养很重要，在学校有老师，在家里还希望家长多辛苦监督，孩子做完作业要养成检查的习惯……"引导家长关注孩子的习惯培养，意识到自己应该有所作为。

我们不能强求每个家长都干什么，但我们可以表扬做得好的家长："孩子的优秀和家长的付出分不开，家长辛苦了……"引导家长明白自己应该怎么做。

你还要对孩子讲："学习应该靠自己，不要什么都依赖家长，家长工作忙……"让家长明白：要和老师一起培养孩子自主学习的意识和能力。

这样一来，那些不重视孩子家庭教育的家长会感到愧疚，而不是反过来声讨老师。

做个老师不容易，光和家长交流这项，就可以和大家交流上半天，但时间不允许我说完，而且我也不应该说完，更多的应该由我们各位在工作实践中去摸索。相信，只要大家用心，你们很快就能总结出实用技巧。

做教师很辛苦，一句话送给大家：只问耕耘，不问收获，但行好事，莫问前程。相信，这也会是一种快乐和幸福。

最后，和大家一起分享一个小视频《the ball》：

这些奔跑着的小圆象征着现实生活中不断行走着的人们，途中有险阻、也会有诱惑，还会有暴风雨。有人停止了奔跑，而有的人一直在坚持。因为坚持，所以有更多的领悟；因为坚持，最终迎来了七彩阳光。生命的本质在于动的过程，而非结果。珍惜过程，享受过程，相信我们每个人都可以领略到人生中最美的风景。

“天下风云出我辈，一入江湖岁月摧。”人生就是江湖！

你们青春正好，虽江湖路远，但未来可期。相信，只要用心，你们一定能闯出属于自己的那片江湖。

# PART TWO

第二篇

# 坐而论教：导师访谈

“古之学者必有师。师者，所以传道授业解惑也。”

一千多年前，韩愈在《师说》中一语道尽“师道”之内涵。对于每个行业领域来说，每一个新从业者都是手艺未精、尚待历练的学徒。故而，巫医乐师百工之人需有师，士大夫之族应有师，传道授业解惑之教师更应有师。对于初入教海的新教师而言，师父的重要性更是不言而喻。

他们走过你正在走的路，他们遇过你正在经历的难，他们踩过你可能会踩的坑，他们知道你该如何处理、如何避免、如何上进、如何前行。可以说，每一位快速成长的新教师背后，都站着一位呕心沥血、闪闪发光的导师。

徒弟怎样带，师父说了算。

## 教培路上的默默奉献者

**受访教师：** 何俊杰

**工作单位：** 大邑县教师进修学校

**职务：** 教导处主任

**教师简介：**

何俊杰，中学高级讲师，教师进修学校教导处主任，四川省骨干教师，大邑县优秀青年教师，大邑县中青年学科带头人，大邑县优秀教师。主要负责全县中小学教师培训工作，包括设计教师培训项目，制定培训方案，落实培训管理等。2020 年 3 月，她主持申报的大邑县新入职教师培训项目，入选四川省 2020 年“国培计划”中西部项目，并于 2020 年 11 月在成都市“优教成都 · 陶铸新力”新教师培训优秀成果评选中获得二等奖。

**刘明：** 何主任您好！虽然我们同在一个单位工作，但以这样的方式与您对话，还是第一次。

**何俊杰：** 是的，刘校长，谢谢您给我这个机会。这种对话方式很独特，也很有意义，可以帮助我对自己的工作进行认真梳理和理性思考。

**刘明：** 您是从什么时候开始从事教师培训工作的？

**何俊杰：** 我的经历比较特殊。1991 年 7 月，我从四川师范大学毕业后被分配到灌口中学，就是现在的悦来学校。同年，被借调到教师进修学校，一直担任教师培训工作。后来，我担任了教师进修学校教导副主任职务，协助教导主任李静格工作。我从李主任身上学到了很多教师培训管理工作经验，受益匪浅。2015 年 4 月起，我开始任教师进修学校教务处主任，负责学校教务处工作直至现在。

**刘明：** 时间一晃就好多年。您从事教师培训工作这么多年，您认为进修学校最有特色的培训项目有哪些？

**何俊杰：**进修学校是专为教师发展而存在的，我们一直秉承“为教师服务、为教学服务、为学校服务”的宗旨，承担着全县3200多名中小学幼儿园教师继续教育和专业能力提升的培训任务。从我到进修学校工作以来，先后开展了中师学历培训、领导干部培训、教师岗位培训、教师学历提升培训、中小学教师五年轮训、新教师岗前培训、学科教师培训、骨干教师培训、新教师跟岗研修、校本培训等项目，都非常好。如果一定要说“最”有特色的，新教师岗前培训和跟岗研修是我校近几年取得较大成效的培训项目。

**刘明：**的确，大邑县教师进修学校非常注重新入职教师的培养。您认为这有什么重要意义？

**何俊杰：**新教师是大邑教育的未来和希望，新教师的成长关系到我县教师队伍素质的提升和教师队伍的稳定，是建设“优教大邑”的基础性工程。新教师培训，可以引导新教师牢固树立“立德树人”理念，自觉遵守职业规范，掌握教育教学理论，学习学科教学方法，形成教学基本能力；同时，帮助新教师扣好职业生涯“第一粒扣子”，尽快适应教师岗位要求，成为合格教师，为我县教师队伍的发展提供坚实的后备力量，为办好人民满意的教育作出应有的贡献。

**刘明：**新入职教师培训一直是我们的重点工作。2020年，此项培训成功申报为“国培计划”项目，这与之前有什么不同吗？

**何俊杰：**“国培计划”是国家主导的一项改变教师队伍面貌、提升教育发展质量的战略工程，旨在加强中小学教师队伍建设，是当前中小学教师最“给力”、级别最高的培训。

我县新入职教师培训，在2020年上半年成功入选四川省“国培计划”中西部项目，这是一次很好的机会，一方面可以为我们提供更好的平台、更丰富的课程和更优质的师资，使新教师培训质量更上一个台阶；另一方面，教师进修学校通过承担“国培计划”项目，可以进一步提高学校的管理能力，提升教育教学水平，使新教师培训更有针对性和实效性。

当然，这对我校来说也是一个挑战，需要我们精心设计培训方案，选择更优质的培训资源，强化培训管理，提高培训质量。所幸，在大邑县教育局的全力支持下，我校行政、教师以及选聘学校指导教师，抓住机遇、迎难而上，经过一年的艰苦努力，不辱使命，圆满完成了培训任务。

**刘明**：本次“国培计划”项目，参与者名额有多少呢？名单又是如何确定的呢？

**何俊杰**：根据《四川省教育厅关于做好2020年“国培”中西部和幼师项目任务实施工作的通知》（川教函〔2020〕514号）精神，我县“国培计划”中西部项目，责任主体单位是大邑县教育局，承训机构为大邑县教师进修学校，分配的新入职教师培训名额为100人。经过统计和调研，我校最终选派2019年和2020年入职的、教龄在2年以内的引进人才、公费师范生、公招教师共计100人为“国培”参训对象。

**刘明**：那么，进修学校是如何具体安排这项培训工作的？

**何俊杰**：根据四川省国培项目办公室的要求，我校就如何开展新入职教师培训，多次组织专业人员开展调查研究和分析研讨，精心研制了《大邑县2020“国培计划”中西部项目新入职教师培训实施方案》。具体培训形式分为集中培训和跟岗研修。

集中培训以通识性培训为主，重点课程包括教师职业道德、教师礼仪、教学常规与教学实践、班主任工作策略、优秀教师教学经验分享、信息技术与教学融合、新教师如何结合教学开展教学研究、融合教育的理论和实践等。为了保证培训质量，我校邀请了知名教授、省市特级教师、成都市名优教师、一线优秀教师担任授课教师，主要采用集中专题学习、互动研讨、自主学习等形式开展培训。

跟岗研修分为县内研修和县外研修。县内主要采用导师制的形式，县级导师由教师进修学校在全县中小学幼儿园名优骨干教师中遴选产生。县级导师要制定新教师指导计划，根据新教师成长情况确定指导内容，通过导师教学示范、课前指导、课堂观察、课后点拨和开设专题讲座等形式，每月对新教师进行两次跟岗指导；每学期指导新教师研课磨课，参加校级、县级公开课或汇报课；指导新教师撰写教学随笔、教学反思、教研论文等。县外名师跟岗则是安排新教师到崇州市、新津区名优学校开展跟岗学习，开阔眼界，博采众长。

**刘明**："国培计划"涉及的新入职教师有100人之多，而且分布在不同学段、不同学科和不同学校，我们是如何来对他们的跟岗研修工作进行督查和考评的？

**何俊杰**：为了让培训活动取得实效，无论是集中培训阶段还是跟岗研修阶段，我校在过程管理和监管上做了这样一些工作：

1.明确职责，落实到位：对于县级导师、新教师、教师进修学校学科指导教师，我们明确了各自的职责和任务，同时对县级导师、新教师所在学校也提出了要求。在培训实施的过程中，各方人员和各学校各司其职，保证了新教师培训落实到位，不流于形式。

2.注重过程，提高实效：在跟岗研修中，我们为每一位新教师指定了一位县级导师。导师根据新教师成长情况，每学年制定指导计划，确定指导内容和形式：一是导师上示范课，二是新教师上公开课，课后进行交流研讨。导师和教师进修学校学科教师还深入新教师所在学校，听课评课，查看备课情况和批改作业情况等；新教师要到指导教师所在学校跟岗学习，听示范课，观摩班主任管理工作等。通过这种面对面、过程性指导，提高新教师培训的实效。

3.加强管理，保障到位：（1）各学科每次跟岗研修之前，教师进修学校学科教师会与导师们协调好跟培时间、地点，安排好跟培内容，做好参培考勤，督促新教师按时认真参加活动，完成跟培任务；（2）建立了新教师交流QQ群和各学科研讨群，每次跟岗学习完成后，轮流安排新教师上传培训照片和简讯到交流群，以便交流、分享，同时也便于检查和督促各导师的指导情况；（3）加强新教师培训活动的宣传工作，在县级、市级、省级等网络平台宣传新教师培训活动，营造良好的培训氛围。

**刘明**：2021 年 4 月，进修学校牵头，组织本次“国培计划”参训教师开展了一场教学技能竞赛，您能讲讲其中的细节吗？

**何俊杰**：我县新教师“国培计划”是从 2020 年 10 月开始的。到了 2021 年 4 月，为了检测也为了展示培训成果，我校就在 4 月中下旬开展了这次新入职教师教学竞赛。竞赛分为课堂教学比赛、说课比赛、教学设计比赛三个项目，全体国培班新教师都积极参与了。

我们邀请了崇州市、新津区、大邑县的名优教师担任评委，按照分项评分标准，公平公正评判。最后共评出课堂教学比赛一等奖 14 名、二等奖 17 名；说课比赛一等奖 8 名、二等奖 8 名，优秀奖 8 名；教学设计比赛一等奖 3 名、二等奖 8 名，优秀奖 28 名。有 20 名县级导师被评为“优秀指导教师”。

**刘明**：这次教学技能竞赛有什么成效吗？

**何俊杰**：当然，我们欣喜地看到新教师在专业上成长迅速。他们丰厚的教学理论素养、扎实的教学基本功、创新的教学设计与组织能力、高超娴熟的多媒体技术应用能力，他们对教育的热情和对学科的热爱、对课标和教材的深入解读和思考、对学情的关注和对学生学科核心素养的培养、对教师和学生角色的准确定位等，都给评委和听课教师留下了深刻的印象。

正如初中语文课堂教学比赛评委、崇州名师鲁强老师所说：“与其说他们是刚走上讲台的新入职教师，不如说是大邑教育冉冉升起的明星！”

**刘明**：除了集中培训、跟岗研修和教学竞赛，教师进修学校对新教师的培训还有什么设想吗？

**何俊杰**：为了帮助新教师丰富人文素养，强化专业素质，陶冶道德情操，我校划拨出一定的国培经费，用于为新教师购买培训学习书籍。同时，要求新教师制定读书计划，让他们充分利用平时闲暇和寒暑假，认真阅读、做好读书笔记，积极参加读书分享会和读书演讲比赛，力求在新教师中形成读书好、好读书、读好书的良好氛围。

**刘明**：想得真周到！希望我们的新教师都能成为“腹有诗书气自华”的书香教师！不知不觉已经谈了许久，最后，还是想请您给我们的新教师一些好的建议，可以吗？

**何俊杰**：新教师的加入，为我县教育事业注入了新鲜血液，增添了新生力量。新教师是教师专业生涯的起点，是教师专业发展的关键阶段。我希望新教师珍惜教育局和教师进修学校提供的培训机会，虚心向指导教师学习，积极参加跟岗研修活动，多听课、多反思、多改进。热爱、专业、坚持，是新教师成为名优教师不可缺少的条件。“千淘万漉虽辛苦，吹尽狂沙始到金。”祝愿大家都能够成为最好的自己。

**刘明**：相信新教师们一定会不负您的厚望！非常感谢您这些年来为我县教师培训的默默奉献和辛勤付出！

**何俊杰**：谢谢刘校长的信任和鼓励！教师培训，是一项造福教师、造福教育的事业，任重道远，我们需要保持一颗真诚、务实之心。我校将乘着“国培计划”的东风，砥砺前行，为新入职教师搭建学习提高的平台，促进他们更快成长。我们将以“国培”为契机，借力起飞，把生命中最靓丽的风景定格在教师培训的大道上，相信教师培训的沃土上会留下我们坚实的脚印！

## 语文教育的幸福引路人

**受访教师：**付 晋

**任教学科：**初中语文

**工作单位：**大邑县教育局中学教研室

**教师简介：**

付晋，女，四川师范大学汉语言文学专业，本科学历，中学高级教师，2000 年 8 月参加工作，先后在大邑县敦义中学、王泗镇学校任教。2021 年 8 月到大邑县教育局中学教研室兼任中学语文教研员。2016 年起，受聘担任大邑县新教师跟岗研修县级导师。曾荣获成都市学科带头人、成都市优秀青年教师、成都市先进教研组长、成都市名师工作室优秀学员、大邑名师、大邑县学科带头人、大邑县最美教师、大邑县新教师跟岗研修“优秀指导教师”、大邑县课改先进个人、大邑县教学质量“百优教师”、大邑县优秀教师、大邑县优秀教科室主任、大邑县优秀教研组长等荣誉称号。她是一位努力进取的青年骨干教师、勤勉务实的管理干部、课改科研的积极践行者、业务拔尖的学科带头人、新教师成长的良师益友。

**刘明：**欢迎付老师！您是我县新教师培训的优秀导师，一直以来，您都在为我县的教育事业默默地做贡献，早就想跟您好好聊聊了！

**付晋：**谢谢，您太客气了！其实，说感谢的人应该是我。大邑县教师进修学校组织开展的新教师培训活动，非常有意义，不仅为新入职教师搭建了一个迅速成长的优质平台，同时也为我们担任此项工作的导师们提供了继续学习和提升的机会。

对我而言，“导师”这项工作是一个全新的体验和挑战，同时也对我提出了更高的专业要求，促使我不断提升自己的专业素养。所以，在担任新教师导师工作的这几年，我是与学员们携手并进、相互学习、共同成长的。我们在多彩的课堂上获得智慧的启迪，在神圣的语文殿堂里得到精神的滋养。我深知，这群勤学善思、积极上进的年轻人，就是我们大邑教育的星星之火。因此，我深感肩上责任之重，一点也不敢怠慢啊！在此，我也想借这个机会向大邑县教师进修学校表示由衷的感谢和敬意！

**刘明**：您在我县的教育事业上如此优秀，这一定跟您的成长经历有关吧？可以分享一下吗？

**付晋**：说来十分惭愧，一开始我并不是初中语文教师队伍的“正牌军”。我的父母都是小学教师，我从小耳濡目染，便立下了当老师的志愿。于是，初中毕业后我顺利考入中等师范学校，完成学业后又被保送上了大学专科，学的是小学教育（文科）专业。完成了“三二分段”的学习后，我本应理所当然成为一名小学语文教师，但毕业回乡后，由于初中教师紧缺，我就被分配到了一所初中学校担任初中语文教学工作。为了提升学历，我利用工作之余，参加大学本科自学考试，获得了四川师范大学汉语言文学专业的本科学历，这才名正言顺地成为一名学历合格的初中语文教师。

那时，初为人师的我还不到 20 岁，在大邑县敦义中学担任两个班的语文教学工作。这是一所位于大邑县城郊的单设初中校，当年我们一起分配到敦义中学的十多位青年教师，大多住在学校的宿舍里。学校没有住读生，不上晚自习，学校也没有电视、手机和网络，因此，我们有大把的课余时间在办公室里钻研教材、备课学习、批改作业、命制试题，以极大的热情投入到教学工作中。就这样，我迅速站稳了讲台，也很快适应了教学工作。

结合新课改的教学理念，每学期，我都会精心设计形式多样的语文综合实践活动课，带领学生们徜徉于丰富多彩的语文世界，感受语文的无限魅力，让学生们深深爱上我的语文课，我的教学质量也名列全县前列。每学期一有上教研课和参加学科竞赛的机会，我都第一时间主动报名参加。

因此，在一次次的历练中，我不断成熟起来。工作第一年，我荣获了县级说课竞赛一等奖、论文评比一等奖、教学设计一等奖；工作前三年，我每年年度考核结论均为“优秀”，荣获大邑县“教坛新秀”、大邑县教学质量“百优教师”等荣誉称号。这些经历无疑增加了我的职业自信，更为我今后的职业之路奠定了坚实基础。

后来，在担任语文教学工作的同时，我又先后担任了语文备课组长、教研组长、课题组长、学校科研室主任、教务副主任、德育主任，学校行政办公室主任等职务。在这些工作岗位上的历练，促使我全方位地了解学校教育，更深入地思考教育的方向和内涵。

同时，我积极争取各种培训学习的机会，带着一颗对教育教学的虔诚之心，把每次学习都当作一次心灵的滋养和精神的进阶，把每次培训都当作是提升自己专业素养的宝贵财富，因而倍加珍惜。

经过多年的成长积淀，我的专业能力也得到了领导和同仁们的认可。因而我多次受大邑县教育局中学教研室、大邑县教师进修学校的邀请，对全县初中语文教师进行培训：开设专题讲座、承担示范课、组织开展主题教研活动等，将专业知识和教学经验辐射到全县初中语文教师队伍中。多年来，大邑教育的沃土孕育了我，滋养了我，让我这颗小小的种子在家乡的土地上茁壮成长起来。

**刘明：**太励志了！您的专业成长经历实在令人敬佩！您能一步步勤奋又踏实地走过自己的专业成长路，是谁对您产生过巨大影响吗？

**付晋：**对我的专业成长产生影响的人有很多，但最初深刻影响我的，是我的父母和我的老师。

我的父母都是小学教师，在那个特殊的年代，艰苦的教学条件、微薄的工资收入，都没有动摇过他们坚定的教育信念。他们用自己的青春和热血，谱写了大邑教育的动人诗篇，有太多感人的故事深深地刻在幼小的我的心灵深处。寡言少语的父亲常对我说，做人要对得起自己的良心；乐观开朗的母亲常叮嘱我，做事要负得起肩上的责任。多年后，幸运的我也成为一名人民教师，带着父母的嘱托和期望，为了我们共同的教育梦想，我一路向前，不敢有一丝懈怠。

从小到大，教过我的老师有很多，他们身上都有一种共同的品质，那就是爱岗敬业，爱生如子。其中，对我影响最大的是我小学六年级的语文老师——杨凤贤老师。虽然她只教了我一年，但是这一年，我却从她身上学到了太多太多。

当时，杨凤贤老师已是我们大邑当地非常知名的优秀青年教师，我从乡下慕名而来，转学到她的班上，想考入城里最好的初中。我一个人寄居在母亲同事的宿舍里，也没有固定的地方吃饭。杨老师得知后，亲自到我的住所关心我的生活情况。她非常不放心，于是毅然决定把我接到她家里住（离学校仅 3 分钟路程），却把自己 2 岁多的儿子送到乡下奶奶家。就这样，我一住就是一年。这一年，我快乐地享受着杨老师精彩的语文课堂，幸福地沉浸在杨老师母爱般的细心关怀与照顾中。您说，这样的老师能不令我感动和敬佩吗？那个时候，我就在心里默默地对自己说，长大后，我也要成为像杨老师这样的好老师，无私地关爱自己的每一个学生。

在我的成长历程中，像杨老师这样给我帮助、鼓励和关爱的老师还有很多，像余仕琼老师、雷正珍老师、毛培华老师、范承莹老师、廖巍老师、屈国喜老师、王珍兰老师等等，他们现在大多已经退休了，但是他们丰厚的学养和敬业精神，永远都是我学习的榜样和前行的动力。

**刘明：**这些影响过您的老师，您还记得这么清楚，足可见深情。那么，在您的教育生涯中，有没有什么书影响过您的思想理念呢？

**付晋：**有的，这样的好书非常多。其中，我印象非常深刻的是李镇西老师的教育专著《做最好的老师》。

十多年前，当“做最好的老师”这六个赫然醒目的大字，第一次映入我的眼帘时，我当即被震撼了。什么样的人才能成为最好的老师呢？什么样的老师才是最好的老师呢？一种强烈的好奇,促使我翻开了厚厚的书页。李镇西老师是怎么做到的？这几十年是一种什么样的力量在鞭策他不断前行？带着这些疑问，我走进了李镇西老师的教育世界。

品读着一则则真实生动的教育故事，聆听着一声声发自内心的真情告白，我的心一次又一次地被震撼了。李老师对学生的那颗“奉献之心”“理解之心”“平等之心”“责任之心”，像晨钟一样，重重地敲击着我的灵魂。我深夜无眠，扪心自问：从教十年来，我是如何做一名老师的？我为学生们做了什么呢？随着阅读的深入，我终于明白“做最好的老师”的真正内涵——它是一种平和的心态，也是一种激情的行动；是对某种欲望的放弃，也是对某种理想的追求；是平凡的细节，也是辉煌的人生；是“竹杖芒鞋轻胜马”的闲适从容，也是“惊涛拍岸，卷起千堆雪”的荡气回肠。

**刘明：**是啊，我们每个人的成长既离不开良师的引领，也离不开好书的陪伴。那么，您作为一名引领青年教师成长的良师，是什么时候的事呢？

**付晋：**那是2016年了。当时，为了促进新入职教师迅速成长，大邑县教师进修学校组织开展了新教师跟岗研修活动。活动采用师徒结队导师制形式，校级导师由新教师所在学校确定，县级导师由教师进修学校在全县名优骨干教师中遴选产生，我有幸成了第一批县级导师中的一员。算起来，我担任此项工作已经5年了。

一开始，我也很迷茫，不太清楚具体该怎么开展指导工作。但是既然接受了这项任务，我就要想办法把它做好。于是，我先对自己的导师角色进行了定位——助力新教师迅速成长，和新教师们一起成长。同时，我又站在新教师们的立场来考虑工作方式：如果我是新教师，我需要怎样的指导和帮助？于是，我和进修校的指导教师梅小红老师，一起在每学期初都会结合学员的特点和任教年级，从不同的层面精心设计培训指导计划，尽量把每学期的跟培指导内容安排得丰富一些，让学员们得到锻炼和成长，真正学有所获。

**刘明：**您目前所带的新入职教师团队共有几人，他们各自有什么特点？

**付晋**：目前我的团队里共9位新教师，进修学校的梅小红主任也是我们团队的学科指导教师，我们是清一色的“娘子军”。这批学员是2019年和2020年的新入职教师，她们个个充满青春活力，人人乐学善思上进。她们的语文课堂个性鲜明：鲜聪老师的课堂大气而沉稳，蒋寒梅老师的课堂优雅而灵动，冯璐老师的课堂民主互动，梁兰茜老师课堂激情四射，付慧敏老师的课堂循循善诱，徐小庆老师的课堂自然亲切……而梅老师知性优雅、细心周到，特别善于发现学员们的优点，每次跟培活动她都全程参与，并鼓励新教师们不断学习、自我提升，还默默地做了许多后勤服务工作。所以，我们这个团队非常有凝聚力，每个人都由衷地热爱语文，热爱课堂。组员们还为我们的团队取了一个富有诗意的名字——“‘语’你同行”，寓意在语文教学之路上，我们会一直并肩携手同行。

**刘明**：听起来很是温馨又团结。那么平日里，您是如何结合大邑县教师进修学校“国培计划”要求，对这些新入职教师开展培养指导工作的呢？

**付晋**：在培养活动中，作为导师的我是一个引路人、协助者、推动者，以这些多重角色助力新教师快速成长，让她们少走弯路，也不抄近道，脚踏实地前行。在她们成长过程中，我适时地在后面推一把，在旁边扶一把，在前面拉一把。

针对新入职教师们的成长需求，结合大邑县教师进修学校“国培计划”的要求，我采用了“12345”培养指导策略。设定“1”个跟培目标：助力新教师成长；实现“2”个结合：教育理念与教学实践相结合，导师引领与学员自学相结合；规划“3”个成长阶段：第一年站住讲台（适应教学），第二年站稳讲台（胜任教学），第三年享受讲台（形成风格）；聚焦“4”个研讨主题：教学理论学习、教学实践探索、师生关系培养、研究能力提升；实施“5”条培养路径：课例研讨、专题教研、外出培训、阅读写作、资源共享。

**刘明**：我听说，在2021年4月的新入职教师课堂教学竞赛中，您指导悦来学校梁兰茜老师执教《背影》一课，荣获了一等奖，能具体谈谈这堂课的指导过程吗?

**付晋：**赛课不同于随堂课。授课教师如何在短短40分钟内、在评委老师面前展示自己扎实的教学基本功，如何呈现自己对文本的深入独到的解读，如何表现自己教学设计的独具匠心，如何以超强的课堂驾驭能力和教学机智打动评委老师，这些都是需要我们在赛前充分考虑的问题。

当然，选课是第一步。我们在全面分析梁老师的个性特点和课堂风格并结合教材文本特点的基础上，初步确定了选课范围——写人记事类散文。经过比较筛选，我们将目光锁定在朱自清的《背影》一文。众所周知，《背影》是经典名篇，无数名优教师曾经执教过《背影》，有的还引发了不少争议。这无疑是一块难啃的“硬骨头”啊！但是我们不能怕，因为越是难啃，我们越不能错过这个自我提升的好机会。经典之所以成为经典，它的教学价值更值得我们去探究，去发掘。

经过认真分析，我们认为《背影》一文以真挚的情感打动了一代又一代读者，文章语言平实，饱含深情，看似平淡，却极具表现力。因此，我们把品味语言作为打通学生与文本之间的感情通道。

首先，我让梁老师自主设计了一套课堂教学方案，并在自己的班级进行试教后修改方案。我这样安排的目的是锻炼新教师独立思考的能力：自主研读教材、设计教学方案并在反思中改进方案，这是新教师成长的必经之路。不动脑筋依葫芦画瓢，只能做到“形似”而无法达到“神似”。

接着，我们再进行第一轮集体磨课。第一次借班上课，梁老师显然对课堂的预设经验不足，加上前一天超强度的工作量，这堂课显得有些力不从心。课后，我们趁热打铁，立即进行了研讨。组员们纷纷献计献策，对这堂课提出了许多中肯实用的改进建议。在此基础上，我针对这堂课存在的主要问题提出了修改方案：再次精读文本，挖掘教学点，以语言品味为主线，把课堂中师生的碎问碎答（学生齐答）设计为层次清晰的学生思维训练活动。

梁老师非常善于思考和学习，在吸收了组员和导师的建议后，利用周末时间，全身心投入到教学方案的改进设计中，并随时和我讨论教学设想和细节处理，我也尽己所能为梁老师提供了大量备课资源和建议。那个周末，我们师徒利用电话和QQ进行了充分的研讨和交流，终于在周日晚上7点，第二套教学方案落地了。这一次，梁老师对之前的教学设计进行了大刀阔斧的修改，以品析文中的三个细致而朴素的经典片段为主线，组织课堂教学，引导学生感知父亲形象；以父子间情感关系的变化——“爱的隔膜、爱的靠近、爱的理解”为主线，引导学生领悟父子深情。由于时间紧迫，我们仅在赛课前一天进行了第二次磨课。这一次磨课，我更关注她的课堂细节处理，要求她精心锤炼课堂语言，做到点拨适当精炼，不允许出现随意重复和拉杂。

同时，我提前对赛课当天的准备工作进行了分工，组员们齐心协力协助梁老师做好赛前的一切细节准备，到现场为她加油打气。因为，细节决定成败，我们是一个团队。此次赛课，不是她一个人在战斗，我们都是她的坚强后盾。功夫不负有心人，赛课当天，她在课堂上自信满满，游刃有余，与学生充分互动，时时迸发出智慧的火花。这堂课最终赢得了评委们和在场其他听课教师的高度认同和评价。

课后，我在团队的QQ群里这样说道：“赛课的准备过程是非常艰辛甚至是痛苦的，但经历一次赛课所得到的提升和成长是显而易见的。今天，梁老师用精彩的课堂表现再一次证明了我们是一个团结上进的优秀团队，让我们为她点赞，为我们团队鼓掌！魅力语文教学路上，让我们且行且思，携手并肩前行！”

**刘明**：不容易啊，一堂好课的诞生，背后凝聚的是无数人的心血、无数时间的打磨，而一名优秀新教师的产生，背后自然也离不开内在与外在的诸多因素。以您这些年的指导经验来看，您认为新入职教师的成长与发展，最关键的因素有哪些？

**付晋**：我觉得任何行业的起步阶段都非常重要，因为这个阶段是为你从事这个行业打下坚实基础的阶段，一定要好好把握。对于新入职教师而言，走好入职的前三年尤为重要。

影响新入职教师成长与发展的关键因素有很多，我认为首要因素是新教师要有高度的职业认同感，这决定了他们是否愿意全身心投入到教学工作中，是否能坚定自己的职业信念。其次是新教师的自我成长的内驱力，“不想当将军的士兵不是好士兵”，同理，不想成为优秀教师的教师不是好教师。所以，新教师们一定要利用一切机会和平台，实现自我培养和提升，让“优秀成为习惯”。第三是积极向上的工作环境，良好的工作氛围能激发个人无限的发展潜能。因此，新教师要多向身边积极上进的优秀教师们学习，博取众家之长，不要让一些庸俗的观念侵蚀了自己的教育理想。

**刘明**：我也同意您的观点。您目前带的这批新入职教师都很不错，具备成为优秀教师的潜质，您对她们提出过什么成长的要求吗？

**付晋**：我希望她们经过 3 年的历练，能练就扎实的教学基本功，能处理好师生关系，具备较强的课堂驾驭能力，成为学校教学业务骨干，初步形成自己的教学风格，养成专业阅读和写作的习惯，具备一定的教科研能力，能总结提炼自己的教学实践和成果。

**刘明**：嗯，在付老师的带领下，相信在不久的将来，这几位新教师会很快脱颖而出的。我县每年都有一批新教师入职，您能对他们给些建议或者祝愿吗？

**付晋**：嗯，那么，我就建议新教师们：3 年内，想尽一切办法让学生爱上自己的课堂和学科；3 年内，让你自己无条件地爱上教师这个职业，并把它作为自己终身热爱的事业。最后，祝愿新教师们能以无限的热情和自信，从容而幸福地行走在教育之路上。

**刘明**：谢谢，我会将这份建议和祝愿转达给新教师们的。最后，再次感谢您在新入职教师培训和教学实践指导方面为大邑教育作出的贡献！

**付晋**：谢谢刘校长！作为大邑教育队伍中的一份子，能为家乡的教育事业贡献一点微薄之力，我倍感荣幸！这也是我应尽的义务和责任。

## 德艺双馨的教培热心人

**受访教师：**代金霞

**任教学科：**小学音乐

**工作单位：**大邑县子龙街小学

**教师简介：**

代金霞，中小学一级教师，本科学历，九三学社社员，中国合唱协会会员，成都市音乐教育学会会员，大邑县音乐中心组成员。先后荣获四川省优秀乡村学校少年宫辅导员、成都市学科带头人、成都市优秀德育工作者、成都市先进工作者、大邑名师等荣誉称号。

2000 年 8 月参加工作。从教 21 年来，工作认真负责，潜心钻研课堂教学，所教班级学生成绩一直名列全县前茅，多次受到教育主管部门的表彰；多次承担市县级示范课及专题讲座。指导训练的学生在市、县各级各类比赛中多次荣获市、县级一等奖，如：2020 年课堂乐器《乡间的小路》《我的祖国》参加成都市第十三届中小学生艺术节荣获成都市一等奖，2018 年合唱《四季的问候》《斑鸠调》参加成都市第十二届中小学生艺术节荣获成都市一等奖。撰写的论文《情感，音乐教学的“起点”》发表在《四川教育》，《让师爱在教育中闪光》发表在《陶师》，《运用现代教育技术 优化小学音乐课堂》《多媒体让音乐教学绽放异彩》发表在《四川信息技术教育》。主研的市级科研课题“立德树人观照下‘子龙精神’校本化传承与创新的实践研究”已成功立项。

**刘明：**代老师您好！感谢您接受我们的访谈！这次主要是想和您聊一聊您在新教师培养上的相关话题。

**代金霞**：非常感谢教师进修学校给我的机会和平台，让我能有幸参与大邑县青年教师培养工作。其实在这个过程中，反而是我收获了很多，不但发现了自己的优势和不足，同时也对自己从事的音乐教学有了新的理解和认识，我意识到要提高教育教学质量，必须要提高自己的研究水平。当然，和青年教师一起成长，也让我获得了内心的满足和自我价值实现的幸福感。

**刘明**：听说您的老家在东北，您怎么会来到大邑教书呢？能说说这段故事吗？

**代金霞**：我先生曾经是军人，在我的老家吉林省梅河口市服兵役，他转业的时候根据国家相关政策把我调到大邑工作的。

**刘明**：我曾欣赏过您排练的学生合唱节目，非常精彩！这都源于您扎实的音乐素养吧，您平时在工作中是如何不断提升自己的音乐素养的呢？

**代金霞**：我是教音乐的，音乐学科是素质教育的重要组成部分。音乐课程改革及新课标中也体现了素质教育之理念，突出了以音乐审美为中心，提倡师生互动，学生自主学习的精神，重视音乐实践和音乐创造，强调音乐与文化的关联和多学科综合，注意完善评价机制。

作为一名小学音乐教师，必须着眼现实情况与学生发展的内在要求，要与时俱进。所以，日常的工作中，我总是积极争取各种外出学习和培训的机会，提升自己的专业素养。在备课、上课、排练节目过程中，我充分挖掘作品、解读教材，反复地学习、聆听、弹奏、演唱、表现音乐作品，这个过程也是音乐素养不断提升的过程。

**刘明**：您从事教育工作以来，除了音乐学科的教学，您还担任过哪些教育教学工作吗？

**代金霞**：自从参加教育工作以来，我经历了课改实验，先后担任过语文、数学、英语、班主任工作，但我最喜欢的还是音乐学科的教育教学工作。

**刘明**：您除了音乐，还有什么兴趣爱好呢？

**代金霞**：我是一个十分热爱生活的人，兴趣很多，做饭、运动、看书、看电视等平常小事，都能让我体会到生活的无穷乐趣。

**刘明**：您有这些兴趣爱好，还兼任过那么多其他教育教学工作，这对您音乐学科教学的发展有什么影响吗？

**代金霞**：一个人对生活的态度，影响着他的生活质量。只有热爱生活的人，才会体会到生活的快乐。当教师感受到生命充满阳光、生活充满希望的时候，工作也会成为一种享受。只有热爱工作，才能创造出充满生命温暖的课堂，才可能为学生提供优质的教育服务，才会充分地体会到教育的幸福。

多领域的教学和广泛的生活爱好，让我觉得教育教学质量的高低与教师的研究水平密不可分，一个音乐老师不但要投入大量的时间和精力备课、钻研教材、勤练专业技能，还要加强学习和研究，把握学科前沿动态，关注教育改革中的问题，做到与时俱进。

毕竟人的时间和精力是有限的，所以有时各个角色之间冲突在所难免。不过时代的发展对教师的要求越来越高，教师为了更好地培养学生，不仅要具备扎实的专业知识，而且还要有专业以外诸多学科的知识，所以从这方面来看，我觉得广泛的兴趣爱好还是有利的。

**刘明**：无论工作还是生活，您一直都“与时俱进”，所以，您后来又“与时俱进”地开始了指导新教师的工作。您是什么时候开始参与这项工作的呢？

**代金霞**：应该是2008年吧，当时我所在的学校招了一个大学生，后来又陆续来了一些临聘教师、特岗教师，我就开始担任指导工作。我们也可以说是相互学习，共同进步。2019年，我才正式开始参与教师进修学校组织的新入职教师培养工作的。

**刘明**：您目前所带的新入职教师团队共有几人，您怎么评价他们？

**代金霞**：目前我带了7个人。曹云淇老师性格开朗大方，乐观向上，富有正能量，擅长声乐演唱、播音主持、音乐制作等，教学风格稳重且幽默；张桂裕老师性格内敛，有上进心，擅长声乐和钢琴伴奏，教学风格比较随性、自然；车沁老师性格活泼，亲和力强，擅长声乐、跳舞和钢琴，上课风格轻松活跃；张利君老师性格开朗大方，擅长声乐，上课风格活泼有趣，善于调动学生的学习兴趣；冯雪老师性格活泼开朗，音乐理论知识方面比较扎实全面，上课风格活泼、自然，善于调动学生的学习兴趣；张学丽老师开朗乐观，意志力、责任心较强，也敏感细腻，擅长声乐、合唱指挥，音乐理论知识比较扎实。

这些青年教师刚入职，都非常有活力、有激情，但大多存在经验不足、方法不多的情况，这也正是需要我与他们一道努力、共同提升的关键之处。

**刘明**：看得出，您对这些青年教师了解得非常深入，对他们的成长也充满着爱和期待。那您是如何结合大邑县教师进修学校“国培计划”要求，对这些新入职教师开展培养指导工作的呢？

**代金霞**：这些青年教师非常可爱，也非常上进。为了促进他们的快速成长，我着重从四个方面来进行指导：

一是常规教学方面：以课堂为阵地，聚焦课堂，做好教学常规工作，如：采取讲座和面对面交流的形式，指导她们掌握教材分析要领、学情分析方法、教学设计策略、课堂教学技能、教学评价反馈、教学反思技巧等内容，增强教学实践能力，助力新教师站稳讲台。每月组织开展 2 次或 2 次以上的活动，并根据具体情况及时进行分析、评述和指导。

二是教研活动方面：鼓励他们积极参加教研活动，在活动中充分发表自己的意见，认真听取别人的意见，虚心学习成功的经验。目前已有 4 人上过县级教研课，教学效果良好，受到同行的一致好评。

三是教育科研方面：鼓励他们积极撰写教育教学论文、反思、随笔、案例等，引导他们提高教育教学能力，理顺教学行为，激活新教师发展潜能。在进修校的支持下，我们购买了 10 本（套）教育教学类书籍，大家轮流阅读、学习、交流感受，共同提高教育教学能力。

四是专业发展方面：帮助他们争取各种学习和展示的机会，几位青年教师已先后多次参加市、县级各类比赛并获奖。其中车沁、曹云淇和张学丽在成都市教师技能大赛、童谣创作和成都市中小学生艺术节比赛中分别获成都市一、二、三等奖。

**刘明：**在您看来，新入职教师的音乐专业素养与音乐教育教学之间的关系应如何处理？

**代金霞：**我觉得这二者是辩证统一、相辅相成的关系。马克思主义讲究“实践出真知”。新教师刚从大学毕业，在大学里学的是较为专业的知识，现在要把专业知识和专业技能运用到教育教学中，就要不断进行实践。比如：为了上好一节欣赏课，需要反复地聆听主题，对比不同的音乐片段，反复地演奏、哼唱。此过程，既能让教师更加熟悉教材，又可以提高教师的音乐素养，这有利于我们更好地开展音乐教育教学活动。

在实际教学过程中，教师的专业程度影响教师的职业认同感和幸福感。同样的工作，专业水平高，就更能够感受到举重若轻，游刃有余，胜任愉快，就能够很好地享受工作的乐趣，就能够更多地获得管理者的赏识、同行的尊重、学生的爱戴、家长的信任！

因此，我鼓励每一个新入职音乐教师一定要将学科教学研究与自身专业素养提升结合起来。

**刘明：**作为一名合格或者说优秀的音乐教师，至少应该具备哪些基本素养？

**代金霞：**我觉得应该有：良好的教师职业道德和个性修养；较为扎实的音乐理论知识和专业技能；学科课程的教学设计和教学实施的能力；课程资源的开发、整合、实施、评价能力；教学模式与个人教学风格的建构能力；教育教学微型课题研究能力；具有运用现代信息技术的能力。只有具备了这几个基本素养，才能有效地开展好音乐教育教学工作。

**刘明：**据您观察，我们这些新入职的音乐教师是否有这些素养？他们存在着哪些优点和不足？您又是如何进行针对性指导的呢？

**代金霞：**我们的青年教师优点很突出，音乐理论知识和专业技能（唱、弹、跳、合唱指挥）比较全面、扎实，现代教育信息技术的运用能力较强。但也存在着教学设计、课堂教学和研究等方面的不足。因此，我主要引导他们做到三个方面的学习。

向名师学习：上海著名特级教师顾泠沅认为，“名师都是在学校里、课堂里摔打出来的”，我们观摩名师课堂，以此来对照自己的教学，进行反思、总结，做到取长补短。

向同行学习：开展“同课异构”教学活动，让各位新老师清楚地看到不同的教师对同一教材内容的不同处理，不同的教学策略所产生的不同的教学效果，由此打开他们的教学思路，拓展他们的视野。在交流讨论过程中，思想进行碰撞，会对问题的理解更透彻；在相互比较中，可以引发他们对自己教学行为的思考，进而进一步加深对教材的理解。

向书本学习：通过阅读教育教学书籍，提高自己的教育教学能力和理论知识。

**刘明**：您的指导的确很有针对性，看得出来，您对他们的期望也很高。是希望他们达到一个什么样的目标呢？

**代金霞**：其实，每个人的职业生涯需要自己主动规划、主动发展，我只是希望他们珍惜进修学校提供的每一次培训和展示的机会，能有坚定、敏锐的政治思想素质；教育教学基本功熟练扎实，教育教学理念先进；具有丰富、广博的专业文化知识；善于学习研究，有较好的教育教学方法，教学水平较高；具有较强的教育科研能力；能在工作中挑大梁，唱主角。

这样，他们就能成为一名音乐学科教学能手，投身于音乐教学工作，为提高全体学生的音乐素质、改进音乐教学做出贡献。

**刘明**：您真是极富爱心与责任的好老师！再次感谢您能接受我的采访，和您聊天非常愉快，祝您身体健康、工作愉快！

**代金霞**：谢谢大邑县教师进修学校，谢谢刘校长，谢谢我们这个团队！

## 数学教育的前沿示范者

**受访教师**：董德君

**任教学科**：初中数学

**工作单位**：大邑县晋原初中

**教师简介**：

董德君，男，1986年参加工作，大学（双）本科学历，正高级教师，担任数学教学工作，一直战斗在教学第一线，工作能力强，教学实绩优异。曾荣获国家级、省市县级教学技能比赛及科研成果奖8项；60余篇论文获国家、省市县级奖；有19篇论文在国家级刊物上发表。曾被评为大邑县十佳教师、大邑名师，大邑县首席名师；成都市特级教师，成都市学科带头人，成都市课改先进个人、成都市骨干教师；四川省骨干教师；国家级基础教育科研先进个人。

**刘明**：董老师您好！非常高兴能请到您，今天，和您聊一聊新教师培训那些事儿。在大邑县新入职教师培训工作中，您是付出了很多心血的，说实话，累不累？

**董德君**：说实话，累并快乐着。作为一名有一定经历的教师，积极参加新入职教师的培训，我认为这是一种义务，是我自己职业生涯中一件很有意义和使命感的事情。看到新教师的不断成长和进步，我感到由衷的高兴；能为教育事业的传承和发展作出自己的贡献，我也感到非常欣慰。

**刘明**：您作为我县为数极少的正高级教师，向来为人所敬仰。相信很多人都很好奇，正高级教师是怎么炼成的。您能不能跟我们说说您的成长经历呢？

**董德君**：我于 1986 年中师毕业参加工作，本来应该教小学的我，有幸被擢拔为中学教师。重任在肩，必须加强学习，当时并没有像现在这样完善的新教师培训体系，一切都得靠自己。为了不断提高自身的业务素质和教学技能，我不断地向书本学、向生活学、向同行前辈学，坚持边工作边学习，先后就读并毕业于四川师范大学数学系、政法系、文学院，不断提升自己的理论素养。

同时，我也积极争取机会，参加各级各类教学技能比赛，坚持自觉主动发展，不断巩固专业知识，反思教学过程，积累教学经验，改革教学方法，提升教学效率，促进自己的专业发展。

**刘明**：佩服！数学、政法、文学，这个跨专业可跨得广啊！您怎么做到的呢？在您专业成长的道路上，是受过谁的巨大影响吗？

**董德君**：这没什么。在专业成长道路上，对我影响大的人其实有很多，没法一一列举具体的个体。我只要发现有比我优秀的人，或某一方面比我优秀的人，我都会虚心请教、认真学习，努力追赶提升。我崇尚“见贤思齐”。

**刘明**：原来如此，正如杜甫所说“转益多师是汝师”。您这么好学，工作之余的兴趣爱好也一定很广泛吧？这对您的专业发展有什么作用吗？

**董德君**：的确，我的兴趣爱好比较广泛，琴棋书画、吹拉弹唱等，我都非常喜欢，都积极涉猎，尤其钟情于阅读。我每天工作之外，花在阅读上的时间至少 3 个小时，一直坚持到现在。这些兴趣爱好既丰富了我的生活，增加了文化底蕴，陶冶了情操，也促进了我的专业发展。特别是在专业发展道路上保持积极进取、求真向上的心态，这一点尤其重要。

**刘明**：所谓“学高为师”，您一直坚持学习，学问高了自然就是老师的老师。您是从什么时候开始参与新教师的指导工作的呢？

**董德君**：大约在我参加工作 10 年后就开始了吧。我除了培养本校的青年教师外，还积极参与县级教师的培训，主要是教学技能、教学研讨、教材教法的培训讲座。2010 年后，我先后在全县教师的全员培训中开展了教育科研培训讲座十余次，其后陆陆续续应邀参与了省域内的各种培训、交流讲座若干次。

2017 年，我开始参与进修学校组织的新入职教师指导培养工作，我指导的两位教师都已经成了校级骨干教师。其中，韩场学校的王雅丽老师已在全县小有名气。

2019 年 9 月，我又带了两个新教师，如今也成长很快，逐渐崭露头角。

**刘明**：能说说这两位新教师的具体情况吗？

**董德君**：一位是董场学校的徐夏萍老师，一位是三岔中学的赵雪老师。

徐夏萍老师毕业于四川师范大学，专业知识相对比较扎实，积极好学，工作认真负责。在我的带领和指导下，她积极参加各种教研活动，先后在县级教研活动上进行交流发言 3 次，承担校级公开课 4 次，县级公开课 1 次，受到一致好评。她还获得了“国培计划”新教师赛课一等奖。

赵雪老师虽然是非师范专业毕业，但积极上进，虚心好学，先后在县级教研活动中进行交流发言 3 次，承担校级公开课 3 次，县级公开课 1 次，受到同行的好评。

**刘明**：这两位新教师得您指导，非常幸运。您是如何培养指导她们的呢？

**董德君**：根据县教师进修学校“国培计划”要求，在具体的指导活动中，我主要是推荐阅读书目，指导她们阅读理论书籍，反思教学行为，积极参加教学研讨活动，通过听课来跟踪她们的课堂教学，及时交流指导。我还认真上好示范课，给她们提供可资学习和评议的范例，让她们观摩反思，提升教学业务能力。平时，我不仅进行线下指导，还通过在线方式及时对她们进行督促学习、培训和指导。她们一旦有教学疑问，我都会及时在线指导解惑。

**刘明**：您指导的徐夏萍老师，在新入职教师课堂教学竞赛中以最高分获得了一等奖，能具体谈谈这堂课的指导过程吗？

**董德君**：接到赛课任务后，她提出了如何选课的问题。为了进一步锻炼她的能力和心理素质，我建议她不一定专门为赛课而选择课题，就以正常的教学进度确定课题，并鼓励她要相信自己，以常态教学参加赛课活动。课题确定后，我们首先共同研讨教材和教学参考用书，结合课程标准和学生实际情况，确定了教学目标、重点、难点，教学实施过程等。然后，她写出教学设计、制作了课件，经我修改后，她首先进行了（无学生的）试讲，熟悉内容和流程后再到教室正式上课，我现场观摩指导。我发现她的教学内容与学生实际接受能力有较大差距，还存在诸多问题。于是，在不降低教学要求的前提下，我们重新设计教学流程和教学方法，精简了教学内容，重新选取了例题及练习，并对例题的呈现方式、讲析要求以及练习的目标作了重新定位，并以此重新制作课件。由于学校班额有限，没法再进行现场磨课，只有在课外反复练习、熟悉以后就参加比赛。

**刘明**：徐老师的确是棵好苗子，但好苗子要长成一棵大树，还需要经历很多考验。您认为新入职教师的成长与发展，最关键的是什么呢？

**董德君**：应该在于内在的发展动力吧。要有不怕困难、积极进取的决心；要有立足课堂、不断反思教学过程的习惯；要有虚心学习、严谨治学、不断磨砺和提升自己的态度。

**刘明**：这三点，一个也不能少。看得出，您对她们是寄予了厚望的吧？

**董德君**：是的，我希望她们积极努力，不断进取，两年内能成为全面合格的教师，五年内能成为校级优秀教师或骨干教师，十年内能成为县级及以上优秀教师或骨干教师。

**刘明**：这真的是殷切厚望啊。最后，能请您也给我县的其他新教师一些中肯的建议、希望或者祝愿吗？

**董德君**：建议新教师们永远不忘初心，丰富教育情怀，不断砥砺前行；希望新教师们勇于改革实践，积极探索创新，促进专业成长；祝愿新教师们工作顺心如意，生活美满幸福，人生绚丽多彩。

**刘明**：再次感谢您的肺腑之言！相信新教师们也一定会努力上进，不负厚望。

# 美术教育的辛勤耕耘者

**受访教师：** 罗 飞

**任教学科：** 中学美术

**工作单位：** 大邑县实验中学

**教师简介：**

罗飞，中学副高级教师，市未来名师、市骨干教师、市教育学会会员、市美协会员、县学科带头人、县优秀教师和县优秀教育工作者。

近年主要从事高一美术课堂教学及高三美术特长生教学工作。坚持边研究边学习边工作，先后进行“高中美术课堂教学预习研究”“高三美术生考前心理干预教育研究”“高三美术色彩教学研究”等微课题研究，曾主研和参研校级、县级和市级课题；指导青年教师多次获县级表彰；赛课多次获市县等级奖；《薄弱地区高中美术教研组建设研究》《高中美术微课实践性探索》和《在中学美术抽象画教学中，切莫穿上“皇帝的新装”》等10多篇论文获市一等奖；辅导学生参赛，多次获全国、省、市一等奖；所带美术生专业高考本科上线率一直维持在100%。

**刘明：** 罗老师好！您是我县极为优秀的美术老师，今天非常荣幸能请到您。您参加教育工作多久了呢？

**罗飞：** 我是1986年参加教育工作的，至今也有30多年了。

**刘明：** 韶华不为少年留，一晃就这么多年了，时间过得真快！这些年来，您一直都在从事美术教学工作吗？

**罗飞：** 2004年9月前，我一直从事初中美术教学工作。2004年9月后，我才开始从事高一美术课堂教学、高一选修课教学和高三美术特长生高考教学工作的。

**刘明**：高中教学应该还是比较忙的，尤其还涉及高三美术特长生的工作。您是怎么增添了指导新教师的工作的呢？

**罗飞**：2002 年 9 月后，学校美术教师队伍增添了新鲜血液。从那时开始，我就参与了青年教师指导工作。后来，我担任区点教研组长，指导的对象逐渐增多。2017 年 9 月，根据县进修校的工作安排，我才真正开始严肃、规范和高效地开展新教师指导工作。

**刘明**：您目前带了几位新入职教师？

**罗飞**：一共有 3 人，分别是徐飘、周楚琰和蒋博。三个年轻人都热爱美术教育事业，好学肯干。

徐飘老师是雅安人，其外貌、品性与雅安的山水高度一致，漂亮、文静、认真、谦虚。每一次的跟岗活动都非常认真，早早开始准备，一次又一次反反复复修改自己的教学设计，课后反思总是检讨自己的不足，组内的事儿总是争着做。现在，已经成长为一名合格的美术教师。

周楚琰老师高大、帅气、稳重，略显腼腆。无论是本校上课还是借班上课，学生都很喜欢帅帅的周老师。他上课总是条理清晰、思维缜密，有点数学老师的风采。现在，周老师也已成为一名合格的新教师，正向优秀靠拢。

蒋博老师是西南大学硕士研究生，幽默、聪明、自信、点子多，是 2020“国培计划”参与者。蒋老师对教材的理解有深度，对学生的认识够准确，能结合自己的个性特点驾驭课堂。他上课总是能用自己设计的互动情境引发学生愉快的笑声，学生参与度也总是在高位维持。在组内研讨时，蒋博老师既有理论高度，又有实践技巧，是大家都认可并欣赏的一位好老师。

**刘明**：从您如数家珍的描述里看得出来，您对他们很是赞赏。在您看来，作为一名合格的美术教师，至少应该具备哪些基本素质？

**罗飞**：首先要热爱自己的工作并愿意为它执着到底。其次，要有优良的师德和较好的教育理念，关爱每一个孩子，做孩子真正的良师益友。第三，要有较好的美术素养，不能出现方向性错误。如果能力不够，课前一定要多方请教，仔细查阅资料，要做一名合格的美育引领者。第四，教学理念正确并有一定的教学技巧，能结合教材内容、学生特点、地方文化和个人专长进行教学设计，能根据课堂实际随机调整自己的教学设计，是有自己特点的成熟美术教师。第五，热爱学习，乐于创新，做一名有思想有前瞻性的美术教师，能紧跟时代步伐，不断学习、不断革新、不断超越。

**刘明**：据您所知，我们的新入职美术教师存在着哪些方面的短板或不足呢？

**罗飞**：我带的新教师不多，但基本素养都挺好。就我的了解，首要一点是他们的自我认知不足：不是不够自信，就是过度自信；其次，阅读学习的习惯养成度不高，学习能力有待加强；第三，自我反思意识不强，反思能力不够，典型特征就是归因能力弱。

**刘明**：这些短板，您是如何帮助他们弥补的呢？

**罗飞**：意识到了这三个问题，我就做了初步的指导尝试，暂时还谈不上成功，更谈不上经验。简要说说，我主要从四个方面入手：

一是评课。每位新教师在评课时，不能做老好人，不能自我贬低，不能畏惧导师权威，要敢于质疑，要形成大讨论的氛围。这里，主要是解决不自信和过度自信的问题，同时也培养反思能力。

二是美术创作和课堂示范。凡是教材涉及的内容，无论绘画、手工还是设计，教师都要亲自实践。在实践过程中思考，课程涉及哪些技巧？学生掌握到什么程度？孩子们还可以用哪些手段完成？这一项可以涵盖上面三个问题，提升新教师综合素养。

三是论文撰写。撰写前，先大量学习别人的优秀论文，然后提炼出自己的论点，围绕论点，收集、寻找论据，最后才是论文撰写。这里重点培养新教师归因能力，同时也帮助新教师准确认识自己。

四是“同课异构”。新教师上同一堂课是最好的学习方式，我认为不亚于观摩名师的课。这时，新教师既是学习者，又是参与者。学，学得认真；参与，参与得有方法、有激情。这里，重点培养新教师学习能力和反思能力。

**刘明**：您的指导既有针对性，也有可操作性。相信您所带的新教师，很快就有脱胎换骨的变化。

**罗飞**：我相信，只要他们坚守初心，努力奋进，每一位新教师都可以在未来成长为优秀美术教育工作者。我相信，在不久的将来，他们会成为指导我前行的导师。

**刘明**：您太谦虚了。新鲜的血液每一年都会流入大邑教育的沃土，对于这些年轻后辈，您有什么忠告可以送给他们吗?

**罗飞**：各位新入职的教师在奋进的道路上已经成功超越了绝大多数的同辈，请珍惜自己曾经的汗水和泪水。好好学习、好好工作，做越来越优秀的自己，为大邑教育事业谱写更华美的乐章。

**刘明**：感谢您的坦诚与奉献！最后，祝您身体健康、工作愉快！

**罗飞**：谢谢刘校长的祝福。我本平凡，工作需要我指导新人，自然责无旁贷、努力探索。今后还要多努力。再次感谢刘校长和进修学校给我提供锤炼自己的平台。

## 与书为伴的阅读点灯人

**受访教师：** 刘春梅

**任教学科：** 小学语文

**工作单位：** 大邑县北街小学

**教师简介：**

刘春梅，本科学历，大邑县北街小学教师。曾荣获“成都市优秀班主任”“成都市优秀青年教师”“大邑县‘十佳’教师”“大邑县最美教师”“大邑县学科带头人”等荣誉称号。曾获成都市小学语文青年教师赛课一等奖、成都市“一师一优”视频课赛课一等奖，大邑县梦想课程赛课一等奖、大邑县教师普通话比赛一等奖、大邑县教师故事会比赛一等奖，大邑县微党课比赛一等奖。多篇论文分别在国家、省、市、县获奖。此外，还被上海真爱梦想公益基金会和“3+2 读书荟”聘请为讲师，曾前往贵州、云南、浙江、福建、吉林、重庆、达州、资中、松潘、邛崃、崇州、双流等 50 多个省、市、县为教师、家长和学生作公益阅读培训。

**刘明：** 刘老师您好！我们今天将以这样的方式展开对话。也借此机会感谢您在新教师培训中所作的无私奉献！

**刘春梅：** 我也非常感谢进修学校对我的信任，并给我一个和新教师一起共同学习和进步的机会。

**刘明：** 之前听说您的工作经历很是曲折，是这样吗？

**刘春梅：** 是啊。我是 2007 年 8 月参加教育工作的，到目前为止，我的教龄是 14 年，但我的工龄却有 22 年了。在做教师之前，我从事过话务员、推销员、会计、出纳、大学生村官等工作。我是走了一段曲折的路后，直到 2007 年才成为一名教师的。

和以前的工作相比，我更喜欢教师这份工作，因为教师工作是单纯的，不用东奔西跑；我的同事是单纯的，不用钩心斗角；我的学生更是单纯的，他们像待放的花苞……

**刘明：**听您这么说，的确非常不容易。有句话说，人生没有白走的路，每一步都算数。您之前的这些工作经历对后来从事教育工作有什么积极影响吗？

**刘春梅：**我的这些经历让我感触颇多，最主要的有两点：

第一，机会是留给有准备的人。我之所以能够适应那么多不同行业的工作，并且能够在那样激烈的竞争中幸运地成为教师，这和我自己从未放弃过学习是分不开的。我读夜大，自学汉语言文学，参加成人高考，边读本科边自费学习会计，考教师资格证，考特岗教师……我平时特别注意提升自己的业务能力和综合素养，将该取得的一些证件提前准备好了，所以当机会来临时，我才能幸运把握。

第二，经历就是财富。我在传呼台工作，学会了与不同的人交流；在建筑公司，我目睹了建筑工人是如何顶着日晒冒着雨淋抢工期；在电子科技公司，我揣摩着客户与商家的心理；在社区，我聆听着社区居民的呼声，体验着政府基层工作人员琐碎的事务……不同行业的工作经历，让我有了不同的生活体验，也学会了与不同的人打交道，这些经历丰富了我的社会阅历和工作经验，成了我人生道路上的一笔不可多得的宝贵财富，让我更加珍惜这份来之不易的教师工作，所以我对待工作更加认真。

**刘明：**您是个有心人，一直就没有放弃过学习提升。您平时也非常喜欢阅读，这对开展小学语文教育教学工作有哪些帮助呢？

**刘春梅：**首先，多读书提高了我的创新能力。特别是读了一些教学方面的书后，我常常会惊叹“原来还可以这样上”“我怎么没想到呢”，在教学实践中，我的思路会更宽，更具有创新性，教学效果也更好。

其次，多读书有利于更深入地钻研教材。多读教育书籍，有了更深厚的教育理论作支撑，对分析教材很有帮助，我从教育教学书籍和杂志中学到的方法，让我在教育教学过程中更加应对自如。

再次，多读书会提升教师气质，增强教师魅力。因为阅读的范围比较广，我从书中汲取了知识养料，常常在课上或是课下与学生的交流中，拓展学生的知识面，我也成为学生心目中崇拜的老师。学生因为喜欢老师，故而喜欢我的语文课。

最后，多读书促进了我的教学反思能力。对教师而言，能否以“反思教学”的方式化解教学中遇到的难题，这是判别教师专业化程度的一个标志。多年来，在反思的过程中，我的教育智慧也随之不断增长。

**刘明：**您刚才谈到读书的好处，我知道近年来，您在阅读推广方面做出了显著成果。据说您还常常利用假期时间到全国各地作阅读培训，能跟我们简单说一说吗？

**刘春梅：**我被成都市“3+2读书荟”聘请为讲师后，就常利用周末和节假日为大邑县、邛崃市、崇州市、温江区、天府新区、双流区、松潘县、达州市、资中市等多个区市县的留守儿童和家长开展公益讲座，传递阅读的正能量，让更多的人爱上阅读。

与此同时，我还被上海真爱梦想公益基金会聘请为讲师，曾前往贵州的开阳县、贞丰县、安龙县，浙江杭州，福建长汀，重庆涪陵，吉林的长春市、图们市、抚松市，云南的元阳县、屏边县，甘肃会宁等地，为教师和学生上公益阅读课，开展阅读公益讲座。看到越来越多的人爱上阅读，我感受到我的人生变得更有意义了。当我入围全国“阅读改变中国”年度点灯人后，我感受到肩上的责任更重了。现在，我成立了读书会，继续播撒着阅读的种子，希望唤醒更多的阅读初心。

**刘明：**因为您的影响，您任教班级的孩子们也都养成了浓厚的阅读兴趣，您具体是怎么做的呢？

**刘春梅：**为了培养学生浓厚的阅读兴趣、养成良好的阅读习惯，我主要从以下几方面着手：

一、坚持每天阅读打卡。我每天布置的家庭作业就是读课外书，我会在班级任务栏中认真检查并点评，将表扬和鼓励相结合，以先进带动后进。

二、开展阅读分享活动。利用每天早读时间请学生讲故事或分享读书内容，既检查了读书情况，又锻炼了学生的口才，还达到了读书分享的目的。

三、注重身教的力量。我每天坚持阅读、做读书笔记，并常常与学生分享我的读书心得和读书笔记。孩子们也学着我做读书笔记，并将自己所读完的书籍一一记录，形成了良好的阅读习惯，有一种成就感。

四、建立阅读奖励机制。我鼓励孩子们多读书、多积累，并通过班会课进行专题阅读分享或竞赛，以积分制对爱阅读的学生进行评分，以书签、书籍等作为竞赛的物质奖励。

五、将积累应用于写作。孩子有了广泛的阅读和丰富的积累后，我鼓励他们将自己的积累应用于口语交际和习作表达中。我常常在课堂上进行拓展延伸，以训练学生的口语表达能力和习作表达能力，凡发现有学生用上好词佳句的，我都对其表扬和加分，让学生尝试到阅读带来的乐趣和成就感。

**刘明：**您这么忙，还参与了大邑县教师进修学校新入职教师指导工作，真是令人敬佩。您是从什么时间开始指导新教师的呢？

**刘春梅：**我是 2019 年 9 月份开始参与指导新教师的，目前带了 4 位新教师，有北街小学的周慧敏，泡桐树小学大邑分校的李俊，鹤鸣小学的刘诗雨和沙渠学校的徐连。周慧敏活泼开朗，李俊沉着持重，刘诗雨温婉贤淑，徐连阳光踏实，4 位学员皆好学上进，勤于钻研。

**刘明：**平日里，您是如何指导他们的呢？

**刘春梅：**新教师的“新”，体现在年轻、充满朝气、接受能力强，对教育热爱，对学生喜爱，对知识渴求，对工作认真。但同时，他们又缺乏教育教学经验，还未能树立起正确的角色观念，缺乏对职业意义的自觉认识。为了让我组的新教师能够尽快适应新职业，转变新角色，迅速成长，我尝试了以下做法：

1.定时研讨。每学期的开学初，我们组便制定了学期跟岗培训计划，每个月至少开展两次教研活动，主要采用磨课、听课、教研、答疑解惑的形式，做到“四定”，即定时间、定地点、定主题和定上课人员。

2.答疑解惑。每次活动，我们不仅借助教研课进行研讨，还会有答疑解惑的环节。我会对学员近期遇到的困惑进行分析并教给方法，诸如：如何上口语交际课，如何实行积分制，如何选班干部，如何将语文课与班会课相结合等，我都会毫无保留地教给学员。

3.线上交流。除了线下研讨外，我组成员还常常利用微信群进行线上交流和讨论，资源共享，交流便捷。有时，我也会将我写的文章或是为他们修改好的教学论文分享到群里，大家共同学习，共同提高。

4.听随堂课。对于我校的学员，我的课堂随时为她们开放，随时来听，随时研讨；对于离我校较远的学员，我建议她们每周五将课调好，来听我的第三节随堂课。听课和课后交流，让学员学习并反思。

5.阅读交流。我将我组学员邀请加入了闻语书友荟并督促她们坚持阅读和分享。

闻语书友荟是我与朋友组织的纯公益读书会。书友荟推荐了必读书目（每月交流一次）和自选书目（每周五晚上 7：00 进行讲书分享），要求每天在群里读书打卡。每次的分享会均有主题，有固定流程。学员可以从大家的交流分享中，汲取养料，补己之短。

**刘明**：无论是学生还是新教师，您一直都非常重视他们的阅读。您觉得新教师应当如何处理好工作与阅读的关系呢？

**刘春梅**：新教师既要适应新的工作，又要承担各种烦琐的任务，可能常常感到时间和精力不够。但正是因为这样，更应该阅读。我相信，每个教师都希望自己站在讲台上时是坦然的、自信满满的、胸有成竹的。读书可以帮你做到这一点。我认为，新教师首先要认识到阅读的重要性，养成每天坚持阅读的好习惯，多参加有意义的读书活动等，结交好学上进、充满正能量的朋友，以便共同进步。

**刘明**：您有好的书目推荐给新教师们吗？

**刘春梅**：我向大家推荐一本由上海出版社出版的《有问必答——小学语文教学疑难答问》。该书收录了2012—2017年间小学语文教学中具有普遍性且急需解决的问题，这些疑问在老师们的手头资料中不易找到答案。作者的回答要言不烦，通俗易懂，正确科学。全书分“偏旁部首”“语音文字”“词语句子”“语法修辞”“标点符号”“教材教法”“常识资料”等七部分，内容深广，有很强的实用性。

“阅读是教师最好的修行”，我希望我们的新教师多读书，读好书，养成阅读的好习惯，在阅读中成长，在阅读中丰盈，在阅读中遇见更美好的自己。我也希望我带的这批新教师不忘初心、不负韶华，逐步成为能教、会教的学习型教师。

**刘明**：古人说，腹有诗书气自华，今天在刘老师身上得到了绝佳的印证，非常感谢您毫无保留的分享！也感谢您对大邑县新教师培训做出的贡献！

**刘春梅**：谢谢进修学校给大家创造了学习提升的机会！未来的路上，我将和我团队的新教师们一起学习，一起成长，继续以教研引领其成长，用阅读点亮心灯。

# 乡村教育的美好践行者

**受访教师：** 王小凤

**任教学科：** 小学语文

**工作单位：** 大邑县安仁镇学校

**教师简介：**

王小凤，女，中学高级教师，39岁，成都市大邑县安仁镇学校小学语文教师。曾荣获中国好教师、四川省特级教师、成都市年度教师、成都市特级教师、成都市学科带头人、成都市优秀德育工作者、成都市少先队工作先进个人、成都市未来名师、大邑名师、大邑县十佳教师、大邑县学科带头人等荣誉称号。有多篇论文发表、获奖。

**刘明：** 王老师您好！首先要感谢您为大邑县新入职教师培训工作作出的无私奉献！今天，也和您聊一聊您在新教师培训中的一些想法、做法。

**王小凤：** 能够为我们大邑县新入职教师做培训，我感到非常荣幸，这也是我的责任和义务。曾经的我也跟他们一样，从一个学生的角色转变成教师的角色。角色的转变确实让自己有很多的不适应，庆幸的是，新教师们在教师进修学校的组织下进行了各种入职培训，培训内容丰富，他们成长很快。我也在这个过程中与新教师们共同进步，不断成长！

**刘明：** 王老师如此年轻就已经是省特级教师，您能分享自己的成长经历吗？

**王小凤：** 我从小就有一个教师梦。记得上小学一年级时，我就很崇拜我的老师。于是，我的理想就是做一名小学教师。后来如愿以偿，2001年中师毕业就光荣地成为一名人民教师。那年的暑假，我也跟他们一样，参加了进修学校组织的新入职教师培训。那时的培训内容更多是针对教师如何备课、上课、批改作业等。这些培训内容确实对我走上工作岗位有很大的帮助，能够使自己快速地上好入格课。

可是，在真正的实践中，除了备课、上课、批改作业等，工作中还会遇到各种各样的问题，毕竟，我们的工作对象是“人”，活生生的“人”。教师工作不仅有知识的“教学”，还有“人”的“教育”。

因为热爱，所以执着。很庆幸，我喜欢做教师，所以，在教师工作岗位上，我热爱我的工作，热爱我的学生。在实践中，我边学习，边摸索，发现了自己做教师的潜能，抓住各种学习机会，提升自己。有幸的是，在学习的过程中，我遇上了我的师父。在她的指导下，通过理论学习、课堂实践、反思研究、论文撰写等一系列的磨砺，我才得以成长。

我们现在的年轻教师，在新教师入职培训时就有了更专业、更全面的培训，除了当年我参加新入职教师培训的那些内容外，又增设了班级管理、教师学习、专业成长等方面的内容。而且在第一年的工作实践中，进修学校就为新教师们安排了导师，并且每月有固定的研修任务。相信，新教师们会快速成长。

**刘明：**您曾在“中国好教育”盛典中获得了“中国好教师”称号，能给我们说说获奖经历吗？

**王小凤：**这个要从“中国好教育”说起。“中国好教育”盛典是中国互联网新闻中心（中国网）全力推出的一年一度的教育盛典，旨在推荐与传播好的教育理念以及好的教育模式，同时也推荐一批有突出贡献的教育工作者，以媒体之名向这样一批辛勤工作在一线的教师们致以敬意。

我很荣幸，被教育局推荐成为2018年中国网第七届“中国好教育”盛典“中国好教师”的候选人。没想到，通过前期的材料评审和网络投票，我居然入选了。12月，我就在钓鱼台国宾馆参加了颁奖仪式。我这才知道，获奖嘉宾中别的老师有着轰轰烈烈的感人事迹，而我只是一个平凡得不能再平凡的乡村老师。我的获奖，可能就是因为我能坚守教育的初心，扎根乡村，把每一件小事做好，把每一件平凡的事做好。

虽然我一直在乡村学校工作，但是我非常热爱我的工作，我喜欢研究我的学生、研究我的课堂、研究我的教学。我也喜欢学习，每次有培训机会，我都特别珍惜。所以，我觉得参加那次颁奖仪式，也是一个学习的机会，一段学习的经历。在那次活动中，我有幸享受了教育界的大咖们带来的饕餮盛宴，也被那些有着轰轰烈烈感人事迹的老师们感动着。学习感动之余，我更多的是对自己工作的反思，希望自己在反思中不断成长。

**刘明：**您的专业成长经历非常励志，对新入职教师也是极大的鼓舞！在您专业成长道路上，谁对您的影响最大？

**王小凤：**对我影响最大的就是我的师父——王莹菊，一个对小学语文教学情有独钟的老师。我记得2012年的春天，教育局组织了“大邑县2011—2012学年度小学语文青年教师赛课”活动，参赛选手通过校赛、区点赛层层选拔，最终才能参加县级比赛。有幸的是，我当时就代表区点学校参加了那次比赛，并在比赛中荣获了一等奖。

当时，王莹菊老师是小学语文教研员，负责赛课活动。正好那年5月，成都市要举行小学语文第九届青年教师片区赛课，我的那堂课就被推荐参赛。在前期的准备过程中，王莹菊老师指导我修改教学设计，陪着我磨课、上课。我印象最深的就是在磨课过程中，到了饭点，师父都不去吃饭，一直要等到我们探讨的问题、修改的设计得出令人满意的结果为止。甚至有一次，在子龙街小学磨课的时候，师父还把一个班的学生分成两半，她亲自上一遍给我看，然后让我再用另一半学生上我的设计思路。

通过这样一次次的课堂实践，通过师父这样一次次的指导，我的课最后才能在成都市比赛中获得一等奖。在这样一个参赛过程中，我有缘成为师父的徒弟。后来，师父指导我阅读、写作、反思，上各种公开课、做课题研究、参加各种比赛……磨砺就是最好的成长，师父就是最好的榜样，我跟着师父参加“雁行计划”“名师工作室”“送课薄弱学校”“名师好课”走进甘孜、青海等活动，在这样的学习与实践中，我成长了不少。

**刘明**：教师的成长离不开学习，有没有一本教育专著对您产生了深远的影响呢？

**王小凤**：有，吴忠豪教授的《从“教课文”到“教语文”》。2012年，我被派到上海师大参加了半个月的小学语文“国培计划”。很幸运的是，吴忠豪教授就是我们班的指导专家。那次培训很有收获，晚自习时，吴教授都还带着大家磨课。通过磨课，学员们能看到自己设计的原始课怎样在吴教授的指导下从“教课文”变成了“教语文”。

后来，我发现吴教授的《从“教课文”到“教语文”》一书已经由高等教育出版社出版，于是买了这本书认真研读。这本书通过12个研究课例，对小学语文老师们非常关注的四个方面做了回应：第一，语文课要用课文来教语文；第二，围绕课程内容确定教学目标；第三，基于目标的教学过程设计；第四，基于目标的习作教学设计。我觉得这本书是小学语文教师提高语文教学能力的好资源。后来吴教授的《小学语文教学内容指要——汉语·阅读》《小学语文教学内容指要——写话·习作》，我也认真阅读了，这些书对我帮助都很大，我也推荐给了我带的新入职教师们。

**刘明**：您工作的地方安仁镇是著名的“中国博物馆小镇”，也是人口密集的大镇。因此，安仁镇学校的规模也非常大，每年都有不少新入职教师来到学校。那您既是四川省特级教师，又是学校副校长，背靠诸多资源，您又是如何做新入职教师培养工作的呢？

**王小凤**：是的，随着城乡一体化建设和安仁镇创建5A景区的推进，安仁镇学校生源呈现逐年递增的趋势。每学年，学校都会新增十几个甚至二十来个新教师，其中包括特岗教师和临聘教师，一些老师还是非师范专业毕业生。这些新入职教师是安仁镇学校发展的宝贵财富，决定着学校今天的发展，也关乎着学校的未来。所以，我校一直将新教师的培养作为学校的重点工作来抓，通过“种子孵化行动”“璞玉雕琢行动”“灯塔领航行动”对新教师进行培养。

这些新教师除了参加县上的新入职教师培训，到学校后，首先要进行岗前培训，对学校制度和学校管理进行了解；再由学校行政办、德育处、教务处、安全保卫处等部门对新教师进行部门工作培训，学习内容包含了学校制度、学生管理、教师“六认真”、个人规划等。集中培训结束，进行备课评比，备课合格的教师才能正式上岗。上岗后还要进行合格课展示。

同时，新教师还得边工作边进行理论学习、个人规划、师徒结对、参加骨干教师讲座培训、听评课活动、教研活动、作业评比、新教师赛课等活动。

我校现在又是成实外教育集团学校，我们的新教师不仅可以在学校骨干教师的引领下学习，还能借力成实外教育集团学校，通过“引进来”“走出去”等形式参加名师课堂研修。通过一系列的培训，新教师在团队中快速成长。

**刘明**：您在这么忙的情况下，还参与了进修学校“国培计划”新入职教师的指导工作，真是辛苦了！您作为县级导师，目前所带的新入职教师团队共有几个人，他们有什么特点？

**王小凤**：目前我带的徒弟有 8 个，其中有 5 个是国培计划的新教师。包括我们学校的周琦，苏家学校的田惠中，唐场小学的冯柳，青霞小学的范其蕊、张静敏。总的来说，这批新教师资质都很不错，具有优秀教师的潜质。他们思维很敏捷，谦虚好学，好好培养很快就会成长起来的。

周琦老师刚到我们学校，就接了一个五年级的薄弱班级，但是她一点都没怕，虚心跟同年级老师学习。接手后，每一次测验都能看到孩子们的进步。除了我这个师父，学校还按照新教师培养方案，专门给她安排了同年级的师父。每周，她都会去听同年级老师的课，进步很明显。

苏家学校的田惠中老师任教的是三年级，每次参加“国培计划”的研修活动，除了专题研修之外，她都会就班级管理、语文学科教学中遇到的问题等与伙伴们交流，大家一起进行思维的碰撞。苏家学校教务主任说，原来听她的课像听高年级的课，孩子们都有点懵；这学期我们再听，明显好多了。惠中老师不管是从形象、气质，还是普通话、板书方面来看，都是一个优秀的教师。通过一学年的磨炼，她现在已经是苏家学校的行政办公室干事，协助学校做一些宣传工作。我想，这些对她的语文教学也是有帮助的。

唐场小学的冯柳老师也是一个语文资质很好的老师。她任教二年级，二年级只有一个班。她很谦虚，也很虚心学习，除了参加国培研修提升，学校也给了她更多的机会，外派她参加各种市县级研修活动。她就住在安仁镇学校隔壁的教师周转房，每天下班回家，她都要和我校住在周转房的老师进行一些教学研讨。上次，在跟他们校长交流的过程中，校长也鼓励她利用早上空课的时间到我们学校来听课，学校非常支持。当然，我们也非常欢迎她随时来安仁镇学校听课。我告诉她，随时来，我就随时给她安排班级听课。

青霞小学的两位老师目前都是他们学校的骨干。静敏住在新津，小范住在邛崃，每天上下班都要花一个小时左右的时间，但是他们俩作为班主任，从来都不会迟到、早退。工作勤勤恳恳、兢兢业业，从不叫苦，不叫累。小范教五年级，接的也是一个薄弱班级，进步明显，所以她也成了他们学校语文教研组长。静敏除了教一年级、当班主任，还任教了六年级英语。这次赛课，静敏非常用心。教学设计出来以后，小范和我都跟她提了一些建议，在设计上做一些修改。她在青霞小学试上的时候，我没有时间去听，小范作为语文教研组长去听课，并提出自己的修改意见。后来，我还让静敏专门到我们学校再挑两个不同层次的班级试上，每一次她都特别认真对待，自信大方，受到了那两个班级的语文老师的好评。准备过程很艰辛，但是静敏说，她不怕。后来在县级新教师赛课中，她也表现得非常稳，一点也不怯场，受到了听课教师的好评。

**刘明**：听起来让人感到欣慰。您是怎样对这些新入职教师开展培养指导工作的呢？

**王小凤**：按照大邑县教师进修学校“国培计划”要求，每学期我所带的团队在开学初就会有一个学期工作计划。大家集中开展专题式研修，每月 2 次，全员参与。按照一个学期 4 个月计算的话，每个新教师可以参加我们团队的研修至少 8 次。研修的内容除了听课、上课、作业指导、困惑交流等，我还要求他们每次参加完活动都要写一篇自己的反思，期末的时候再集中进行反思作业的交流。我想通过这样的方式，促进新教师们在学习中、在实践中反思自己的教学行为，并在交流中互助互学，提升自己的专业素养。

**刘明：**不是每一个新入职教师都能化茧成蝶的，您认为，他们能够迅速成长起来，需要哪些因素？

**王小凤：**一是学习力。现代社会对教师的要求越来越高，只有不断提升自己的专业水平，才能顺应时代潮流。教师是最应该学习的人，阅读时代、阅读名师、阅读专著、阅读学生、阅读家长……这些都是新教师应该学习的。二是思考力。“纸上得来终觉浅，绝知此事要躬行”，新教师们在大学学习的更多是理论方面的知识，跟教育实践还是有很大的差异。所以新教师们在工作中一定要善于思考，善于总结，善于反思，这样才能改进自己的教学行为。三是研究力。新教师做好自己的规划后，要在教育教学中自己感兴趣的领域，比如班级管理、学生品格培养、语文课堂、课外阅读等方面进行行动研究，勤于动笔，写写叙事、案例，写写研究心得、学习反思，再提升至论文写作，这样，新教师的成长就更具有专业性了。

**刘明：**的确如此，专业的人做专业的事。那么，对于您带的这批新教师，您期望他们能达到什么样的目标呢？

**王小凤：**我希望他们都能快速成长为各自学校的骨干教师，并形成自己的教学风格。当然，这样的目标有点高，至少我希望他们能在几年的时间里通过一些磨砺，成长为一个勤学习、善学习，勤反思、善反思的老师。

**刘明：**最后，希望您能对我县的新教师们给一点建议，可以吗？

**王小凤：**这些新教师们很幸福，有幸在第一年工作就参加“国培计划”，更有教师进修学校搭建的各种学习平台，他们一定会快速成长。我希望这些老师珍惜机会，做一个学习型教师、研究型教师，只要肯学习、肯钻研，这份成长一定会是加速度的。

**刘明**：非常感谢您的中肯建议，也非常感谢您为新教师培训付出的心血！祝您身体健康、工作愉快！

**王小凤**：谢谢刘校长！我们都是大邑教育的一份子，我们都有这个责任和义务对新教师的培养贡献自己的力量。办好人民满意的教育，坚守初心，牢记使命，我们一直在路上！

# PART THREE

第三篇

# 以彼为鉴：教研示范

“借明于鉴以照之，则寸分可得而察。”

鉴，古为镜照，可资借鉴。铜可为鉴，史可为鉴，人可为鉴，学亦可为鉴。

一入教门深似海。三尺讲台含纳千般，方寸之地包容万方。教育、教学、课堂、课程、教师、学生……千头万绪，左支右绌，初登杏坛之新人实所难免。幸而，大道之上常有先行者，黑夜之中时有指路灯，导师在前，以彼为鉴。

最好的教育，莫过于亲身示范；最好的传承，莫过于模仿创新。在千变万化的教育教学过程中，新教师如何找准自己的角色定位，明晰自己的发展方向，且看导师们树立的榜样……

# 关注“三个三”，完善一堂好课

## ——兼评唐场小学三堂随堂课

◎大邑县教师进修学校　刘　明

今天，我在唐场小学观摩了数学、英语和科学 3 个不同学科各具特点的课，感受到 3 位不同专业教师的风采，也见证了 3 个不同班级的孩子们在 40 分钟里的成长。由此，也引发了我关于一堂好课的再思考。应该说，一堂课的好与坏，或者说成与败，没有绝对的标准，评价一堂课，立场观点不同，角度视野不同，结论可能也会有很大的差异。站在管理者的角度，着眼于教师发展和学生成长，因学校实际、教师个性特点、学生基础水平的不同，评价方式、评价标准也应有所不同。鉴于对这些实际情况的了解不够充分，所以我只能站在一个外校校长的角度，以自己的课堂标准，针对今天的 3 堂课，谈谈自己的观课体会，难免会有失公允，不妥之处，请各位专家批评，请上课老师见谅。

我把评价标准概括为“三个三”：

一是课堂好不好，我关注三个特征：真实、科学和艺术；

二是教师教得好不好，我关注三个要素：教学氛围、教学技术和教师角色；

三是学生学得好不好，我关注三个表现：学习方式、学习状态和学习效果；

最后，我会尽我所能，提些建议，试图来完善这三堂好课。

## 一、一堂好课的三个特征：真实、科学和艺术

首先，我认为，一堂好课至少应具备三个基本特征：真实、科学、艺术。这既是新课改以来理论研究者对新课堂的期待，也是教育实践者对新课堂的反思与理性的重塑。

### （一）真正的“一堂好课”必须使所有学生经历“真实的学习过程”

要让他们经历从不懂到懂、不会到会的过程；经历对事物的认知从模糊到清晰的过程；获得从错误到正确、从失败到成功的学习体验。那么，就让我们以核心素养为参照，看学生是否真有收获——学生走进课堂以前和离开课堂以后，是否学到新的知识，是否锻炼了他的能力。

数学课上，孩子们通过动手操作、自主探究，明白了面积的相关知识；英语课上，孩子们图文对照，了解了不同季节的特征与英语表达方法；科学课上，孩子们通过小组合作收集一天食物并尝试分类，都经历了真实的主动学习过程。

真正的“一堂好课”也让教师体验真实的教学过程。数学课上，杜蓉老师对学生的学习循循善诱；英语课上，胡桃老师对教材图文解码清晰到位；科学课上，战建军老师耐心细致地引导学生分析整理各种素材。这三位老师真情投入，以生为本，开展“真实”的教学，不断修正和完善自己预设的教法等，都在“真实”的课堂情境中努力实现预期价值与目标。

### （二）一堂好课，必须让学生经历“科学的学习方式”

科学的学习方式应该是“实事求是”的。课堂教学中设计的每一个活动都是服从于教学目标的。听讲、观察、独立思考、讨论、实践等课堂活动都是课堂教学的必须，但每一个课堂教学中到底采用哪些方式，是由教学目标所决定的。在此，我主要观察课堂是否有清晰的目标指向；是否有板块化、集群化的任务驱动；是否有高效的学习方式呈现（自主、合作、探究）；是否有针对性的课堂组织（注意力集中、认真倾听、思考、讨论）。

我们看到，在数学课上，关于封闭图形的认识和关于两张纸的面积大小的比较，学生积极投入，探寻结果，只是教师在这两个环节的设计上显得冗长拖沓；英语课上，教师讲得多，学生互动不足，自主学习的时间与空间明显不够；科学课上，学生参与积极性高，但是老师不能大胆放手。比如，将收集的食物按什么标准分类，教师早早地就提出按荤素等标准的例子，这些显然让学生在经历“科学的学习方式”这方面明显不足。

科学的学习方式应该是“讲究实效”的。比如，在科学课堂上，因为教师对合作探究的要求与指导不到位，导致八个小组中就有四个小组无从下手。而英语的座位安排相对而坐，我看不到有什么特别的作用，反倒让学生侧身听讲甚为不便。因此，科学的学习方式，应该从班级容量、教学时间、学生基础和教学需求的实际出发，看是否有利于学生学习。

### （三）一堂好课，应该蕴含着“高超的教学艺术”

教师高超的教学艺术，能使学生学得扎实而又灵活、轻松而又愉快，给学生留下深刻的美好回忆。教师高超的教学艺术，表现在课堂教学的各个环节：导课、组织教学、激励等。每一个环节都要尽可能让学生学得快乐、深刻。

今天的三堂课呈现出不同的风格特点，数学和英语老师年轻，非常有激情和活力。英语老师积极创设语言环境，基本实现纯英语教学，在生动活泼的课堂氛围中让学生学语言、用语言。这里，我建议在对孩子们大量进行语言输入的同时，应让更多的孩子在课堂上独立表达，而不是老师教一句，孩子们齐声读一句；数学老师热情高涨，在课堂上掌声不断，但是我建议语言再精练简洁一些，理性的表现再多些。科学老师今年已 56 岁，所以，当他试图讲了几句普通话后，还是放弃了，在此，我要向戢老师致敬，在课堂上，戢老师通过教学各环节的设计，安排探究实践活动，努力让科学思想、科学方法、科学精神渗透于课堂之中，不急不躁、理性而冷静。

## 二、教师教学的三个要素：教学氛围、教学技术和教师角色

教师教得好不好，我关注三个要素：教学氛围、教学技术和教师角色。

### （一）教学氛围

在课堂教学中，是否营造有利于学生主动发展的良好氛围是评价课堂好不好的一项重要标准。

（1）教师是否创设了宽松的课堂心理环境，包括是否民主、平等。宽松的课堂心理环境是指学生在课堂中能获得安全感：他提出问题，有人关注；他不认同教师，不会受到批评；他对教材有异议，没有人指责他；他遇到困难时，能得到善意的帮助。

在今天的数学课上，杜老师实现了对整个课堂的关注，学生回答问题的参与面非常广。这里我希望对学生之间的互动作进一步安排与指导，比如，在分析一组图片是不是封闭图形这个环节，当一个同学提出“开闭”图形时，同学们不知对不对，老师也一笑了之，让这个同学一脸茫然，这里何不让别的同学来对这一说法议一议，最终让这个孩子明白对不对呢？

再说英语课，我认为语言类课堂应该生机勃勃，交流频频，但是，我们在孩子们的脸上很难看到欣喜若狂、大方自信的课堂氛围，不过，老师小声读而学生大声读或老师大声读而学生小声读的环节，还是让人觉得非常美好。

而科学课堂上，因为分组讨论充分，内容又与生活密切相关，所以显得十分热闹。但我认为，这是虚假的繁荣。因为，我们在课堂上没有见到孩子们发现问题并提出问题的场景，而只是听老师说怎么办就怎么办，即使不明白，也不问，反倒是戢老师着急到各组不断提醒。

（2）老师是否提供了丰富的课程资源。课程资源的丰富与否决定着课堂教学对学生视野的开拓程度，影响着学生发展的广度与深度。每一部分资源的补充与利用，都在一定程度上拓展了课堂教学的空间，升华了课堂教学的目标。

关于这一点，今天的数学课将教学资源运用得十分充分，远到尼罗河，近到黑板课桌等，既讲清了面积的来源，又贴近了生活。在英语课上，老师虽然也有一个情景，在表达黄叶落下时，将手中的黑板擦轻轻滑落，但仅仅这些是明显不足的，其实英语表达与生活紧密结合，应该有许多资源可以利用。科学课上，也当有许多生活资源可以运用，并加以分析。比如“凉拌三丝该怎么记录”，完全不必由老师一开始就提出来，而应看孩子们有没有这样的疑问；再者食物中就有包子，如果是肉馅，请问按荤素来分的话，是荤还是素呢？这样显得在教学资源的运用上还有所欠缺。

### （二）教学技术

这是教师对学习过程与学习资源的设计、开发、利用、管理和评价的理论与实践。在课堂教学中，教学技术主要指教学内容的组织与呈现、教学方法的使用及教学媒体的运用等。

首先，戢老师对多媒体教学的熟练运用，很让人敬佩，粉笔字也写得非常棒，只可惜板书设计只有课题，不免有些遗憾。英语老师的英文板书精致、美观，但是版面在黑板上的布局上还欠安排的条理性。数学老师的组织教学非常不错，体现出较扎实的基本功，值得肯定。

### （三）教师角色

教师应该是课堂教学的组织者、引导者、合作者，教师角色做得好不好，要看教师在课堂上是否把学生作为教学的主体。

这几堂课教师都能比较好地定位教与学的关系，能够把更多的时间留给学生，而不是一味地宣讲，一味地滔滔不绝，一味地展现所谓的教师风采。学生的有效学习活动时间相对来说还是充分的，虽然还不够大胆放手，有的内容完全可以学生自主完成，老师还是忍不住包办了，但总体上值得肯定。

这里着重说说课堂提问：

（1）提问对象能否面向全体。以英语课为例，或许老师的提问太过简单，每一个问题基本上都能做到全班齐答，这就难以体现层次性。为数不多的抽同学回答，中间一组的一个女生就被抽了 3 次。“面向全体”，但还需要照顾到不同层面的同学，显然，要彻底转化为教育教学行动，还需再努力。

（2）提问的结构和类型是否有利于导学启思。以数学课为例，整堂课教师提了 20 多个问题，其中核心问题主要有 5 个。问题的多少是否合适暂且不论，从问题的类型和结构上看，这堂课老师所提的问题中，开放式问题是主流，比如：男生趴下，女生数有多少个格子，女生趴下，男生数有多少个格子这个环节，留给学生思维的空间不大。

（3）提问的方式是否有利于促进生成。这几堂课老师们所提的问题大部分都是预设好的问题，很少有随机生成的追问、反问，在启发学生时几乎没有听到假设式提问、列举式提问，这也是我觉得比较遗憾的地方。同时也是这几堂课的共性问题，值得在今后的教学、教研中重点关注。

## 三、学生学习的三个表现：学习方式、学习状态和学习效果

学生学得好不好，我关注三个表现：学习方式、学习状态和学习效果。

学生的学是教师教的表现与结果。对学生学的评价涵盖了学生的学习过程与学习结果。

### （一）学习方式

评价学生的学习方式，我主要将主动、探究、合作等倾向作为其评价标准。

在这几堂课上，老师都不同程度地安排了学生自主学习、自主思考探究的活动。比如：科学课上老师布置学生自主学习记录一天的食物，数学课上老师安排学生自己去理解封闭图形与不封闭图形的概念。再说英语课，表面上学生都能够根据老师布置的任务块或任务群立即展开学习行动，但

如果仔细观察就能从学生的实际状态中发现，还有一部分学生并未真正进入状态，脸上既看不到思而不得，山重水复疑无路的焦虑，也看不到恍然大悟，柳暗花明又一村的喜悦，只是双眼看着书、低着头而已。这种“假性”学习状态是很有迷惑性的，需要我们去关注、去提醒、去改变。

### （二）学习状态

通过观察学生在学习过程中的行为特征，来判断学生在学习过程中的状态，比如，是否积极参与、是否独立思考、是否主动探索、是否自由表达、是否善于合作、是否富于想象、是否敢于否定、是否兴趣浓厚等。

良好的倾听习惯是学生重要的学习素养，是学生摄取知识的有效保证。它反映的是一种真诚、积极、自主的态度。认真听、善于听的孩子往往都是学业优秀的孩子，而学困生的出现，很大一部分原因就在于不会听。

在今天的三堂课上，我观察到孩子们的倾听习惯尚好，绝大部分同学在老师讲课时都能够做到认真倾听，但在倾听同伴发言方面相对要差一些，可能很多学生习惯于关注是谁在发言以及发言后老师的反应，而没有认真去倾听发言的内容。在同伴发言时，差不多有 60%以上的学生注意力未能集中在发言者身上。在倾听习惯方面，几堂课都有一个共同的现象更值得我们去关注，就是学生在倾听过程中很少有对同伴发言进行补充、纠正等行为。

### （三）学习效果

学习效果标志着教学目标的达成程度。

应该说，今天的三堂课都没能在课堂时间内完成教学任务，更没能对学生完成教学目标任务进行检测与评价，这与大邑教育推进有效课堂和高效课堂的要求还有些差距。

叶澜教授说：课不能十全十美，因为有问题，才有进步的开始，有了问题，分析问题，研究问题，才能在解决问题的过程中成长。在此，我尝试为这三堂课提出以下建议，供老师们参考：

（1）数学课的设计还应当更清晰而简洁，教师的语言还应更简练，更加坚定儿童立场，将关注的目光指向每一个孩子，让他们真正成为课堂的主人。

（2）科学课继续拓展课程视野，大胆放手让学生去自主探究，主动质疑，让科学精神融入教学全过程，让教学活动更加准确地指向核心素养。

（3）英语课加强学生语言的输出与表达，春夏秋冬四季可否教师带领同学学一个季节，师生联动学一个季节，然后放手让学生小组合作完成后面两个季节内容的学习，从而践行民主和谐、尊重包容、合作共享的课堂文化。

如果，我们在课堂教学中都能做到老师的教学有温度，在教学内容上有广度，在教学策略上有深度，让全县不同学科的6000多堂课都呈现出一种有真情实感、讲究实效的观之悦目、闻之悦耳、品之悦心的课堂教学艺术之美，那当是“天机云锦用在我，剪裁妙处非刀尺”！

# 语文课堂理想四“境”

◎大邑县晋原初级中学　韩支云

课程改革的核心环节是课程实施，而课程实施的基本途径是课堂教学。时下的课堂教学，尤其是公开课教学，越来越崇尚课堂的华美包装，花样纷繁。作为具有很强的导向作用的教学评价，竟然也对此类唯美浮夸的课堂教学模式乐此不疲，叫好声不绝于耳。这种只重教学形式，不重学生实际和教学实效的课堂教学，不仅不利于学生语文素养的提高，还丧失了语文教学的真实性和有效性，甚至丧失了语文的自然朴实之美，让语文教学误入歧途！我认为理想的语文课堂，应该做到下面的四大意境。

## 一、自然之境：书声琅琅

以读代讲，以读促问，以读入情，以读达理，以读悟文是语文课堂教学最生态、最自然的意境。

《语文新课程标准 2011 版》中明确指出：“各个学段的阅读教学都要重视朗读和默读。各学段关于朗读的目标中都要求‘有感情地朗读’……朗读要提倡自然，要摒弃矫揉造作的腔调。”语文课堂上的琅琅书声，就是语文课堂最美的音乐和声，是最传统实效的课堂教学方式。我国著名语文教育专家商友敬先生说：“文章的精华在句子中，字句之间有声情、有气韵、有见识、有抱负。你不懂，这一切精华不会自己显露出来，而只能是纸上的铅笔符号，那是‘死’的，要把‘死’的变成‘活’的，只有读，让它在你嘴里活起来，然后才能在你的心里活起来”。所以在传播媒体多样化的现代信息社会中，对文字的朗读教学显得尤为珍贵、尤为重要，它不仅有助于学生理解文义、培养语感，而且对于开发学生的多元智能和情商以及丰富学生的内心世界也有着重要的作用。

新课标在教学建议中还说："学习有感情地朗读，必须把情感性因素和朗读指导的技巧性融为一体"。因此语文课就应该要求朗读指导要隐而无痕，润物无声，就像春雨点点，沁入学生的心田。让学生在美好情感的氛围中，体味作者的感情，把握作者的脉搏，读出文本中固有的语气语调，再现文本中固有的形象，表达文本中固有的情感；要读得情意浓浓，读得眉开眼笑，读得兴高采烈，读得热泪盈眶，读得潸然泪下；要读出文章的意、情、境。读，是语文学习的主线，是素养的储备积累和能力形成的主渠道。以读为主线，内容在熟读中得以吸收理解，结构思路在阅读中得到梳理，语言建构等能力在阅读中培养。于永正老师说"书不读熟不开讲"。因此，在教学中，我要求学生每篇文章阅读的"底线"是三遍，欢迎多读，表彰背诵。每篇诗歌或文言文必须熟练背诵，做到张口就来。教师要激励阅读，给学生提供背景，要求学生背诵，教师先示范背诵，指导圈点勾画的阅读方法，寻找记忆的线索标志。经典段落篇章要求"美读"，要读出重音、节奏、韵律、感情、意境。在阅读教学中，精读、略读、浏览等多种阅读方法要综合运用，通过浏览迅速选择阅读材料，通过略读迅速抓住阅读材料中的主要内容，通过精读正确而有创见地理解阅读材料。例如：文言文《湖心亭看雪》教学主体设计基本环节：一读，读准字音，疏通文义；二读，读出语气，培养语感；三读，读出情感，理解文意；四读，品读文句，体会内涵；五读，背读课文，积累词句。再如：文学记叙类《春》教学的环节：一、美读——基础环节；二、悟读——理解环节；三、赏读——深层理解；四、写读——进阶体验。诗歌《黄河颂》教学主体设计基本环节：一、自由诵读，初步体会；二、指导诵读，把握节奏；三、想象诵读，进入意境；四、理解诵读，领悟内涵；五、品味诵读，体会韵味；六、汇报诵读，表达情感。

通过各种层次的阅读，让学生能够真正理解文意，独立自主领会文章主旨！

## 二、艺术之境：诗情画意

最理想、最美丽的语文课堂，就是要营造出一种诗情画意的艺术境界！

《语文新课程标准2011版》说：“自然风光、文化遗产、风俗民情、方言土语……都可以成为语文课程的资源”。这些资源个个独具特色，美丽奇幻，充满诗情画意。语文是用语言文字来刻画人物，抒发情感，描绘自然风光、风俗民情的特殊艺术。我们的课文本身就是一首首诗，是一幅幅画。它纵横千古，绵延万里，广袤美丽，多姿多彩。既有黄河、富春江，泰山等山水风景的赏心悦目；又有《爸爸的花儿落了》《福楼拜家的星期天》《风筝》等生活故事的回味无穷；既有邓稼先、斯科特等英雄人物探索科学世界、登上地球极地的荡气回肠；更有老王、信客、丑小鸭、老斑羚羊等平凡生命书写人间真情，甘愿舍己为人的动人心魄。流连其间，可提升道德境界，培养审美情趣，启迪人生智慧，丰富文化底蕴。作为语文学习的主体——学生，则更是一首首灵动的小诗！纯真无邪的脸庞，灵气闪烁的眼睛，侧耳凝神的表情，神奇绚丽的思想，以及那如雨后春笋般举起的手臂，构成了那一首首或隽永、或诙谐、或深刻、或幼稚、或含蓄的小诗。

要营造诗意的课堂，教师要关注学习过程的指导。教师激情的导入，学生对文本的感悟发现，深化知识的迁移练习，交流讨论时的提示，依托文本的“旁逸斜出”等，都展示了教师、学生、文本、作者之间的对话过程。比如，在教学《安塞腰鼓》一课时，我首先用多媒体展示了安塞腰鼓雄壮磅礴、刚劲豪迈的比赛场面。营造出一种热情奔放的气势和场面，那大西北独具一格的画面，一开始就深深地吸引了学生的注意力。再让他们听课文录音，反复地齐声朗读，读出急促、雄浑的气势，感悟那震撼人心的力量。第三步让他们分析文章的句式：激昂的排比，生动的比喻，强烈的反复，铿锵的短句，疾猛的节奏，动静结合的场面。学生主动积极地发表自己的见解，用诗意的语言来表达，整个课堂洋溢着热烈的气氛，学生感受到了学习的快乐！

语文课堂因诗情画意而变得浪漫，学生的思想也因浪漫而得以自由驰骋。没有诗情画意的语文课堂是呆滞的，是死板的，是沉闷的。只有飘逸着诗情画意的语文课堂，才能让人如痴如醉，如沐春风！

## 三、智慧之境：灵动和美

理想的语文课堂，一定是智慧的课堂：充满和谐的氛围，灵动和美，激情四溢！

《语文新课程标准 2011 版》指出："语文教学应激发学生学习兴趣，为学生创设良好的自主学习情境。"这预示着语文课堂要改变教师"满堂灌"的形式，根据学情，代之以激发学生求知欲，开启学生智慧的充满生机活力的现代课堂教学。语文课堂要焕发生命力，就应让学生"活"起来，以创新、实践为主线，让灵动变化成为新课堂的主旋律，让和美民主的气氛充溢语文课堂。

灵动的课堂，必须让学生动起来。因为学生是学习的主人，只有学生动起来，才能在自主、合作、探究中得到真正的发展；学生在活动中学习，在学习中发展，故动起来会更精彩。教学内容的确定、教学方法的选择、评价方式的设计，都应有助于这种学习方式的形成。语文教学要切实有效开展综合性学习活动，可以让学生从中获取课文以外的知识与能力。如：让学生到生活中寻找语文，收集不少民间语文形式，从生活中学习语文，运用语文，体味民间语文的智慧与魅力。让学生搜集有关月亮的故事、诗句、歌词等，感悟中华民族对月亮的深情与寄托。带学生漫步古诗苑，学唱古诗，给古诗配曲，给古诗编舞，学生在自主探究实践中深刻地领悟诗词内涵，含英咀华，领悟诗词的旋律美和节奏美，从而更加热爱祖国的语言文字。

灵动的语文课堂是师生双方心扉敞开，平等自由地进行情感沟通和智慧碰撞的艺术殿堂。课堂上的每一分钟都孕育着创造，都将可能诞生一种新的方法、新的思想和新的创意。这就要求教师从关注预设的教案走向关注学生、学情和生成。我们的语文课堂应正视“阴错阳差”，重视“节外生枝”，珍视“灵光一闪”，这样的语文课堂必将走向大气，走向洒脱，走向睿智。

灵动的课堂必然是和美民主的课堂。和美的课堂因灵活运用各种实用的教学手段而异彩纷呈。教师要根据学生的情况和教学内容的要求，寓语文课堂教学于乐，方法异常多，如启发想象、比较异同、分角色朗读表演；还可借助录音、实物、PPT 等多种媒体，把抽象的文字变成直观的刺激，激发学生的兴趣，提高学习效益。课堂的精妙之处还可以通过表演的形式，让学生有直观理解，以加深认识。让学生参与课堂表演，既能体现学生的主体地位，又能增加教学的趣味性。例如教学《唐雎不辱使命》《皇帝的新装》《威尼斯商人》时，让学生编演课本剧，学生表演得惟妙惟肖，形象逼真，给师生留下了深刻而难忘的印象。语文课中许多精彩的语言描写、动作描写片段，也可以让学生积极表演，激发兴趣。如《从百草园到三味书屋》中先生朗读时的动作、神情、语调，都可以让学生仔细揣摩、表演、加深体会。又如开展辩论、知识竞赛等形式，既能激发学生思维过程中的亢奋感，使其注意力更集中，聪明才智得到最大限度的发挥，又能增强学生的竞争意识，培养团结协作精神。

## 四、至善之境：朴实高效

因材施教，因时制宜，学以致用，朴实高效是语文教学的根本目的，至善境界！

语文课程的功能和性质，决定了语文课堂教学的价值取向，也体现了当前语文课程建设的战略取向。课堂教学是实施素质教育的主要渠道，是学生获取知识的主要阵地，是学生形成自身能力并体现素质教育的落脚点。陶行知说："千教万教，教人求真；千学万学，学做真人。"因此，课堂教学要做到真实自然，朴实高效，这是语文课堂存在的基础。然而，我们经常看到这样一种不正常的现象——许多观摩课、展示课、公开课、比赛课，悉数经过千锤百炼的粉饰而成为"课秀"，华美乃至完美的背后是虚假和生硬。要达到教学的真实有效性，作为语文教师，应该有明确的课时观，要有强烈的目标意识。语文课"以学论教、重在实效"，关键不完全在于教师讲得多精彩，而在于学生收获有多少。语文教学一定要求真务实，不浮躁，不搞花架子，不走过场，要针对不同的学生采取自然随意而又灵活实效的教学。例如，在 2017 年 4 月 21 日，我有幸在双流实验中学举行的"名师汇中学语文智慧课堂教学观摩研讨活动"上，观摩了成都市特级教师卿平海老师的一节课——《文从字顺》，卿老师没用过多的引入，就让学生观察一张白纸，调动五官，用"嗅、听、看、触摸、舔"来反复玩弄这张白纸；没有任何多媒体的辅助，没有 PPT 课件的演示，没有分组讨论的形式，没有范文的引导，没有音乐的陪衬；只有学生玩纸的游戏，只有学生每次玩纸的笑声，只有学生玩纸后那随口而出的真情感悟！这么随意和真实的一堂课，很巧妙地就启发了学生的联想和想象，从而引导学生谈感受，写作文。自然流畅，寓教于乐，情趣盎然，使与会的老师们受益匪浅，感慨不已！

语文教学的根本目的是培养学生的听、说、读、写能力。因此，语文课堂的教学一定要着眼文本，融入文本；要重视背诵积累，追求真实有效。真实的课堂要让学生的学习富有意义：最初的意义是学到知识，再进一步是锻炼能力，获得积极的情感体验，产生崭新而强烈的学习激情。语文的每一堂课都是一个相对独立的整体，每课时都有目标，要做到切实有效。课堂教学时间有限，就要讲究效益，尽量做到：低投入，高产出，节省能源。教师在教材处理上要做到大气和大胆：大气有胸襟，大胆能创新；知识要点清楚，方法策略得当，思路清晰，环节简约，渗透巧妙，准备精心，预设到位，从而使学生加深了对知识的理解和掌握。每一堂课，对预设之外的生成，要及时因势利导，恰当地调整或变通教案，以保持学生思维的流畅性，确保高质量的课堂教学。

努力追求语文教学的四大境界，让我们的语文课堂成为最理想、最高效的课堂！

# 解文识人，传承文化

## ——对初中文言文教学目的及途径的思考

◎大邑县教师进修学校　梅小红　大邑县安仁中学　武　勇

一日，行在路上，偶听得两生议论：古文课简直没有任何乐趣，除了翻译还是翻译。又一天，就读于某中学的侄子拿着语文书来问我问题，翻开他的书本，我一下子惊呆了，《五柳先生传》密密麻麻地记满了笔记，然除了文字的解释、段落的归纳以外，竟没有其他的任何内容。再翻开其他已经学习的古文，莫不如是。再问其古文课学习的情况，竟是老师一讲到底，学生一路笔记到底，令人震惊。再问了侄子几个问题，“五柳先生”与陶渊明的内在联系，柳宗元和永州山水的难解情怀，苏轼在《赤壁赋》中的人生思考，俱不能答。传承本民族文化应该是我们教学古文的初衷和最根本的目的，那一篇篇课文只不过是载体而已，但在实际的古文教学中，老师们却本末倒置。目前我们的文言文教学呈现出两种不同的趋势，一是传统的教学模式：重字词理解，轻“读”文本；重课文分析，轻情感感悟；重教师灌输，轻自主学习；重课内知识，轻文章内涵；重知识的传授，轻文化的传承。二是为“人文”而文言，文白混编，忽视文言文教学的特殊规律，忽视文言字、词、句基础知识的系统教学。前者之病尤重。不禁让人感到担忧。

新版《初中语文课程标准》对文言文教学提出了这样的要求：①诵读古代诗词，有意识地在积累感悟运用中，提高自己的欣赏品味和审美情趣；②能够阅读浅易文言文，能借助注释和工具书理解基本内容；③背诵优秀诗文 80 篇。文言文教学中实际教学的低要求同《初中语文课程标准》中考试内容的高标准之间的矛盾，让教师在文言文教学实践中左右为难，是浅尝辄止还是深入分析；是着重于字词基础还是着重在品味文意、了解文人、关注文化？下面是我对现有文言教学中的一些问题提出的不成熟的想法，以供商榷。

作为语文教师都清楚文言文教学的重要性。文言文是中国古代精英文化的结晶，具有极为丰赡的精神内涵。我们要通过这些优秀的作品，培养学生良好的精神品质，促使他们形成健全的人格。文言文是汉语言的载体，是我们民族语言的根基，是掌握和运用现代语的起点，也是继承和发展中国文化的凭借。文言文素养是民族文化素养的重要组成部分，是学生应具备的素质之一。

那么我们怎样才能既让学生获得解读文言基础的能力，同时又让学生感受到文言的魅力，不仅知文字，明文意，亦能了解文人，感知文化呢？

经过多年的教学探索，在与诸多有志于文言教学的同仁的共同探索研究中，我清晰地认为应在坚守传统中不断创新，切不可好高骛远、贪多求全、而应该步步为营，循序渐进。

## 一、“读”贯始终，吟文咏情

古语有云：“熟读唐诗三百首，不会作诗也会吟。”

读法有种种，分类不同，方式各异，可个人读、集体读、分角色读；可默读、吟读、诵读；文言文的传统诵读方法是科学的，它对知识的积累，对作者思想感情的感悟，对真正掌握语言的运用能力不容置疑。而在什么时候读，仅仅靠课堂吗？显然不够。

### （一）预习之自读

交流学习之前的自读很有必要。根据学生实际情况，既可考虑学生回家自读，也可安排课堂时间来让学生自读。在自读过程中，有疑之音，有疑之义，可指导学生通过查字典解决部分。

### （二）课堂之诵读

我们发现，即使自读以后，真正能做到“正确、流利、有感情地朗读课文”的依然非常有限。课堂诵读，包含教师的范读、小组的合作读、成员间的互听互评式朗读，正确理解文言意义以后的个人或集体诵读，这些都可有效地提高诵读质量。

当然，需要指出的是，采取怎样的形式取决于文章自身的特点。如《陈太丘与友期》《孙权劝学》《公输》《唐雎不辱使命》等文章适合分角色诵读或表演性朗读；而写景的文章如《答谢中书书》《与朱元思书》《三峡》则适合个人摇头晃脑、融情于景的吟咏。

### （三）课后之记读

古之大家自不必说，单说近现代之大学问家，无论是梁启超、王国维还是陈寅恪、钱穆、沈从文等无不是博览群书，诵记了无数的经典之作，方能厚积而薄发。茅盾能背诵《红楼梦》，巴金曾说过：“现在有一百多篇文章储存在我的脑子里了”。因此，在理解文意，欣赏文章之美后再来记诵，定会成为学生可贵的精神财富。记诵之力，尤以初中阶段为最盛。研究发现，所有现今能记背之古文，大多数人皆在中学求学阶段完成。诵背文章，既能培养学生的思维能力，更能潜移默化地培养学生的审美情趣。

当然，方式可以多样，比如让组内成员间互背，这比老师一个人检查更全面、更有效，老师随后可抽查组长、科代表或学习不够自觉的同学。不过，如能激发孩子们的阅读兴趣，使其领略到文章的文字之美、感受到文人之风骨，相信诵背之功自会练就，而最终获得的又何止是诵背之功?

## 二、自学始终，知文达意

解读文言的能力是在诵读中获得基础的培养，又在“明义”里进一步扎实的。自我的学习依然非常重要。教师不能牵着学生鼻子走，更不能事事包办，一译到底，学生变成小抄写员，成了机械死背的机器。

因此，我们主张让学生通过自学来获得解读文言意思的密码。

### （一）充分利用书下注释，培养学生自学能力

以人教版八（下）的古文为例，《与朱元思书》，原文共 199 个字，书下注释共 25 项，共 603 个字；《五柳先生传》原文 297 个字，书下注释 21 项，共 691 字。就算是篇幅相对较长的《醉翁亭记》《岳阳楼记》，书下的注释更是远远超过了原文。

授之以鱼，不如授之以渔。学会学习是最为重要的。

那么，如何指导学生自学呢？

我们觉得不同的学段要做不同的指导。

初一学生——抓基础、落实字词、规范文言文翻译意识。

在学生初次接触文言文时可以安排他们转移注释，根据注释的内容对文章大意进行串讲式的初步梳理。借此锻炼学生文言文翻译的语感。在熟读课文几遍成诵后解决疑难字词，根据注释理解大概意思等成为关键。教师要从开始就指导学生学会预习文言文，以教师的教材为范本，从标注拼音、勾画字词及重点句等教孩子。比如，在七年级（上）进行《童趣》一文的教学时，教师设问：根据注释，我们能翻译哪些语句？学生根据课下注释（3）能够翻译“故时有物外之趣”一句，根据注释（8）能够翻译“果如鹤唳云端”一句。其余的语句学生也基本能翻译。其实学生的能力有时超过了我们的预期，他们需要的帮助并不见得比我们想象的多。

初二学生——能在转移注释的基础上明确文言的特殊现象。

经过了一年的学习，学生已经具备了初步学习文言文的能力——能关注课下注释，解决疑难字词。同时，也要引导他们在注释的基础上明确文言的特殊现象。比如，八年级（下）进行《岳阳楼记》一文的教学时，注释（18）中“居庙堂之高：处在高高的庙堂上”。学生在阅读注释后分析出了此处的句子是倒装句，但不明确是哪一类倒装，结合《马说》一文中的“马之千里者”，明确是定语后置句。又如《与朱元思书》注释（2）对

"猛浪若奔"中"奔"的解释是"飞奔的马"，学生也就分析出这个词本是动词，作了名词，而根据《岳阳楼记》第195页注释（2）的翻译"守：指做州郡的太守"。学生也就判断出这也是词类活用，"守"本是动词，作了名词。这样长期关注的结果，是学生能在注释的帮助下出发，最终实现脱离注释也能读懂文本的目标。这不正是我们文言教学追求之一吗？

### （二）充分利用古汉语词典，增加文言知识的积累

人教版教材八年级（下）文言文的选材开始涉及古代经典的文学作品。这些作品如果仅仅是依照课下注释做简单的字面翻译，未免有损这些文章的艺术性，对于学生深入理解作家作品也没有帮助。在这个时候我们就应该引导学生不满足于课下注释，而是要借助更广泛的工具书，从对课文的正确理解出发，对课文做创造性的翻译。古人云："供人以鱼，只解一餐；授人以渔，终生受用。"

还是以《岳阳楼记》为例，"衔远山，吞长江"，课下没有注释，理解这话，关键是对"衔"和"吞"的理解。通过查阅字典，学生发现"衔"有连接之意，而"吞"则是包含之意。之前在《观潮》一文中曾学过"吞天沃日"，学生于是将"衔远山，吞长江"翻译为"衔接远山，包含长江"，可问题来了，洞庭湖怎能包含着长江呢？这时，教师就要引导学生理解是长江水流入洞庭湖时静态地表现了洞庭湖容纳江水的气度，孟浩然《望洞庭湖赠张丞相》里面对洞庭湖"八月湖水平，涵虚混太清"的景物描绘，就有此意。当然，倘若动态描绘呢？吞字倒有"吞吐"之意，亦能激发读者的立体的想象，更能让人真切感受到从岳阳楼上观洞庭湖之胜景。当然，学生查阅字典的过程，既是对当前之惑的解决，又获得了解决问题的方法，培养了一种求实的态度、鉴别的能力。

### （三）教学生学会迁移，培养阅读文言的能力

迁移就是"学以致用"，新学文言文，理解词语、疏通全文的时候，

一定要联系学过的知识，万不可望文生义，例如“我有父母妻子，待此然后食”一中的“妻子”，我们在《桃花源记》中学过，切不可理解为“男子的配偶”，而是“妻子和孩子”；如《公输》中的“何罪之有”的句式和句意，完全可以结合《陋室铭》中“何陋之有”，得出此为宾语前置，可译为“有何罪”。所以，学习文言文，要学会迁移，就是要善于联系课内学过的知识，举一反三。

### （四）变古为今，用文言写作，提高学生理解能力

文言翻译讲究“信达雅”，决不能以辞害意，写景散文尤其如此。黛玉教香菱学诗之法可以借鉴。

我们还可让学生用现代散文来改写文言文，如《答谢中书书》《与朱元思书》等；学完《五柳先生传》，也可以让同学们自己来为自己写小传。

改写的过程，仿写的过程，都让学生在真正理解和品读的基础上完成对文章字句间的深层理解。我们要教会学生翻译文言文的方法，规范学生翻译文言文的意识，更要让学生获得学习再创造的快乐。

所以，有效地利用课下注释，却又不拘泥于此，有效利用词典，又不囿于词典，从教材注释、词典解释出发，最终实现引导学生超越注释，对于文言字词读出自己的理解。我想这应该是教学的重要价值吧！

## 三、解人识文，涵情养性

扫清文字障碍是文言文教学的第一要务，通过初中学习掌握基本的文言实词、虚词、文言现象，这固然是我们进行文言教学的目标之一。但是如果目标仅限于此，恐怕不能满足学生的诉求，也对不起那些文质兼美的传世佳作。文言文教学的目标设置应该定位在“初步感受古代传统文化”上。

当然这个目标根据篇目特点的不同可以有如下的具体划分：感受人文情怀，如《岳阳楼记》《醉翁亭记》《小石潭记》《记承天寺夜游》等；

感知自然之美，如《答谢中书书》《与朱元思书》等；关注历史人物，培养历史人文素养，如《陈涉世家》《唐雎不辱使命》《公输》等，当然，有时几者之间也不可截然分开。

### （一）在感知背景中理解

“初步感受古代传统文化”大多数情况下不能离开背景。背景的介绍促进学生对文章的理解。

这里说的背景既指作者写作该篇时的特定背景，又指与文章有关的相关背景。

当我们在理解文言文时，不可避免地可能涉及其产生的背景或与作者及文中人物有关的相关背景。那么，是不是教学每篇文言时都要介绍背景？需要介绍的时候又该怎么介绍呢？

首先，并不是所有的篇目都需要介绍写作背景。如蒲松龄的《山市》和《狼》以及《寓言四则》《木兰诗》《伤仲永》《口技》这种倾向于“志异”的纯叙事类作品。而有些情况的作品则需要介绍。如果不介绍，学生就不能理解或理解较浅，甚至产生误解。

那么，哪些需要介绍呢？

与作者或文中主要人物的思想有较大关系的。如《记承天寺夜游》《小石潭记》《桃花源记》《爱莲说》《湖心亭看雪》《岳阳楼记》《醉翁亭记》《五柳先生传》《公输》《曹刿论战》《孟子两章》。

与作者的写作目的有关的。如《出师表》和《送东阳马生序》。前者如果不介绍写作背景，学生就不能很好地理解作者对蜀汉政权的忠诚之志以及对刘备怀有的殷殷感恩情；后者如果不介绍写作背景，可能学生就会断章取义，不明白作此序的目的。

总而言之，文言文是中国千年文明的重要结晶，是学生感受古代文明的重要载体。对于文言文的教学我们不能仅仅为了应付考试，更应该追求文言文教学的价值和美感。

因此写作背景只是辅助，形式仅为穿插，切不可舍本逐末。只要通过解读文本能理解的，就不要写作背景的介绍；能介绍少一点精一点的就不要介绍那么多——能自然地出现，辅助对文本的理解就行。

如《陋室铭》课前导入，讲刘禹锡的故事，让学生对这个人物产生好奇和敬佩之情，再导入新课，就更能让学生关注其人格、志趣。

又如，分析《记承天寺夜游》，就得让学生清楚苏轼的性格、胸襟、抱负和他一生的际遇。在教学《记承天寺夜游》一文中，体会“闲人”一词时引导学生关注作者此时的处境，并结合他这段时间的创作《水调歌头》《赤壁赋》，这样学生就更能理解“闲”字的意味了，同时，也能感受苏学士豁达的人生态度。

还有《岳阳楼记》“先天下之忧而忧，后天下之乐而乐”所表现出的“位卑未敢忘忧国”的士人精神；《五柳先生传》背后的思想是儒家传统的“穷则独善其身”；《论语》“任重而道远”等篇体现出的敢于担当、活到老学到老、学而不厌的做人和做学问的态度与精神。

同时，还有一类人，追求与自然的和谐共处，一直以来也给中国文人留下了心灵栖息的精神家园。大自然以它的博大接纳了也涵养了中国文人，我们该如何理解自然？何处安放失意者的思想灵魂？这些精神与思想都已成为我们民族文化的一部分。

今天，社会价值更趋于多元化，教师有责任站在更高的高度去引领学生获得心灵的富足。我们可以在许多寄情山水的佳作中去感受、欣赏最本真的情怀。《湖心亭看雪》《与朱元思书》《答谢中书书》这样的篇章就体现了中国文人思想中普遍存在的山水情结。在教授这些作品时，如果能渗透这些思想，那么，至少可以让我们的学生在今后的人生道路上遇到困难艰苦时能有一方慰藉心灵的晴空、能有一方安放灵魂的乐土。

### （二）在拓展阅读中涵养

学习《与朱元思书》，可结合自读课本中的山水清音中的《与顾章书》

《与施从事书》来增进理解，这样学生不仅能赏自然山水之秀美，更能深刻体会作者心灵的升华。“鸢飞戾天者，望峰息心；经纶世务者，窥谷忘返”不就和“仁智之乐，岂徒语哉”相互映衬吗？

### （三）在与现实的联系中悟理

让学生觉得古文中的人和事“虽远在天边，却近在眼前”，调动情感，关注体验。以《童趣》为例，沈复描绘的是闲情，是童趣。学生都有过这样的感受，让他们回忆自己的童年趣事，课堂自然活起来，学生和作者情感产生了共鸣。童趣不仅属于沈复，而且属于每一个有童心的人。

记得特级教师韩军说过这样的话“没有文言，我们找不到回家的路”，我们不能不想方设法让我们的学生喜欢文言、欣赏文言，并从中汲取行文写作、思辨哲理、思想文化等方面的营养，小而言之，为学生找到一条通往文化的心灵之路；大而言之，做一个文化的使者。

# 写作教学的另一种打开方式
## ——“随课微写”教学策略初探

◎大邑县王泗镇学校　付　晋

众所周知，“阅读”和“写作”是语文教学的“半壁江山”，叶圣陶先生曾说：“阅读是吸收，写作是倾吐”，也就是说，“阅读”是“写作”的基础，二者相辅相成，语文教师应该重视“阅读”教学和“写作”教学的有机结合。

然而在长期的语文教学实践中，“阅读”和“写作”似乎是两个孤立的教学系统，重“阅读”轻“写作”现象也普遍存在。老师们只注重研究和开发教材文本在培养学生“阅读”能力方面的功能，却往往忽视了教材文本对学生写作技能提升的示范和借鉴作用。在日常的教学实践中，老师们总是舍近求远，甚至是本末倒置，每次作文训练都要挖空心思到处去搜寻经典范文，提供给学生借鉴和模仿，殊不知教材中所选的这些文质兼美、经久不衰的课文文本，正是学生们写作的最佳范本。

叶圣陶先生还说：“教材只是个例子。”鲁迅先生也曾说：“凡是已有定评的大作家，他的作品，全部就说明着‘应该怎样写’。只是读者都很不容易看出，也就不能领悟。”因此，语文教师在阅读教学中应该有写作意识，在备课时就要有意识地从写作的视角来研读教材，挖掘教材文本中的写作训练点，并在阅读教学中相机实施“读中悟写”“读中导写”的读写结合训练，这就是写作教学的另一种打开方式——“随课微写”，从而真正实现读写共生。

“随课微写”，是随课文教学进行微型习作训练的简称，即在课文学习过程中指向单元习作重点，选取有价值的练写点或具有语用衍生力、思维张力和情趣感召力的经典语段，伴随着语文学习过程以及所形成的特定氛围，有针对性地提升学生书面表达能力的教学形式。

“随课”中的“随”，有“跟着，顺从”之意；“课”，既指教材课文，也指课堂。“随课”，即是伴随课文、课堂教学。

“微写”中的“微”，有“微小，微型”之意；“写”，即写作练习、训练。“微写”，指课堂学习过程中的小型写作活动，不特别强调篇章结构的完整性，而着重于一种非完整性、片段性的练笔。

“随课微写”有以下基本特征：

（1）内容集中：指向单元大作文的写作重点，在每一篇课文的学习过程中选取有价值的练写点或经典语段即时练写，针对性强。

（2）用时较少：每次练习时间在5—8分钟即可，操作性强。

（3）篇幅短小：写作练习可以是一个片段、一个场景或是某个细节，有效性强。

（4）由局部到整体：即内容上由文本到写作，形式上从片段到篇章，手法上从单一到综合，能力上从课内到课外，综合性强。

大量的实践研究证明，“随课微写”是能够真正实现“读写共生”的有效方式，学生在进行微型写作的时候，阅读水平、阅读能力也能够得到相应的提升。因为在“随课微写”教学过程中的课文阅读，是通过对课文写作思维、写作形式以及写作技巧的感知和学习，来体验和感悟文章所表达出来的主题思想，这样的阅读教学对课文本义的获得更加深入，更加精准，更有依据，学生能在“读中悟写、读中导写、以读促写”，从而真正实现“读写共生”。因此，学生的阅读素养和阅读能力在整个学习过程中得到更有效的提升。

笔者在日常的语文教学中，对“随课微写”教学进行了大量的实践尝试，总结出了以下一些实用有效的教学策略。

## 策略一：精选练写点，形式多样

教师对每一篇课文微写训练点的选择要注意以下几点：

### （一）潜心解读文本，寻找微写训练点

教师要在潜心解读文本，深入挖掘教材的写作资源的基础之上，关注文本的写作手法、句式特点、段落特点等，从而寻找到适合学生进行练习的微写点。有时候，同一篇文章，可能有多个微写点，不同的教者，面对不同的学生群体，都会有不同的选择。究竟怎么选，要因文而异，因人（学生）而异。文本不同，学生写作能力层次不同，微写点的选择也有所不同。

### （二）微写点的选择原则是：小切口、多角度、多层次

以文本中的段落仿写微写点的选择为例，语文教师可以选择：用词生动的语段、句式精美的语段、辞格丰富的语段、层次清晰的语段、描写细腻的语段、议论有力的语段、情感丰富的语段、说明准确的语段、哲理深刻的语段等，每次选择一个练写点，将练写活动有机融入语文阅读的教学过程中。

### （三）在阅读教学过程中把握练写时机，安排“随课微写”，形式不限

既可以是口头作文，也可以是书面写作；既可以课前预写，也可以课中练写，还可以是课后改（修改）写；既可以是学生个人创作，也可以是生生、师生共写；既可以采用仿写、改写、续写，也可以进行缩写、扩写、拟写……

如：《春》《雨的四季》修辞运用丰富，可以设计“让修辞才思灵动起来”的练写点；《猫》一文的“暗示”手法巧妙，可以设计“巧用暗示之妙”的微写点；《土地的誓言》人称运用有特色，可以设计“让人称变化为抒情服务”的练写点；《邓稼先》一文可以设计“巧立小标题，采用

横式结构，多角度写人”的练写点等等。

## “随课微写”教学选点

选词造句：《说屏》从文中选择一组词语，写一段话介绍“屏”（概括说明训练）

美句摘抄：摘抄并背诵《〈论语〉十二章》中“劝学”名言（感悟）。

拟写标题：（训练学生精炼概括能力）

给《散步》再重新拟个诗意的新标题（揭示主题）；

为《赫尔墨斯和雕像者》换一个标题（揭示寓意）；

给《济南的冬天》中“最妙的是下点小雪呀”这一段拟一个四字标题。

变诗为文：把《雨说》改写成一篇散文。

段式学用：仿照《故宫博物院》中的“太和殿”一段介绍一处景点（先说明，再描写）。

描述赏析：请分别用三个短语描绘《秋天》这首诗的三个小节的三幅秋景图，并选择一幅图加以赏析。

课文巧写：《松鼠》的创作练习，命题：敏捷可爱的松鼠。

课文集美：从课文中选择美句，缩写《紫藤萝瀑布》，并背诵。

文中选文：从《中国人失掉自信力了吗》中选文阐述“中国的脊梁”的内涵。

五觉写景：仿照《春》中“春风图”，运用“五觉法”写景。

分层写景：抓住景物的特点，着眼于景物的层次，如《从百草园到三味书屋》，仿写第二段：“不必说……更不必说……单是……”的段式训练。

以小见大：《散步》《羚羊木雕》的选材。

对称句式：《散步》中的对称句仿写。

外貌描写：《列夫托尔斯泰》中人物外貌描写。

动作描写：《背影》中父亲买橘子的背影片段仿写，《从百草园到三味书屋》中“雪地捕鸟”一段的仿写。

语言描写：《故乡》（杨二嫂），《变色龙》。

两面描写（正面描写和侧面描写相结合）：《纪念白求恩》《口技》。

空间顺序写景：《故宫博物院》。

诗句译写：仿照示例，译写出《渡荆门送别》中间两联的诗意。

细节描写（人物）：《秋天的怀念》中对母亲的细节描写。

借物喻人（以花喻人）：《金色花》《荷叶·母亲》。

比喻仿写：仿写《春》中“赞春”三段。

心理描写：《再塑生命的人》。

环境描写（小说）：《最后一课》《我的叔叔于勒》《孤独之旅》。

叙议结合：《纪念白求恩》《叶圣陶先生二三事》。

人物综合描写：《走一步，再走一步》。

托物言志：《爱莲说》《陋室铭》《一颗小桃树》。

情节曲折（小说）：《狼》。

续写故事：给《皇帝的新装》补写一个结尾。

想象与联想：学习《天上的街市》，仰望星空，发挥联想和想象，写一首小诗。

寓言创写：仿照《赫尔墨斯和雕像者》《蚊子和狮子》的结构形式，用一事一议的两段式结构，创写一则寓言，讲述一个道理。

横式结构：《邓稼先》巧立小标题，采用横式结构写人，模仿此结构，写一个你身边熟悉的人。

多件事写人：《闻一多先生的说和做》（三+三=六件事）、《我的老师》。

议论点睛：《闻一多先生的说和做》中议论段的作用。

反复呼告：《黄河颂》《土地的誓言》。

排比仿写：《土地的誓言》中“当我……的时候，当我……的时候，

当我……的时候，我想起……，我看见……，我听见……”和“在那……，在那……，在那……”句式仿写。

拟人仿写：《济南的冬天》。

欲扬先抑：《阿长与山海经》。

详略有致：《老王》。

巧设悬念：《驿路梨花》。

对比烘托：《卖油翁》中陈尧咨和卖油翁的人物描写。

“整体—局部”写景：《紫藤萝瀑布》（花瀑—花穗—花朵）。

伏笔照应：《带上她的眼睛》。

一事一议：《河中石兽》。

虚实结合：《观沧海》。

对比写人：《邓稼先》《纪念白求恩》。

改写故事（文言—白话）：发挥想象，将《狼》一文改写成一篇白话故事。注意充实内容，增加对人物语言、动作、心理等的描写。

开门见山：《雨的四季》开头点明题旨。

卒章显志：《狼》结尾议论点睛。

直抒胸臆：《土地的誓言》第二段

景物叠加：《土地的誓言》第一段

详略得当：《木兰诗》详写女儿情怀，略写英雄气概。

描写生动：《卖油翁》对卖油翁看陈尧咨射箭的表情动作描写。

## 策略二：力争“一课一点，一课一得”

虽然每篇文本的写作练写点不止一个，但是老师们设定的“随课微写”的教学目标却一定要“单一”，不能“求全求多”，应该遵循“一课一点、一课一得”的原则，即每篇文本只选择一个最适合学生层次的微写训练点，每一堂“随课微写”只要求学生掌握一个写作要点或技能，这样看似简单零散的训练，长期坚持下来，就能实现“多课多点”“多课多得”的训练目标。而且，众多的写作要点被分解到不同的文本中进行练写，这样也有利于降低写作的难度。学生更容易掌握，老师也能较为轻松地完成教学任务，一举多得。

作文教学的成功不是取决于老师怎么教，而是老师教了什么。尤其是在短短的课堂教学时间里，老师究竟准备给学生什么，学生在这堂课里能学到什么。一堂“随课微写”设置的教学目标和教学内容太多，教师教不到位，学生更消化不良，从这点而言，提倡“随课微写”，提倡“一课一点，一课一得”是非常明智的选择。每一堂“随课微写”课都要有一个合适的教学目标，可以定义为“微写目标”，要具有极强的操作性和可控性。

### 策略三：落实随课即写，随文练笔

“随课微写”强调一个“随”字，也就是“随课即写”。教师要尽量把微写的环节落实到阅读教学的过程之中，要求学生当堂写作，随课练笔。教师在课堂上要用心营造良好的写作氛围，在激发学生课堂上的创作欲望后，要求学生立即动笔，“随文即写”，现学现用。老师们最好不要把微写这个环节放在课后让学生完成，因为课后学生离开了这个写作情境往往静不下心来练笔，写作的质量也不高，这样就很难达到“随课微写”的训练目的。

### 策略四：巧设教学环节，注重过程指导

随课微写的教学设计和指导形式也可以不拘一格，针对不同的文本、不同的练写点，老师们可以组织形式多样、学生活动充分的教学环节，对学生进行有效的微写指导。不管采用怎样的教学形式，都可以遵循以下教学思路：启发探究——分析发现——归纳总结——实践运用——交流展示。

**案例 1**

《背影》一文的随课微写教学板块可以设计为：

1.品读“背影”，分析手法。

2.捕捉细节，抒写真情。

3.交流展示，互动评价。

**案例 2**

《荷叶·母亲》的教学环节可以这样设计：

1.读名著，悟方法。

2.再读作品，再悟方法。

3.教师讲析，归纳写法。

4.自选文题，构思写作。

**案例 3**

《女娲造人》的教学环节可以这样设计：

1.趣谈神话，复述故事情节。

2.研读课文，探究写作手法。

3.随课微写，《精卫填海》片段。

4.交流展示，师生点评。

……

同时，老师们还应该注意，在随课微写的教学过程中要对学生进行“有过程”的有效指导，切忌采用“灌输式”的技巧指导，切忌选用“过大过难”的训练点，应该设计丰富的学生实践活动对学生进行有过程的有效指导。

## 策略五：立足写法探究，提炼写作技巧

教师对“随课微写”的指导是否有效落实，最重要的一点在于教师要立足练写点的写作技法，进行有过程的分析指导，还要引导学生用简洁的语言对写作技巧进行概括提炼，总结出学生易于接受和掌握的写作方法。

**案例 1**

《背影》一文对课文第六段父亲买橘送别“背影”片段的写作思路，可以归纳为以下几点：先做一处铺垫，外貌切合心境（处境），一个特写镜头（形象定格），两处情感烘托，简短语言穿插；本段的细节描写技法可以归纳为：语言描写平实质朴，饱含深情；慢镜头展现动作细节，用词准确凝练，定格形象；衣着色彩切合人物的心境、处境，用词颇具匠心。

**案例 2**

《荷叶·母亲》一文“将生活细节放大”的写法可以归纳为：将细节构思成一个故事，将细节表述为一个过程，用描述性的语言写出这个过程的每一个“阶段”，做一点穿插、形成一点波澜，结尾综合运用好抒情、议论和描写。

**案例 3**

《女娲造人》一文中“运用想象让故事生动起来”的手法可以归纳为：运用想象既要大胆奇特，又要合情合理；运用想象需要对塑造的形象进行具体细致的刻画。

## 策略六：运用多维评价，充分互动参与

对学生在“随课微写”教学过程的作品的评价，可以采用多维评价的方式，这里的“多维”指的是“多种视角”“多种层面”，即采用学生自评、同伴互评、师生共评、家长点评、网络互评等多种视角和层面，一改传统作文教学由教师一改到底，师生单一对话的形式，提倡采用多方位、多角度、多层次、多元化的“多维评价”体系。

“学生自评”有助于培养学生自我审视、自我反思的意识；“同伴互评”有助于培养学生互相欣赏、学习借鉴、辨析评价的能力；“师生共评”可选择典型的学生习作，师生共议、点评赏析，有助于提升学生的思维品质；“家长点评”多元参与评价，也有助于激发学生的写作动力；“网络

互评”利用互联网，可以弥补课堂评价的时空限制，充分发挥师生互动平台的作用，激发学生的互动参与意识，也让学生获得更多的评价信息。

综上所述，“随课微写”不是过去“小练笔”“微写作”等作文训练形式的翻版，它渗透了“微格教学”“聚点成面”的全新教学理念；它也不是“微格作文”“微格写作”写作教学形式的更名，它具有随文性、随堂性，与阅读教学具有伴随性关系，是真正能够将“读与写”紧密结合的教学形式。同时，“随课微写”从理念和实际操作上都呈现出十分鲜明的课程化特征，所有的“随课微写”的技能训练点，都为单元主题写作服务，是对过去“随文练笔”“随堂练笔”“片段写作”“微写作”“微格写作”等作文训练形式的超越性整合升华。

经过大量的课堂教学实践，我们不难发现，“随课微写”的确在很大程度上降低了学生写作的难度，化难为易，化大为小；同时将对学生的写作技能训练融入常态化的、匀速而低负担的日常阅读课堂教学过程中。学生长期坚持下去，便能垒沙成塔，集腋成裘，使自身阅读和写作能力呈现出螺旋式的上升趋势，真正实现“读写共生”。学生的写作能力在写作实践中得到提高，“随课微写”的教学也真正体现了课程标准的基本思想：让学生在听说读写的实践中学会听说读写。

大量的实践研究证明，“随课微写”已成为写作教学的另一种有效方式，值得一线语文老师长期坚持运用实践，并在实践中总结，在实践中创新，在实践中反思，从而形成更多有实用价值的“随课微写”的教学模式，形成更多能培养学生乐于表达、善于表达的有效教学策略，促进学生写作能力等语文素养的全面提升。

# 感悟诗词之美

## ——小学高段古诗教学方法初探

◎大邑县南街小学　谭华波

古诗之美，美在千里莺啼的绿柳江南；美在大漠孤烟的雄浑塞北；美在李白梦笔生花的潇洒奔放；美在杜甫字里行间的忧国忧民；美在王维山水田园的清淡宁静；美在于谦《石灰吟》里的浩然正气。

《新课程标准》要求1—6年级的学生背诵优秀诗文不少于160篇，并在附录中列出70首《古诗词背诵推荐篇目》，也新增了许多优秀诗词，可见古诗词教学的重要性。小学阶段主要侧重于古诗的教学，但在具体教学过程中，我们老师教学盲目性和随意性较大，要不就是停留在表面的背诵；要不就是一问一答的串讲；要不就是照搬教参的呆板讲解，要不就是支离破碎的分析。这些做法让学生对古典文化没有兴趣，也不能用心灵去咀嚼、消化、品尝诗词这个精神大餐，还抑制了学生的想象和创造，扼杀了学生思维的灵性和生命的活力，针对这样的状况，作为一线教师的我谈谈自己教学诗歌的几点做法。

### 一、查资料，知背景

小学生年龄小，喜欢听故事，因此我在教每一首古诗前，自己常常先去查查资料，然后筛选出有价值的信息，讲课时就利用一个一个与本诗相关的鲜活的故事去勾起学生的兴趣，激发他们也主动去查找资料，了解诗人创作诗歌的背景，从而走进诗人的文字，走进诗人的内心。所以这里的查资料不仅仅是给学生布置的作业，也是老师上课前要去做的事情。查资料怎么查？查与作者相关的生平故事、民间传说、思想情感等。如果说查资料是基础，那么筛选资料就是能力了，每个学生查的资料那么多，要筛选出与诗歌鉴赏有关的内容，所谓鉴赏，就是鉴别和欣赏，就是用自己的一双慧眼和一颗慧心，去发现诗人创作这首诗歌时蕴藏的独特内容。

## 二、读诗句，明诗意

在古诗教学中，理解诗歌的意思非常重要，而读无疑是一个很直接很有效的方法。教师要多引导学生去读，读什么？读注释。读什么？读诗句，按照诗歌的节奏去读。小学高段每一首古诗旁都有关键字词、重要字词的注释，学生在读注释的过程中还要学会比对、分析等高阶思维的培养。学会理解同样的词语在不同的古诗词里有时会有不同的意思。如六年级下册语文书上《迢迢牵牛星》里的“盈盈一水间”里的“盈盈”是清澈的样子，可在《送鲍浩然之浙东》里它却是仪态美好的样子。由此，引导学生去思考为什么意思会不同，从而得出一词多义的现象。

在古诗教学中，除了读注释，更重要的是教师要多引领学生去读诗句，在读中感悟古诗的音乐美、节奏美、韵律美。尝试自己在读的过程中划出节奏，感受五言诗、七言诗的节奏特点，并学以致用。如：我在教《马诗》时，让学生先划出节奏试读，然后再给予指导并多遍朗读，从而熟读成诵，读中让学生感受五言诗的节奏特点。在教学第二首古诗《江雪》时，在学生感受五言诗节奏的特点后，我便放开手脚让学生自己去划。同样，我在教学七言诗时也同样如此。节奏划好后，学生读起来就有感情多了。这时可以采用多种形式读诗句，如师生对读，男女生读，同桌表演读等，让学生把诗句的内容读得滚瓜烂熟，然后再结合注释理解诗句意思，就容易多了。

## 三、想画面，悟诗情

小学阶段的学生善于想象，而不同的学生又有着不同的理解、感受能力。老师引导学生先弄懂古诗的意思后，可以采取多种形式让学生想象画面，体悟诗情，感受诗歌之美。如教师配以音乐的范读把学生带入诗歌的意境，和诗人精神合一想象画面来体悟诗情；如有插图的可以欣赏书中插图，如没有插图，那么喜欢画画的同学可以用简笔画呈现，喜欢文字的同学可以给书上的插图配以文字，或者在自己的画上配以描绘诗歌画面的文字，用美丽的文字来诉说诗情，从而锻炼自己的综合能力。这样既能激发学生学习语文，特别是学习诗歌的兴趣，也能在学生的表达中看到他所领悟的诗情达到何种程度。当然这样领悟诗情的方法还不能形成诗歌鉴赏的模式。

## 四、找诗眼，归诗体

找诗眼、归诗体是很有效的学习古诗、增强诗歌鉴赏能力的好方法。在我们诵读过的古诗词中，最能让我们留恋的不外乎诗人在诗中所运用得最为巧妙的几个字，我们也称之为“诗眼”。俗话说：“眼睛是心灵的窗户。”那么诗眼也是古诗的灵魂，也是我们理解感悟诗歌的精髓，所以诗眼即“诗歌的眼睛”。而诗体就是诗歌的种类，我们要教学生学会鉴赏每类诗歌的方法，才能让他们在浩如烟海的唐诗中自由地行走。诗歌按内容分为：送别诗、边塞诗、山水田园诗、怀古诗、咏物诗、叙事诗、悼亡诗等。下面我结合具体的诗来谈谈。

在教学诗佛王维的《送元二使安西》中，我让学生反复诵读，抓出诗中描写的景物，并找出诗眼“更”字，我先让学生说出“更”是“又、再”的意思，接着让学生理解王维的“更尽一杯酒”是不是他给元二敬的最后一杯酒？王维为什么要不停地劝酒？学生经过体会、了解，从一个意蕴丰富的“更”字中，不仅感受到了诗人与友人临别时的恋恋不舍，深情叮嘱，还仿佛看到了诗人与友人频频祝酒，殷殷话别的场面。从而总结归纳出这是诗人对朋友的依依惜别之情。同样在教学边塞诗人高适的《别董大》时，同样采取先熟读接着抓景物然后抓诗眼的方法，抓住“别”这个诗眼，抓住“北风、归雁”这些常用来写离愁别恨的意象，抓住对最后两句“莫愁前路无知己，天下谁人不识君”的理解，感受同样是送别诗却表现了诗人不同的情怀。前者温婉多情，深情款款，后者雄健昂扬、热情奔放。如果说送别类型的诗歌上到这里就结束了，还显得略为肤浅。我还设计了对比赏析，发现异同。其实学生都能很零碎地去发现异同，而我们在学生发现、归纳的同时要教会学生去总结，学会从不同的角度找异同，从而培养学生的求同和求异思维。最后让学生明白所有送别诗的相同点：都是浸透着同一个字，那就是对朋友深深的“情”，也就是同是送别多种情。这样，学生对送别诗这类诗体的赏析至少有了一点方法。总之，小学阶段，我们要尝试用学一首、牵一串、会一类的思想去教会学生赏析各类诗歌。

记得特级教师、“诗意语文”的倡导者王崧舟老师说过这么一句话：“一个不会抬头仰望星空的老师，绝不是一个好老师。抬头仰望的繁星中，最闪亮的就是诗。”新课程标准对古诗词教学也提出了更高的要求，语文教师应该尝试多种方法，充分发挥学生的学习主动性和积极性，培养学生学习古诗的浓厚兴趣，加深学生对古诗的理解和感悟能力，提高学生阅读和鉴赏古诗的能力，提升学生的文学素养，使他们真正感受古诗的无穷魅力。

# 深度思考，让学习真正发生

## ——以“平行四边形的面积”教学为例

◎大邑县东街小学　钟永叶

### 一、深度学习在小学数学学习中的地位和作用

深度学习是一种基于理解的学习，它强调学习者通过批判性地学习，把新思想和知识融入原有的认知结构中，将已有的知识迁移到新的情境中，从而帮助决策、解决问题。郑毓信教授指出：只有将数学思维的分析渗透于具体数学知识内容的教学之中，我们才能使学生真正看到数学思维的力量，并使之可以理解、可以学到手和可以加以推广应用；只有通过深入地揭示隐藏在具体数学知识背后的思维方法，我们才能将数学真正“教活”“教懂”“教深”。

### 二、学生课堂学习思维的现状

课改到今天，我们提倡以儿童的立场教数学，让学生经历数学化的过程，在教学形式上做了很多的改进和尝试，但在一线教学中依然存在浅层思维学习的问题和现象。

#### （一）形式化

我们常常看到的一些公开课，当堂开展小组研究探索，短时间内就有多种解法，小组汇报时每人的方法都不同，有条有理，且个个都具有代表性。细细想想，这样的儿童真实吗？这样的课堂可能吗？

### （二）程式化

老师们在教学中完全依赖教材，不求思变，每天教学就是走教案走流程。没有期待的数学课堂会有深度学习吗？

### （三）碎片化

教学缺乏整体性，不能对教学素材进行有机整合，不挖掘教学中基于数学活动经验和数学思想方法的隐性教学内容，浅表化的教学，使得学生学习如同散沙一般，呈碎片状。

学生的数学学习要真正发生，就必须要有深度学习，在深度学习中不断建构自己的数学体系，在深度学习中体会思考的乐趣。

## 三、基于深度学习的尝试

### （一）基于学情的教学设计，激发学生思维向更深处漫溯

美国认知教育心理学家奥苏伯尔曾经说："如果我不得不将所有的教育心理学原理归结为一句话的话，我将会说，影响学习的最重要因素是学生已经知道了什么，我们应当根据学生原有的知识状况进行教学。"用一句话说就是："吃准学情，顺学而导，我们的教学才会像呼吸一样自然。"

我们研究"平行四边形的面积"一课，至今已是第三年。在这段时间的研究中，我们的教学设计由第一版到第二版，再到第三版，主要经历了三次超越。第一次超越：让平凡的数学更有文化味儿，焕发异样的光彩。第二次超越：在教与学之间寻找平衡。第三次超越：让教学向着儿童那方。

第一版教学中为了推出平行四边形的面积，我们做了很多铺垫工作：将割补的思想、转化的方法渗透其中，然后呈现平行四边形，让学生探究平行四边形该如何转化成长方形，最后推导出公式，将习题的层次性和课堂自如、巧妙的起承转合进行结合，对学生学习小组活动进行有效指导。此课参加县级赛课也获得了优异成绩，当时的我们认为这就是较好的呈现方式。但到今年我们又再次拿出此课研究时，发现此时的看法与一年前有

了质的飞跃，磨课组老师们不约而同想到了一个问题：在第一稿的设计下，让学生数一数方格，然后再举多个例子验证，这样一来，公式已昭然若揭，此时学生能想到的方法，恐怕也只有“底乘高”了，“邻边相乘”的办法的确没有出现的机会。事实上，孩子们的学情是什么样的呢？我们对不同的班级做了前测。题目很简单：在纸上印了一个平行四边形，请学生自己想办法求出它的面积并说明为什么这样做。测试的对象均为五年级学生，在学生学习“多边形的面积”单元前进行。测试数据表明：面对求平行四边形面积这样一个未知的问题，学生采用“邻边相乘”的方法的比例很高，高达 36.8%，而缺少家庭辅导、课外补习机会的学生，用这种办法的比例更大，高达 62.2%。

若将测试对象换为四年级学生，测试时间放在刚学完平行四边形的认识后进行，结果更为明显。学生采用“邻边相乘”的方法的比例更高，高达 52.8%，而缺少家庭辅导、课外补习机会的学生，用这种办法的比例更高达 77.8%。为什么会这样？学生的心里到底在想些什么？让我们来听听学生的心声吧：

——因为长 × 宽=面积，所以我先把平行四边形的长和宽量出来，再乘一下。

——因为长方形的面积是长 × 宽，所以求这个形状的面积也应该用这种方法。

——因为我们学过的求图形面积都是相邻的两条边相乘。

——因为平行四边形是特殊的长方形，所以我觉得用长×宽比较合适。

——因为这个平行四边形立起来就是个长方形，所以我就用长方形面积的算法来计算。

——平行四边形是容易变形的，它变一下就成了长方形，长方形面积=长 × 宽。平行四边形不稳定，它拉一下就是长方形了。

……

这些都是学生真实的学习经验。因此我们决定：直面学生的学习经验，走进课堂实践、探索。

通过无数次的做课、磨课，我们形成了这样的共识：学生的经验，不仅要敢于暴露，而且要尽早暴露。这样就会越早地引发学生的关注，激起学生的探究欲望，探究的时间、空间也会越充分，效率也会越高。但是全新的尝试难免会遭遇一些难题，比如：学生的学习经验暴露之后，教师如何有效地应对，如何巧妙地加以利用等。然而，正是这些难题，让我们迸发了进一步研究的信心和动力。

让学生的经验暴露到底。当学生展现自己的经验——平行四边形易变形，可以把它变成一个大长方形时，执教者“推波助澜”，拿出准备好的框架进行现场演示。如此一来，学生的经验就得到了最充分地展现。凡事一旦触底就会反弹，当变形前后的两个图形清晰地呈现在黑板上，认知的转机已隐含其中，“邻边相乘”目前不能求出平行四边形的面积（以后学习三角函数后就会知道，已知平行四边形相邻两条边的长度和它们的夹角度数也可以求出面积），此次转化无效只需一言即可点穿。

让学生的经验碰撞到位。让学生充分表达自己的观点，引导学生理解他人的意思，都是为了让学生的经验碰撞到位。正是在经验（思维）的碰撞中，学生深刻地认识到自己经验中的不成功元素，主动调整思考的方向，让正确的计算方法“底乘高”呼之欲出。

在教学过程中，当教师呈现方格纸，移入平行四边形时，学生表现出的是欣喜，因为学生熟悉。此时，当未知的问题跟以往的经验衔接上了，认知的道路就此打通，学生才能直观地感受到，只有将图形变形，才能够最方便地计算出它包含几个面积单位。这样，学生的经验得到发展和完善，他们才会深刻地理解利用割补法将平行四边形转化为长方形的做法。

### （二）教学中核心问题引领，在合作探究中进行深度思考

我们以循序渐进的“问题引领”促进学生进行深度思考，培养缜密思维的好习惯，从而提升思维品质。本课设计的四个引导思维发展的核心问

题分别是：①对于出现的两种猜想，第一种是错误的，第二种就必然正确吗？②结果正确，方法就一定正确吗？③我们验证了这个平行四边形的面积=底×高，那么所有平行四边形的面积都=底×高吗？④都是转化，为什么出入相补可以，拉动却不行？

（1）在进行初步验证平行四边形面积时，我们设计了这样的追问：我们验证了第一种猜想是错误的，那另一种就一定对吗？这是培养学生缜密思考习惯的第一问。启发学生思考要全面：有两种猜想，第一种不对并不能说明第二种就一定对，还有可能两种都不对。

在此用到了最基础的方法验证：数方格，虽然这不是一种推证的方法，但它也是数学方法论中的重要的基本方法之一，要予以高度重视，在研究数学的过程中要“善于退，退到最初的状态”，这也是学习的方法之一，从数方格中验证图形面积与底、高关系的猜想，保证高效思维活动有了方向。

（2）再追问：我们发现了平行四边形的面积，用“底×高”计算的结果是对的，那么用“底×高”的方法就一定正确吗？这是培养学生缜密思考习惯的第二问。启发学生思考要严谨：结论正确，有时只是巧合，并不能说明背后的方法就是正确的。

通过微课介绍转化思想。通过理解学习引发的思考问题：通过微课“谁来说说为什么要进行转化？”设计两个连续的问题：“为什么要转化”及“为什么要把这个图形转化成那个图形”，让学生的学习不仅停留在学习后的了解，更是需要进一步理解：理解学习新知转化是必要的，理解把平行四边形转化成长方形是把新知转化成旧知，转化是有效的，这种转化是方便研究的。这也是缜密思维培养的具体引导。

小组活动：探究如何转化。这样的设计是基于这样的认识：经历了独立思考后的小组学习是有效的合作学习。和同伴一起探究并在组内表达自己的观点或得到同伴的帮助，这个过程是思维外显的高潮：合作探究、动手剪拼，组内互说并形成相对完善的成果，这种手脑参与的学习是实现深度思考、深度学习的有效途径。

（3）通过小组合作成果的集体分享，既深化了学生对平行四边形面积推导过程的理解，也将全班的思维成果外显，形成共识升华认知；同时进一步验证公式的正确性，养成严谨的数学态度。在汇报环节（引导深思）再追问：通过刚才的验证，我们得到了这个平行四边形面积=底×高，是不是就说明所有平行四边形面积都是=底×高 ？

课件出示各种各样的平行四边形，引导将其转化成平行四边形，以此说明公式的正确性。由特殊到一般的验证是形成归纳思想的重要途径，由此设计的引领性问题也是促进学生形成缜密思维习惯的第三问。

在回顾反思时我们提问：“都是把平行四边形转化成长方形来研究他们的面积计算，为什么出入相补可以，而拉动成平行四边形就不可以？”这些既是促进学生形成缜密思维习惯的具体问题，又是具有普遍性的引领性问题，至此，是核心的第四问。

最后在总结环节，引导学生从所获知识、方法、思维多个角度来进行自我总结，拓宽学生的认知视野，回顾所经历的对“大问题”的思考，让学生的缜密思维落地、生根！

### （三）借助图形、操作、文字记录等外显思维，养成缜密思维的习惯

“能力比知识更为重要”。要发展学生的思维能力和学习能力，促进学生深度学习和思考，需要观察、了解学生的“思维”，但思维无声、无形，这就需要“思维外显”。如何让学生的思维外显，同时提升学生的思维品质？我们的教学设计中有这些做法：让学生充分地想，串联知识的脉络，这顺应了学生的思维发展一般规律；让学生充分地说甚至争辩，是完整表达自己思维的过程和对老师、同学观点的批判、辩证及深入思考；让学生动手操作，是以内部思维指导外部操作，将内部思维转化为外部动作。在课堂上我们可以随时听见这样的话语：“把不完整的格子变成完整的格

子”，在数的时候加点符号也许会更清楚……教学中还为学生准备了两份操作材料，通过操作，其实就把内部的思维显露在外部动作中，从学生操作结果中就能看出其隐藏的思维方式。学习记录单则是用文字对思维过程的概括描述，汇报时让学生用数学语言有条理地叙述操作过程，表述获取知识的思维过程。这样把动手操作、动脑理解、动口表达有机地结合起来，能有效地把内部思维过程外显出来，达到深化理解知识的目的。通过画图、列式、语言讲述、文字描述等展现形式，通过从“无形”到“有形”，从“具体”到“抽象”，从“无声”到“有声”，实现数学思维的“可视”“可读”“可听”。把那些不可见、不可听的思维外显为可见、可听、可读的，这样的设计有利于学生缜密思维习惯的养成，可以有效地提升思维品质。

### （四）适时反思，引发思维共鸣，培养学生思维的深刻性

荷兰著名数学教育家弗赖登塔尔说：“只要儿童没能对自己的活动进行反思，他就达不到高一级的层次。”

有专家提出：“发展一定大于学习”；学生在课堂上需要“求取解答并继续前进”；应当通过“回头看”这样的一种思维活动有效地促进学生自觉地进行比较、总结和反思。应当使“总结和反思（包括批判性反思）”成为学生的自觉行为；帮助学生学会倾听，学会分析与评价，学会论证（清晰地表达、适当的辩护和必要的论证），包括反思与自我批判，并善于向别人学习，善于从错误中学习，从而不断取得新的进步。这些应当被看成数学教学的又一个主要目标。

不论是哪种解决方法，重要的是在学生暴露出自己的思考结果后，教师要能看出学生思考结果背后隐藏的思维类型、思考角度，看见之后要或追问、或引导质疑、或类比发现来加以彰显，合理有效地提升学生的思维品质。教师需要把话语权交给学生，允许学生的不完整表达，让学生之间的观点碰撞。教师同样需要巧妙地引导和反思，如：“如果‘底乘高’是

对的，道理是什么？”引导学生更加深入地思考背后隐藏的道理。在汇报交流中，教师更是要退到幕后，让学生自己展示，自己补充，自己质疑，自己阐述不同观点和不同方法，让学生的观点碰撞。在学生活动之后，教师要做的就是把学生散乱的汇报通过课件回顾整理，并在异中求同，小结不同的方法最后都是通过割补把平行四边形转化成长方形来研究，渗透转化的策略。又如：“转化这个方法在拉动长方形框架（面积发生变化时）就行不通，在割补时转化就行得通。”这些学生的话语无不反映出孩子的缜密思维习惯在慢慢形成，这些都将促进孩子的深度学习。

结课的最后环节（几何画板演示长方体框架在拉动过程中，底和邻边没有变化，但是高慢慢变短）同样是非常引发深度思考的问题：“你觉得这个高还有 20 厘米吗？还有 17 厘米吗？……”在这样的引导下，底不变，高慢慢变短，面积也变小的认知呼之欲出，再让学生用自己的语言表达出来，思维便向着更深处漫溯！

总之，深度学习应是基于学生学情的学习，这需要教师的教学设计贴近儿童思维特点，通过精心设计的教学环节和课堂大问题来有效引导，师生、生生在思维碰撞中进行层层深入地思考。长此以往坚持培养学生缜密思维意识和习惯，不断促进学生深度学习，提升思维品质。在培养学生缜密思维习惯，促进学生深度学习，提升思维品质的路上，虽然任重而道远，但我们坚信：“骐骥一跃，不能十步，驽马十驾，功在不舍！”

# 戏剧体验，助力高效有趣的课堂

◎大邑县子龙街小学　丁　莉

小学低段学生的年龄特点，展现了他们好动爱玩的天性，也决定了他们的学习专注时间不长，当一名刚踏上教育岗位的新教师，遇上一群活泼可爱的低段孩子，课堂会是怎样一番景象呢？

带领新教师学习的两年时间里，我发现新教师们的个人能力很强，专业素养也很高，钻研精神也很足。但在课堂管理上，面对古灵精怪的小孩子时，新教师还有些无计可施。有时，老师在上面讲，孩子在下面玩，至于老师讲了什么，可能也只有老师自己清楚；有时，老师提醒了走神、搞小动作的孩子，可提醒的效果只管那么几分钟，几分钟后，学生又继续走神、搞小动作；甚至有时，老师在上面声嘶力竭，敲黑板、划重点，说这已经是讲第三、四次了，学生依然在下面我行我素，各做各的……教与学，似乎成了两条永不相交的平行线。

拿语文学科来说，如何让新教师快速适应小学课堂，把书中的文字读得有滋有味，童趣盎然；如何把书中的故事读懂，道理弄真切；如何让低段学生在四十分钟时间内持续专注于课堂学习？

笔者认为，对于才踏入岗位，充满青春活力的新教师来说，如果在课堂上，让戏剧教学来助力，可实现小学低段语文课堂的有趣高效。

融进学科课的戏剧教学，是将戏剧的方法运用于学科课堂活动，在轻松、欢快、有趣的体验活动中完成学习任务，达到学习的最大效果，完成教学目标。

如何把戏剧教学融入语文课堂？戏剧体验培养了学生什么能力？怎样助力课堂的有趣高效呢？

## 一、戏剧专注力的教学体验，让学生爱不释手

专注力需要训练吗？当然。

小学低段学生最大的特点是什么？持续专注度不够。

戏剧课上的专注力游戏，正是好玩又有用的游戏训练。将专注力游戏融入语文课，正好解决低段学生坐不住的问题。

### （一）魔法“四季”

一、二年级有很多有趣的儿歌，可以带学生玩有趣的“魔法四季”的游戏。

《田家四季歌》里，把学生分成春夏秋冬四个小组，老师喊口令“春季里呀春季里”，学生接“春风吹呀春风吹”，并配上与之相应的动作（小组合作商量，统一动作，学生们会有各自的想法，可能会有争议，接着便需要他们的合作、接纳与包容），夏、秋、冬三个季节，可按同样的方式做好准备。

游戏第一关：老师喊哪个季节，这个季节的所有成员就要迅速做出回应，边做动作边喊口令，口令越来越快，季节随机切换，谁注意力不集中，没反应过来，就会被淘汰，最后哪个组留下的人最多，哪个组便是冠军。

游戏第二关：学生接口令的难度增大，春季小组需接出儿歌第二句“春风吹呀春风吹，花开草长蝴蝶飞。”语言、动作同步更新，开始又一轮比拼淘汰。

游戏第三关：口令难度增到第三句：“春风吹呀春风吹，花开草长蝴蝶飞。麦苗儿多嫩，桑叶儿正肥。”动作难度也同步升级，再一轮比拼。

一次次游戏比拼，既让学生们轻松记住了儿歌，又将肢体表演与课堂融为一体，在紧张刺激的游戏中，学生丝毫没有走神，也成功训练了专注力。

这样的游戏体验，还可以有其他方式的升级，只要教者多花点心思，变几个花样，教学中，遇到能分成几个小组的教学活动，带着学生玩玩这

些戏剧小游戏，课堂专注了，学习效果也就有了保证。

### （二）吐鲁番，葡萄干

听过新教师的随堂课，当课文中出现一些难记的外国人名字或陌生的长地名时，往往一篇课文学完了，一部分学生连人名和地名都还读不顺。这样的情况，并不是个例。虽然记不清人名和地名并不妨碍整体阅读，但这样的学习是浮躁的、流于表面的。

遇到这样的文章，学习课文内容前，不妨先带领学生玩玩“吐鲁番和葡萄干”这个戏剧游戏，让学生把这些难记的、拗口的人名、地名熟记于心。

如学习《葡萄沟》这课，不妨这样玩：

环节一：先让学生沿教室围成大圈，确保每个人能相互看到；然后，给“吐鲁番”想个动作（如：可以用画圈的方式来代替这个地名），当学生一说到“吐鲁番”时，就要配上相应的圆圈动作；再让学生给“葡萄干”想个动作（如：可以用两手往嘴里送东西吃来表示），当学生一喊出“葡萄干”时，就要同步做出这个动作。

环节二：一个人边喊“葡萄干”边做动作，其余人则在听完“葡萄干”口令后，立即喊“吐鲁番”并同步动作。每个口令喊两遍，喊“葡萄干”的人，第一遍时，做往自己嘴里送的动作，第二遍时，需找准一个目标，用眼神示意对方，边喊“葡萄干”，边做往对方嘴里送的动作，把口令传递下去。

就这样一直接力下去，直到一方出错，游戏结束，看能挑战多少轮口令。

这个小游戏，特别锻炼学生的专注力：两个口令很相似，稍不留神，势单力薄的“葡萄干”传递者，就会被众人的“吐鲁番”干扰，把“葡萄干”说成“葡萄番”，或者把“葡萄干”送进、送出的动作做错，导致游戏结束；某个人也会因为走神，导致口令传到时，他没有及时接收，传递不下去，让游戏失败。

在游戏中，学生轻松、快速且牢牢地记住了这些名字。

像《普罗米修斯》这篇神话故事，普罗米修斯和赫拉克勒斯两个人名也不好记，正好可以带学生玩这个游戏：把地名换成人名，再创造一个属于这个人物的动作。

游戏玩乐中，学生在发挥想象的同时，打开了肢体，轻松记住了要记的内容，其专注力也得到了训练，难道不是一举多得的好事吗？

## 二、戏剧想象力的教学体验，让学生的读真正走心

语文课上，书声琅琅绝对是必要的。“正确、流利、有感情地朗读”也是每个语文老师常挂在嘴边的话。

对小学低段学生来说，何谓“有感情地朗读”？怎么才能读得有感情？除了老师范读、反复教读外，是不是还经常让学生想象：假如你就是文中的他，你遇到这样的事，会怎么做，怎么说？学生想象的前提是：他真的有进入故事角色，以同理心去理解人物的心情、感受。

怎么才能让学生快速进入故事角色，走进人物心理，让朗读真正走心？如果老师能在课堂中引入一些戏剧小游戏，学生有了入情入境的体验，有感情地朗读便不再是问题。

### （一）“披上谁的外套”

“披上谁的外套，你就成了他。”你的一言一行、一举一动都是“他”，游戏开始前，可以先让学生体验生活中熟悉的人物（爸爸妈妈、老师同学、卡通人物、童话人物等），待学生慢慢进入角色体验情境后，再出示文中的人物，先模仿他的动作、表情，最后带上动作、表情，模仿该人物说话。

有肢体动作、表情体验的铺垫，学生的有感情朗读就容易走心，就会像说话一样自然，就会真正有感染力，而不是一个模子教出来的、干涩机械的、所谓的感情朗读。

“披上谁的外套”这个游戏，特别适合课文中的对话朗读。用游戏的方式导入，用游戏的方式结束，学生更容易被“游戏”二字吸引，也会更快、更好地进入游戏角色。

体验中的想象力训练，在不知不觉地进行着；体验中的角色代入感，在不知不觉中增强了；体验中的感情表达，也在不知不觉中流露了。

### （二）即兴表演

这个游戏纯属即兴，来得突然，学生最初毫无防备，但也会在即兴表演后，顿悟为师者的“良苦用心”，用更走心地读“报之以李”。

看似是即兴的表演，却是教者精心为之的课堂设计，这个重点要落在文中没有对话，却又很重要的词句里，对理解文章内容和体会作者情感具有关键作用。这需要老师课前充分备课，在教学中用有趣的学习方式，帮助学生突破重难点，达成高效学习。

当读到“慢慢地走”“快快地跑”时，老师边读句子边做相应的动作，然后招呼学生一起离开座位，感受慢走和快跑的感觉，师生一边读一边在教室里慢走着、快跑着。这样的体验下，学生自然品出了“慢”和“快”的差别，走心地读便水到渠成。

遇上“轻而清的东西，冉冉上升”“重而浊的东西，沉沉下降”时，也可以带学生玩一玩，以后遇上类似的文字，再带学生玩一玩，如此体验几次，还担心学生读不出区别吗？

读到“哈哈大笑”时，如果老师率先毫不矜持地大笑起来，还愁教室里没有一片欢笑吗？还愁学生不能体会人物高兴的心情，不能走心地朗读吗？

读到“突然间无影无踪”时，如果老师猝不及防地一溜烟儿跑出教室，再若无其事地回来问他们“刚刚发生了什么事”，还担心学生不会恍然大悟吗？还担心学生会读得不起劲吗？

老师看似即兴的表演，正是借用想象力的翅膀，把书中的文字与学生的生活体验相链接，让学生真正读懂文字，读懂文字背后的情感。

## 三、戏剧创造力的教学体验，让学生的讲绘声绘色

语文课上，让学生“用自己的话讲述这个故事”“复述课文内容”“概述故事情节”是常事。有没有快速、有效的方式，可以让学生不借助课本、插图和板书，将故事讲得充满童趣，又绘声绘色呢？戏剧创造力的教学体验，不失为一个好方法。

### （一）雕塑体验

雕塑体验，即单人或多人用肢体摆出一个场景。这种游戏体验，特别适合用来复述写事、写景类的课文。

如《黄山奇石》这篇课文，让学生摆奇石的定型雕塑，可以是一个人的“仙桃石”雕塑，也可以是“猴子观海”的群雕尝试。在雕塑体验过程中，学生会充分发挥自己的创造力，调动身体所有器官，让肢体展现更多可能。如：一人摆出猴子造型，其他人合力摆出波涛起伏的大海；“仙人指路”里，一人摆出仙人造型，其他人可能在路两旁摆出各种花草虫鸟……这时，面对自己摆出的这块奇石，哪个同学会讲不出它的特点呢？

虽然他们没有去过黄山，但在雕塑体验的过程中，学生早已深深记住了这些奇石的特点。与通过电视屏幕直接看各种高清的奇石照片相比，视觉的传递，又怎及得上学生的体验感受来得深刻？

多年后，当他们亲临黄山，看到面前那些奇石，想到小学课本上的这篇课文，记忆深刻的一定是：“这块石头，我当初摆过它的造型；这块石头，我们几个同学是怎么摆造型的。”

借助肢体，分组合作，创造性地摆出一个个场景，整篇文章的线索就串好了，老师拍照保存，然后让学生看着自己的雕塑照片，讲述这个故事，学生的语言表达肯定鲜活精彩，绘声绘色。

### （二）主题表演

雕塑体验是静态的定型表演，主题表演则是动态的无声表演。语文课上的主题表演游戏，适合用于具体写一件事情的过程的课文。学生通过再创造，用主题表演的形式，能够更深刻地理解、记忆，达到学习目的。

例如，学完《曹冲称象》这篇课文后，可以把学生分成几个小组，让他们聚合团队力量，发挥想象，借助自己的肢体，表演出曹冲称象的过程。一次次的戏剧体验活动，会激发学生的创造力，慢慢地，他们不再局限于人物设定，有借助手臂演水位的，有演船的，有扮大象的，有放石头、称石头的人……主题表演中，每个人都有角色，每个角色都有自己的理解，这理解是充分体会文字内容后，自己的思考呈现。

进行主题表演时，组内还要有一个专门负责讲述称象过程的人，表演加讲述，还担心学生把称象的过程讲不清、讲不好吗？

独特的表演体验，会促使学生去思考、去理解、去表达，学习中，学生成了主动的参与者。如果只是老师讲述，让学生看幻灯片、视频，学生也会理解，但在这样学习过程中，学生只是被动的观看者、接收者。

把戏剧体验带进语文课堂，尤其是低段语文课堂，既符合孩子爱玩的天性，又让学生在玩中收获了学习；把戏剧体验融入语文课堂后，学生的专注力、想象力、观察力在一次次的游戏体验中被打开，语文课变得越来越有趣，学生思维也越来越活跃，课堂效率也会越来越高。

# 有情范读，提升学生英语朗读的质和效

◎大邑县北街小学　杨　岚

每种语言都是由语音、词汇和语法结合而成的。运用正确的语音、语调，合理的停顿，规范的语速，恰当的语气，才能正确传达我们的思想，表达我们的情感，真正有效地实现我们交际、交流的目的。因此，在小学英语教学中，教师一直努力通过各种方式给学生呈现准确的语音示范。随着小学英语教学形式的日渐成熟，教学理论研究的日臻理性与完善，英语教师教学技能不断提高，教师的专业素养和专业技能也越来越强。更多的大学英语专业毕业生、研究生在一线肩负起小学英语教学重任。整个小学英语教师的专业水准有了质的飞跃。教师的英语文化内涵、英语专业知识、英语语言表达能力、语言生态、教学理念、教学技能都发生了根本性的发展。在现有师资状况下，教师示范朗读和师生共读已经具备了相对较强的专业基础。然而，纵观省、市、县各级优质课、展示课、研究课，少有教师会在课堂进行有个性地朗读示范。教师示范，师生共读，大多被直接摒弃，取而代之的是媒体课件标准，缺少契合教学氛围的有温度有个性的展示和引领。

那么教师的朗读是否在课堂教学中没有任何意义，甚至是错误的教学行为呢？是否所有的教师个性朗读行为都应该被课件所代替呢？作为一线英语教师，我认为教师的有情示范朗读不该被粗暴摒弃。教师在示范朗读中展示出的正确的语音，恰当的语气、语调，合理的停顿，规范的语速，连读弱读……正是学生在学习语言中需要反复揣摩、体验、感受、训练的重要语言技巧。而这些，恰是需要教师对文本进行正确而个性化解析后，运用个人所具有的专业技能和专业素养呈现给学生的。从这些层面来探讨，小学英语教学中，教师有情示范朗读和师生共读就具有相当意义，不再是可有可无甚至被媒体课件完全代替的环节。作为小学英语教师应该掌握文本示范朗读的技巧，恰当把握示范朗读的时机、尺度，给学生呈现一节有温度的、有情感的、有魅力的英语语言学习课堂。

## 一、恰当把握范读时机和尺度，相机给学生提出相关任务

我们认真分析教材，解析教材语言材料和内容时，会发现每篇文本的内容和语言特点其实都有不同。有的文本使用的语言形式比较简单，内容单一；有的文本语言形式丰富多变，尤其人物的语言个性比较突出，情感强烈；还有的文本语言形式比较复杂，内容平实，缺少趣味。学生感受、理解、学习、掌握这些语言材料的过程，从听、读、说的角度来看，难度是不同的。实践表明，语言形式比较复杂而内容趣味性较差的文本，学生跟读录音的效果最差。因此，教师根据教学环节，对教材文本进行个性化的示范朗读就有着化解难点、提供阅读方法、增强学生阅读信心、培养学生阅读创意和能力的作用。

当文本呈现后，在学生初读有困难时，教师可以通过课件录音和示范朗读相配合，达到使学生正确朗读的目的。学生遇到长句子或难理解的句子时，教师应进行示范朗读，给学生正确的停顿、节奏、语调的方法，以帮助学生正确理解句子、文本的意思。在学生不能读出文中所表达的思想感情或理解人物语言特点和人物个性、情感比较困难，对文本不能正确解读时，教师也应该相机进行示范朗读。在示范之前，教师还应给学生提出相应的要求，让学生带着任务和要求去倾听、感受、模仿。在师生共读中，教师要给学生充足的时间进行揣摩、尝试，采用师生分角色、游戏竞赛等趣味方式，给学生营造愉快又具挑战性的朗读氛围。

因此，若在新授课前进行示范朗读，则可以创设英语语言氛围，激发学生学习热情，为呈现新课作铺垫；若在解读文本后进行示范朗读，可以

给学生呈现朗读技巧，化解学生朗读难度，增强朗读信心；若在练习环节进行示范朗读，则可以让学生在聆听、体验中感受到英语语言之美，增强对文本情感内容的理解和共鸣。

川教版“三起五”下“Seasons and Months”这一课，主要让学生学习天气、动植物、人类活动都与季节更替息息相关。教材文本是简单的四季图，图片不生动。每个季节描绘的词汇、句子较长较多，整体篇幅稍长，描述平淡。学生学起来有些艰涩。学生在一遍一遍录音跟读后，很快就疲惫不堪，有的甚至做出直接弃读的表现。然而，整体朗读依然很艰难。在这种情况下，我放弃了语音跟读，采用朗读示范。在示范开始前，我先给孩子们提出任务要求：你最喜欢哪些句子？哪些句子最能表现出季节的特点？以此引导学生在教师的朗读示范中能用心感受、体会，从而反馈、调整教学。在示范朗读中，我通过变化句子的重读、停顿点，通过语气的抑、扬把录音课件中一成不变的语气、语调读出了季节感。如春天的生机、夏天的乐趣、秋天的丰收、冬天的沉静。出乎意料，孩子们听得很认真。很多孩子勾画出的最喜欢的句子竟然是每个季节中最复杂最难读的句子，其实这些也是朗读中表现最丰富，最富感染力的句子。无疑，孩子们在朗读示范中受到了感染。在“Read together”环节，我引导孩子们跟老师一起尝试这样有感情、有节奏地读出自己喜欢的季节。孩子们一改沉闷状，积极地在小组内磨炼、研讨自己的朗读技巧，然后跟老师一起比拼。朗读比拼中，孩子们不仅把文本读熟练、流畅了，而且对句子的重读、意群停顿和文本在平淡语句中所蕴含的对自然、对生命的欣喜、热爱和尊重有了真实的体验和感受。孩子们更直接约定：“老师，下次我们再进行朗读比拼嘛。”课后我更能直观地感受到孩子们对英语朗读的畏难情绪有很大的减弱，朗读兴趣在增加。更令我欣喜的是，有些孩子还到办公室来主动请教课文朗读。

教师朗读示范，师生共读，即教师参与学生学习活动中最完整的，与学生进行情感沟通交流和信息互换最直观的方式。这将大大提高学生对学习活动的认同和投入程度。在此过程中，师生关系是平等的，互助的，共同欣赏的。由此给学生带来一种心理上的安全感，接近感。小学阶段，孩子对教师的情感依赖性更强。师生共同活动对学生的鼓舞性更强，更易建立亲密、信任、亲和的师生关系。教师的有情示范朗读，师生共读，营造亲近、互动的师生关系，是建立师生学习共同体最直接、最有效的形式。因此，教师的参与，会让学生的学习活动更优质、高效。

## 二、技巧和方法运用，思想与表达结合

语气、语调、节奏是语言的内涵和灵魂。正确把握语言的节奏、语气、语调、停顿，从某种程度上比发音的准确更重要，更能表达说话者的交流意愿和思想，也是我们朗读中很重要的技巧和方法。我们鼓励孩子们观看纯正的英文儿童影片，目的在于让他们感受、模仿英语语言在实际交流中真正的语音，合理、恰当的语气、语调、节奏，按意群停顿，培养良好的语感。教师的有情朗读示范就为学生提供了这种感受、体验、模仿的范例。同样一句话：I Like English. 我将重音放在不同的位置让学生感受英语重音、重读在表达中的重要作用。孩子们分别听出了重音在“I”时，强调的是人物。重音在“Like”时，表达的是对英语的情感认知。重音在“English”时，表达的是在众多语言中，对英语情有独钟。我鼓励孩子们根据自己的表达意愿选择一种方式来朗读，发现所有孩子朗读的方式和表达的意愿都是一致的。通过朗读示范，孩子们听出了随着语音、语调、重音、重读的不同，表达的思想也有区别和不同。经过一段时间的朗读示范和师生共读训练，孩子们会有意识地给句子做上他们自己的标志，在朗读过程中主动地规范自己的语音、语调、重读和节奏。

教师在进行有情示范朗读之前，要认真解读教材文本内容及文本表达的思想、情感、文化内涵、语言特点、语言结构以及可以借鉴的教育资源，制定合理的示范朗读措施和技巧。同时，分析学生学情，预设学生在朗读

中可能遇到的问题。在教学过程中，教师要先引导学生对文本内容和思想情感进行解读和理解，使学生在教师示范朗读中能更明晰地感受到语气、语调、重音、节奏等朗诵技巧在文本表达中的具体体现和对表情达意的作用，引导学生逐步把相关的朗读技巧运用到朗读表达中，将思想感情与朗读表达结合起来，从而慢慢提高学生的朗读表达水平。

川教版“三起五”下“Easter”一课，对文本进行解读后，引导学生进行跟读、自读。孩子们虽然都能分别正确读出词汇，可一到文本中，这些由一个一个词汇串起来的句子就被读得支离破碎，怪不忍听。意群混乱，节奏拖沓，所有句子一个声音、一种声调，完全感受不到句子所要表达的内容和思想，更别说语言的美感。用孩子们的话说；“How difficult !”反反复复地录音跟读也不能让学生在朗读过程中学会其所应该运用的朗读技巧。学生整体完全不能做到规范、正确、有节奏地朗读全文。经此前车之鉴，在进行朗读示范和师生共读训练时，我让学生仔细揣摩教师对课文的示范朗读，并根据听到的停顿和词汇重读，句子的升、降调做符号标记，然后引导学生跟教师一起针对做的标记采用同桌、小组、全班跟读、共读尝试。在朗读指导中，让学生反复体验文本中句子各个重音的落处；长句子怎样划分意群进行停顿；句子中升调和降调的处理和正确运用。这样几个步骤下来，放手让学生自读时，他们居然朗读得很是流畅，有滋有味。

示范朗读从技术层面上让学生最形象地感受、体验到英语语言的魅力，从而让学生对英语语音到语言形式产生浓厚的学习兴趣，提升语感和语言综合素养。在师生共读中，教师要及时对学生朗读情况进行评价、总结，激发学生学习兴趣，建立朗读的自信心；针对学生在朗读中的问题及时进行点拨，指导，逐步训练学生朗读技巧，提高综合语言表达能力。

## 三、采用合理的技巧，唤起情感共鸣，准确表情达意

表情达意是语言在口语交际中最重要的功能。语言是饱含生命张力

的，是思维的展现，情绪的流露。每个语音都是有情感的、有温度的。

学生的年龄和认知水平不同，教师示范朗读的方式、方法、要求也不同。低段的孩子接触英语时间较短，教师的示范朗读更重要的是让学生感知正确、准确的语音和合适的语调。此时，教师的示范朗读可以跟课件规范录音相配合，丰富学生感知、模仿的声音资源，使之比较流利、流畅地对文本进行诵读。而中高段的学生具备了一定的语言知识、语言技能和一定的理解、分析能力。这时就要通过示范朗读，让学生明确在朗读和表达中正确运用朗读技巧，读出文本表达的情感、内涵，表达出自己对文本的理解和体会。另外，文本的体裁不同，教师示范朗读时所呈现的风格亦应不同，要能使学生感受到如何正确运用语言知识及语言技能，准确地表情达意。对话，示范朗读呈现的是角色所用语言的鲜明个性；科普性文本，则语言结构整体平和，语气、语调、节奏起伏不大，语速比较沉稳；故事性文本，则要通过起伏的语调、节奏，角色的个性语气，表达出人物特点和事件的矛盾冲突，展现事情的脉络线索。在示范朗读中，教师还可以通过多媒体视觉画面，配乐等手段的运用，结合文本内容和思想，营造恰当的朗读环境，渲染朗读的气氛，情景交融，提升朗读的感染力。

川教版“三起六”下“The Story of Butterfly”一课以过去时的形式讲述了蝴蝶的生命历程。全文比较长，缺少故事冲突，配图粗放简单，再加上大量不规则动词过去式的出现，孩子们普遍感觉好难。仔细看，文章结构简单，句子结构也是很常用的表达形式。针对孩子们的畏难状况，在教学时我改变过去教学环节。以讨论的方式和学生一起了解了蝴蝶生命历程的几个阶段，然后让学生以安静倾听的姿态，感受文本具体内容。随即，我放弃了播放文本录音，而采用示范朗读的方式，把全文以自己理解的方式通过语音、语调、节奏、变换重读，抑扬顿挫表达出来。到最后“Now he was a beautiful butterfly.”戛然而止。孩子们被深深感动了，不由自主地悄悄发出感叹：“哇，好美哦。”整个示范朗读过程中没有借助任何多媒体作为背景。孩子们在聆听中展开了由语言带动的想象力，看到一只毫不起眼的小小卵孵化成一只又丑又瘦的毛毛虫。历经千辛万苦，努力成长，忍受脱胎换骨的剧痛与孤独，最后终于破茧成蝶，成为美丽的自我。朗读中教师自己也不由自主地融入蝴蝶的生命历程中，饱含深情，与学生一起，接受了一次精神的洗礼。

因为感受到语言的美，在后面的教学环节中，孩子们更主动地去接受这种美的感染、熏陶。学习效果出乎意料。一节课下来，孩子们用朗读的方式精彩演绎了蝴蝶从平凡到美丽的一生，从中感受到生命成长的意义。

语言不是冷冰冰的一串串符号。唯有有情诵读，我们才能在声音中穿越时间的长河与先哲沟通，领略、理解语言及其符号背后的精神、灵魂，实现情感的抒发、倾诉，精神与生命的成长。小学阶段的孩子在情感、思想、知识、技能上对教师都有着极强的依赖性。学生在学习中，若无教师的引领、点拨、指导，所有的自读都极易陷入“和尚念经”或复读机式的无质、低效重复。这种引领、点拨、指导就有赖于教师的有情示范朗读和师生共读。示范朗读也在潜移默化中实现了师生情感与思想的交流、沟通。

同样的语言形式，每个人表达出来的情绪和感情却是不同的，与听者所产生的情感共鸣也是各不相同的。每一种语言、每一个语音都承载着它从远古传承至今的精神文化内核。对蕴藏在声音里的灵魂则需要个性化地认真解读、体验、感悟。为此，在实施示范朗读前，教师必须要认真、努力提高英语专业素养和专业技能，提升英语文化内涵，让示范朗读教学行为具有强大和深厚的专业基础。同时，教师还必须要结合个人的专业素养，认真解读文本的语言形式，感悟、理解文本所承载的精神和思想，标准的语音，准确、恰当、合理的语气、语调，规范的节奏，呈现给学生一次次语言、精神、文化的盛宴。

# 以生为本，初中物理的精准教学

◎大邑中学　李秋福

习近平总书记提出“人人皆学、处处能学、时时可学”的学习型社会，强调以学习者为中心，营造以人为本的学习环境，让学习者在学习过程中体验学习的乐趣，与同伴合作，培养创新能力。为了进一步实现中等学生从被动听课到主动学习，从而提升初中物理教学的效果，笔者认为要以中等学生的学习情况为一面镜子，以生为本，精准进行初中物理教学探讨。以下谈一些我的点滴心得体会。

## 一、认清中等学生学习初中物理实际情况

初中阶段的学生，正处于青春期，身体、心理都处于变化较大的阶段，特别是中等学生，明知一些行为是错误的，却无法控制自己的行动，自控能力较差。

进入八年级阶段，伴随着语文、数学和英语等科目难度增加、容量加大，又添加了一门新的物理学科，对于自控力较弱和比较懒散的中等学生来说，学习更加繁忙和困惑，学习压力进一步加大。中等学生数量占据了大半，中等学生的成绩影响到初中物理教学质量。

对中等学生来说，是否具有好奇心决定了他们对学习物理的兴趣的浓厚程度。但是他们的注意力、理解力、控制力、逻辑思维能力都比较差，特别是涉及审题计算、逻辑推理、单位换算、公式变换的时候，就感到特别困难。所有的兴趣顿时荡然无存，给初中物理教学工作带来了许多困难。

初中物理无论课时、作业量还是学生的重视程度，都无法与语文、数

学、英语等学科相提并论，要想利用学生课余时间完善课前预习、课后巩固复习更是困难。

## 二、以生为本，“三步走”培养学生课堂主动学习的习惯

为了促进学生更主动地学习，我采用“三步走”积极培养学生课堂主动学习的习惯，具体做法如下。

第一步，先从最简单知识入手，学生对这种知识思考时间相对比较短，我点名抽中等学生回答。比如八年级下期学习简单机械时，里面涉及的公式很多，共有9个物理量的求法。在学生充分认识到公式的来源和意义之后，反复抽问中等学生，让中等学生感受到，没答正确的惭愧心理，从而积极行动起来。经过一段时间的强化训练，看到大多数中等生坚毅的眼神和得意的表情，听到他们课堂上洪亮的声音，我知道他们的信心得到了提升。对这部分学生，我会在全班进行表扬。

第二步，我提高了问题的难度，只分析已知条件，让中等学生自己选用公式，并留够充足的时间思考，先让优生回答，再来带动中等学生的思考后重复回答。经多次反复后，中等学生学会了分析，也能规范地解答了。

第三步，我什么也不做，让中等学生自己做题，自己审题，自己分析已知量，自己独立解答，经过一系列的阶段性训练，中等学生在潜移默化中解决了自己学习上的问题。

坚持了一学期的训练，我发现，在提问时：班上出现了两种眼神，一种是当回答正确的是中等生时，全班优生转过头来观察并流露出的眼神；一种是回答错了的是优生时，全班也转过头来观察并流露出的眼神，仿佛在说“这么简单，我都知道，你还不知道？”课堂氛围也越来越好，大家都积极思考，生怕失去一次宝贵的机会，我再也不担心学生被动学习。只要提出一个问题，大家都举手，积极性、主动性得到了很大提升，每次上课后，我都是带着满意的心境离开！

## 三、科学组建互助学习小组，让学生教学生

我根据学生成绩的优秀、中等、不及格，按1∶3∶2的比例，组建互助学习小组，每小组大约5到6人，让每个小组合作完成老师所要求的实验、讨论、探究。课间共同抽背物理规律、物理知识点，实现基础知识的重复性记忆。定期检查，对特别落后的学生、记忆力特差的学生要求一次只背一句，在记忆增强之后再背两句、三句，直至整段内容。我反复叮嘱优生，在交流的时候，切忌带着嘲笑、不耐烦的表情与中等学生交流，要有耐心，扭转中等学生心理脆弱带来的负面影响。

## 四、用板书带动学生做笔记，培养学生课堂注意力

老师必须要板书，引导学生做笔记。多年的教学经验告诉我：老师不写，学生就不做笔记。学生做好课堂笔记，能够使好动的孩子集中注意力。学生在听讲的过程中如果注意力不集中，可以联系上下文的笔记，很快把未听到的知识联系起来，形成整套的知识体系。

## 五、积极探索初中物理教学与信息技术的融合方法

物理学科教学与信息技术的深度融合是当今教育发展的必然趋势，利用信息技术打造多种新型的教学方法与环境，相比于常规的教学方法，信息化互动模式更能改变师生间的关系，从根本上让学生从被动听课到主动学习，从根本上提升教学效果。

首先，针对物理教材所写的教案大部分倾向于基础性的内容，信息技术可以对物理教材的内容进行有效补充。可以在许多教育平台上查阅到更多丰富有用的资料来对教案进行补充，使学生更好地理解教材的内容。

其次，物理教材的更替缓慢，利用信息技术我们可以做到与时俱进，将最新发生的事实与物理知识联系起来，将初中物理教学融入日常生活中，使学生能够体会到物理与生活是息息相关的。

## 六、以生为本，落实“四精”，提高初中物理教学效果

一是精选教辅资料。好的教辅资料一定要有，因为它是教材的补充，它是对教材重点知识的拓展和延伸，教材与好的教辅资料相辅相成，起着积极的作用。所选题目要有利于拓宽学生视野、有利于发展学生思维。不选机械记忆的；不选重复的；不选偏、难、怪的教辅资料。对优生来说资料多一些、广一些，无疑是有好处的；对中等学生来说，一定要做到少而精。

二是精练解题思路和方法。有的老师认为练习做得越多越好，熟能生巧。题是做不完的，多练效果不一定就好。我认为要精练教材的重点，精练解题思路和方法，要精练中考的考点，要精练学生学习的弱点。

三是精讲中等学生学习的易错点。要精讲教学的重点、突出共性的解题思路和方法；要精讲中考的考点、要精讲中等学生学习的易错点。

四是精准总结。精讲之后，教师一定要督促学生对错题进行收集整理，并把错前、错后的思维对比写在错题本上，平时能够快速有效地反复训练，起到事半功倍的效果。

总之，教材是一个剧本，老师是导演，学生是演员，要提高初中物理教学效果，教材、教师和学生三者缺一不可，三者是一个有机统一的整体，它们在相互作用中不断调整和完善。教学中，以中等学生的学习情况为一面镜子，以生为本，精准进行初中物理教学研究，就能推动课程改革，实现教育的更大进步。

# 满怀激情，为教学注入源头活水

◎大邑县北街小学　周庆秋

语文教学不仅是知识的传授，更是习惯的养成，更是情趣情感的涵养。作为从事小学语文教育 24 年的教师，我认为，不断从理念和知识储备上更新自我，为语文教学注入源头活水，滋养学生，促进课堂质效不断提升，就要保持永不满足的心态，持之以恒向书本、向名师学习，积极参与各级各类教研活动。

## 一、充满热情投入教学

热情似火，是冬天里的一把火，能让冷水变暖，能使热水沸腾。登上三尺讲台的那一刻，望着一双双充满期待的眼睛，我立刻就会激情满满，哪怕前一刻还筋疲力尽，我也会毫不犹豫地把自己火热的个性注入平凡的授课过程，让学生感受到老师的热血沸腾。站在讲台的每一刻，哪怕声音已逐渐嘶哑，我依然一如既往地希望如火的个性能点燃每一双求知的眼睛。走入学生当中和他们倾心交谈、自由辩论，我希望我的热情像春风一样，温暖地吹动着每一位学生，像甘露一样滋润着他们的心田。

## 二、持之以恒向书本学习

学习、学习、再学习，在当今这个快速发展的时代，只有终身不懈地学习才能够适应现代教学。如果不及时地补充能源，我们将落后于时代，怎么去教育、影响下一代呢？著名特级教师于永正老师曾说：“语文素养是在‘读万卷书、行万里路’的长期过程中积淀而成的。”他自参加工作开始，每天规定自己看书不得少于 50 页（节假日还要多些），又坚持写日记，每学期投稿不少于 5 篇。我想正因为于老师在不断实践、不断学习，才能有今天的成就。清华大学附属小学的特级教师窦桂梅老师，在代课的 5 年间，阅读量达 300 多万字，记下了 20 多万字的读书笔记、500 多万字的文摘卡片，写下了 10 余万字的教学后记，听了校内外 1000 多节课……学习这些名师的成长与成功，会对我们有很多启发，看他们的教学实录，读他们的教学心得会对我们的启迪更大。虽然不可能每位教师都成为特级教师，但作为一线语文教师，学习是常态化需要，也是提高自身修养的不二途径。所以，在教学之余，我一直坚持精读《小学语文教师》《班主任》《小学语文教学设计》等杂志，带着问题研究课堂实录，努力汲取各种营养，提高课堂效率。

### 三、乐此不疲向名师学习

古语说：“听君一席话，胜读十年书。”非常幸运，在我任教的学校，我遇到了曹师父、王师父。两位师父认真、上进的优秀品质人尽皆知。曹师父从班级管理、怎样与家长交流等方面让我这个新人很快适应了学校的节奏，少走了很多弯路。王师父听课、帮我批改论文等更是全心全意，她的“在顺其自然中努力，在努力中顺其自然”更使我受益匪浅。记得送课下乡那次，我上完《瑞雪图》，整堂课下来，自我感觉很不错，学生读得也比较到位，也较恰当地培养了想象能力。但王师父说：“在教学中教师注重了学生的朗读，孩子们的想象也非常丰富，如果将学生所想象的根据课文句式来说一说不是更好吗？”“是呀！为什么不这样训练呢？为什么培养学生的想象创新能力就不能再深入下去呢！”像这样的例子简直数不胜数。向他们学习的过程中我的收获、感悟颇多。

## 四、在活动中提升教学质效

听别人的课，能学到别人的优点，更能发现自己与别人的距离。尤其是承担教研课，对自己来说是一个挑战，但更是一个机会。北小的学习研究氛围很浓，有幸的是学校给了我多次承担教研课的机会。虽然承担活动要付出很多，也很累，然而有付出才会有收获。经过每一次教研，我都进步不少，不仅仅心理承受能力得到增强，还学到了更多书本上学不到的知识。记得有次参加“送课下乡活动”，我承担了一节课，从课题的选择到课的设计，王师父和其他老师给了我许多的指导，我一次次地讲，他们一次次不厌其烦地听、评，帮着修改设计。我永远不会忘记老师们反复强调“以读为本”不是泛泛而读，而应有目的、有层次地读，将读作为一种感受，让学生亲身去体验和感悟。在这以后的教学中，我随时都提醒自己：让学生读书，为什么读？你想让他们达到一个什么目的？这样在提高课堂效率的同时，也培养了学生认真读书的习惯。

## 五、在科研中突破惯性思维

第一次参加科研活动是在苏家小学，课题为“挖掘延伸课文内容，培养学生创新意识”，我非常荣幸地成了一名主研人员。因为科研需要大量的实践，需要很多的材料。恰逢新课程改革，培养学生的创新能力成为自己教学中的一个重要使命。怎样培养？从学生学习的字、词、句开始，从学生的学习习惯培养开始。我在课堂教学中不断给他们创设情境，提供机会锻炼他们。记得第一学期有一首儿歌叫《早操》，在教学完后。我让他们说一说谁在什么地方做操，真没想到，刚入学不到三个月的他们，居然说出了那么多绝妙的语句：

新早操

| | |
|---|---|
| 小蜻蜓，起得早，<br>飞来飞去，<br>在荷叶上做操。 | 小铅笔，起得早，<br>写来写去，<br>在田格本上做操。 |

小白兔，起得早，　　太阳公公，起得早，

蹦来蹦去，　　跳来跳去，

在草地上做操。　　在云朵上做操。

后来这首儿歌投到《今日大邑》上并发表了，孩子们可高兴啦！孩子们的想象是丰富的，教师是他们智慧之门的开启者。怎样打开这扇门，需要老师们的努力。从一年级到二年级，凡是孩子们精彩的句子、文章，我都让他们汇集到我班的《百草图》合集上。还有一个特别爱写的孩子，我专门为他准备了一本专集。本来当初只是为课题结题而准备的材料，却带给了我们许多意想不到的收获。孩子爱说、爱写、爱看课外书了，好的学习习惯培养起来了，后来我在北小参与自己设计小课题、参加学校的工作坊等多种科研活动，自己也在思考、实践、反思中不断得到提高。

## 六、不断提高课堂教学标准

因为我从读书开始就比较偏爱语文，觉得自己那点知识对付这些“小不点”绰绰有余。因此，最开始课堂随意性较大，在课堂教学中出彩或者和学生一起找到共同感觉的时候特别少,很多时候是为了完成任务而去教，学生学得乏味，我也教得累。在同事们的随机听课中，他们一下就听出来了，并及时给我指出。记得王师父说过：“如果你每堂课，都将它想成台下不仅有学生在听，还有很多老师在听，迫使自己钻研教材，了解学生，更规范地去教，那么这样，你就会有进步。”果然，在以后的教学中，我每一堂课都刻意要求自己严格一点、认真一点，课堂效益提高了，学生也喜欢听了，自己也觉得上课不那么累了。

## 七、不断反思中改进教学方式

而今课改提倡教师不但要做教学的实践者，更应做好教学的反思，成为一名反思型老师。记得在骨干教师培训会上，大邑中学的王校长曾说过：

“如果一个老师能坚持三年写教学反思，那么他一定会成为一名优秀的教师。”这一点我非常认同，我们学校每位老师都有一本“足迹”，老师们将教学中的点点滴滴记录下来。比如：《乌鸦喝水》这一课是一篇经典篇目，我读书时就在学，但当时是老教材、老教法，要求就是识字、背诵，而在今天的教学中，我将重点移到有感情地朗读和拓展延伸。如朗读方面读出乌鸦口渴着急，想出方法的愉快以及喝到水的快乐，孩子们能用一些简单的动作将课文内容表达出来，孩子们非常有激情。这符合新大纲精神。让孩子在玩中学，拓展延伸，设计问题：“乌鸦还有什么方法能喝到水？”孩子们便七嘴八舌说开了，小江说：“用一根吸管。”小高说：“将瓶子上半部分打烂。”小李说：“拿一个碗来，倒在里面喝。”……孩子们的想法，虽然有些幼稚，然而他们愿意说，这就是了不起的进步。我感到新课程较好地发挥了学生的个性，符合儿童身心特点，较好地培养了学生的创新精神。孩子的想象力是我们成年人所不及的，培养学生的想象力，关键是放飞学生的心灵。

作为一名小学语文教师，不仅要永葆如火的热情，更要博采众家之长，弥补自身之短，才能把枯燥的课文活化成鲜活的课堂教学，点燃学生求知的星星之火，让语文教学的独特气质内化为学生热爱语文、热爱生活的源头活水。

# 实验探究与多媒体辅助教学实践探索

## ——初中化学“分子和原子”教学案例

◎大邑县晋原初级中学　张文耀

## 一、案例背景

“分子和原子”是人教版九年级化学上册第三单元课题 1 的教学内容，本节第一部分的学习目标是认识分子、原子的存在以及物质的微粒性；运用分子的知识解释某些日常现象，初步建立宏观现象与微观本质间的相互联系，培养学生的抽象思维能力。

分子对于初三的学生来说并不陌生，他们在小学自然、初中生物、物理课中都接触过分子概念。但对学习初中化学的中学生来说，分子、原子这些肉眼看不到，手摸不着的微观粒子的确非常抽象。因此如何提高课堂的实效性，让学生理解微粒的概念，掌握微粒的知识，树立微粒的观点，是本课的教学难点。针对教学内容的特点和学生的实际情况，我采用实验探究与多媒体辅助相结合的方法展示分子、原子的特征，把学生的思维引向分子、原子的微观世界。

## 二、案例描述

### （一）创设情景，导入新课

我从与教学内容有内在关系的话题，提出激发想象力的问题来引发学生思考：唐诗云“水晶帘动微风起，满架蔷薇一院香”，为什么我们能闻到花香？学生在感知这一现象的基础上讲解，物质是由我们肉眼看不见的微小粒子——分子、原子等微观粒子构成的。教师展示现代科学技术拍摄到的苯分子图像以及硅原子构成的最小图像汉字“中国”，学生边观看、边思考，感知分子和原子是真实存在的，感受到科学进步可以推动人类文明的发展。

（二）实验探究，构建观念

分子是肉眼无法观察到的微小粒子，教师可以通过引导学生通过观察自然、实验、识图等方法获取信息，运用想象类比、模型模拟、推理判断等方法，将生活中常见的现象与本课教学联系起来，使抽象枯燥的知识变得生动形象，使深奥的知识变得浅显和易于理解。

对于分子的质量和体积都很小这一性质，教师让学生先阅读教材，从具体的数据感知，再通过多媒体展示分子—乒乓球—地球对比的图片，说明分子的质量和体积都很小。

教材中“探究——分子运动现象”这一活动主要目的是帮助学生进一步认识和理解微观粒子（如分子）及其运动特点，如怎样通过化学实验来证明氨分子是不断运动的。

学生按教材要求完成探究活动（1）（2），观察酚酞在蒸馏水和浓氨水中的颜色，引导学生对比，教师演示探究活动（3），学生观察有什么现象发生，并尝试解释这一现象。部分学生仍然难以理解微观粒子的一些特殊性质，当他们对A烧杯中液体变红的现象感到不解时，教师利用多媒体动画模拟出氨分子运动扩散接触到酚酞，使酚酞溶液变红的过程。从而得出构成物质的分子在不停地运动的结论。

根据生活中蔗糖在热水中比在冷水中溶解得快这一现象继续探究：分子运动速率与哪些因素有关？教师分别向盛有冷水和热水的两个烧杯中投入少量的品红。静置，观察到烧杯中品红在热水中比在冷水中扩散得快，教师多媒体展示高温和常温条件下分子运动速率的动画。学生很容易得出“受热情况下，分子能量增大，运动速率加快”的结论。

由于物理课中已经做过“酒精和水混合后体积减小”的实验，证明了分子之间有间隔，因此教材在分子之间有间隔这一性质学习中没有设计实验。但学生很容易出现以下问题：认为组成物质的粒子其大小是可以变化的，受热后粒子会变大。针对这一问题，教师可以补充气体和液体压缩性比较实验和热胀冷缩实验，实验一用注射器分别吸取等体积的水和空气，堵住注射器末端，慢慢推动活塞，比较二者的压缩性。在结合多媒体动画相同质量的同一物质在不同状态下间隔不同，是因为分子间的间隔不同。气体容易被压缩，是因为加压气体分子间隔减小，分子本身则不变。此外，可以通过热胀冷缩实验，结合多媒体动画物质热胀冷缩微观模型，来说明是分子间的间隔受热增大，遇冷减小，分子本身没有发生变化。教师通过多媒体技术，生动、形象地模拟其变化的过程，有效地把正确的微观图像传递给学生，降低了学习的难度，让学生在一种轻松有趣的气氛中掌握知识，使抽象问题具体化，使深奥的知识变得浅显而易于理解。

### （三）练习反馈，归纳小结

根据本节课的内容，利用多媒体辅助的优势，设计课堂练习，及时投影反馈，把所学知识迁移运用解释一些相关的现象和问题，加深学生对所学知识的理解，培养学生分析和解决问题的能力。

## 三、案例反思

本节课是由宏观世界转向微观世界的开端，在本书中起到了承前启后的作用。本节课概念性强，抽象难懂，学生存在认知障碍，缺乏抽象思维理解，因此教学注重了两个突出：

（1）突出实验、多媒体辅助教学的直观效果，使学生深刻体会微观世界的奥妙，形象地构建起对微观世界的认知结构，使本来抽象、枯燥无味的知识变成动态、充满生机的知识，从而降低学习难度，让学生在轻松有趣的课堂氛围中掌握知识。

（2）突出化学知识与学生生活经验的联系，让学生感受到化学就在我们身边，化学知识与我们息息相关。学生在对所学知识进行迁移运用过程中，加深对知识的理解，提高分析问题和解决问题的能力。

当然，这节课也有不足之处，多媒体应用略显偏多，学生有应接不暇之感，不能总览本节课的内容，破坏了整体性。多媒体辅助教学作为一种手段，要求教师在教学过程中要以书本为主，以学生为主，要注意多媒体教学的必要性和有效性。只有这样教师才能合理利用多种教学资源，实现教学的整体优化。

# 薄弱地区高中美术教研组建设研究

◎大邑县实验中学　罗　飞

众所周知，学校教研组是以本校学科教师为基础形成的教学研究单位。其工作职责是抓好常规教学，组织学科的教学研究，及时总结本组教师的教学经验，改进教学工作，提高教学质量，帮助教师提高教学业务水平和师德修养。教研组是教师从事教学研究的组织，也是学校行政部门进行指导教学的有效形式。可见，教研组是学校工作的前沿阵地，是教改与教研的基础性组织。

但事实上，教研组在许多地区依旧未能发挥自身的功能。

以高中美术教研组来说，对于发达地区来讲，教研组建设已经步入正轨，但在欠发达的地区，教研组建设问题较多。从 2015 年起，我校也深刻认识到这个问题，深入开展“三合一”主题教研工作，坚持以科学发展观引领学科教研，以新课程指导教学实践，探讨“研训一体化”的教研模式。立足找准教研的“基点”，整合优化教研的“结合点”，拓展学科教研的新思路，延伸学科教研的有效途径，力求走学科教研的内涵发展之路，充分发挥教研工作的指导性、导向性、引领性和示范性激励机制。努力提高学科教研工作的时效性、针对性和实效性。

我校“三合一”主题教研是以“以研促教，以教辅研，教研与教学相互促进，共同提高，引领教师专业成长”为总体原则，将“青年教师的培养、校本研修、教研组建设”三者融为一体的系列活动。作为“三合一”主题教研工作的基层单位——美术教研组，也在这场教科研改革中迎难而上，获得了宝贵的经验。

## 一、薄弱地区高中美术教研组现状

经调研，成都周边学校高中美术教研组与初中、小学美术教研组相比，问题更多，矛盾更加突出，尤其是在三圈层。现以我校为例，总结如下。

### （一）激励机制不到位

在相当长时间里，我校教研组工作惩罚提得多，激励说得少，甚至只惩不奖，组员情绪大。这造成教科研质量不高，难以推进。

### （二）教研组地位日益下降

实事求是地说，我校教研组的地位正日益下降，特别是美术教研组，美术被称为“副科”，人数少，学科又不太“重要”，其地位可想而知。在学校里，主要完成事务性工作，什么集体备课、教学研讨等，形同虚设。

### （三）教研组功能逐渐弱化

教研组本应是教师成长与学校管理的重要单位，其职能是对教师的日常教育教学行为进行梳理、指导与校正，是教师专业提高与师德升华的重要园地。事实上，偶尔一次活动也经常人员不齐。教师的时间基本被繁杂的事务性工作所占据，故而对教研会相当抵触。

### （四）教研活动流于形式

在我校，美术教研组也开展了一些活动，有计划、有总结。但是，教研活动基本都是流于形式，甚至是走过场。这些活动基本上不是真正从教师自身的成长与发展需要出发，带有很强的功利色彩，其实际效果则大打折扣。

### （五）教研内容过于单一

在我校，教研活动内容比较单一。一般都是安排本组几位老师轮流开课，然后听课、评课，碍于情面，评课时基本都是优点多、缺点少。

### （六）组员个体不够重视

众所周知，搞教研是一件花时间、费精力、劳苦劳心的苦差事。况且，开展几次教研活动也不是一下就能立竿见影地提升教师专业素养，把教学搞上去的。所以，“干吗要花费那么大精力放在教研上”这种错误的思想认识使得部分教师对教研组活动消极对待，被动应付。

### （七）组员个体受益甚微

由于教研组活动没有真正从教师的发展、学科的发展出发，教师在这样的教研活动中受益很少，没有了兴趣与激情，教研活动的质量自然每况愈下，个体从中受益必定甚微。

综上所述，教研组建设形同虚设，教研工作流于形式，落实到教育教学上，自然就一团糟了。

## 二、薄弱地区高中美术教研组困境原因分析

### （一）高中美术教师中存在职业倦怠现象

部分教师不满意自己的工作和生活状态，存在职业倦怠，缺失远大的理想追求，认为教师工资低，没有什么前途。在工作中则动力不足，不求创新，不求上进，得过且过，工作出不来成绩，却很少从自己身上做检讨。

### （二）高中美术学科地位没有达到有效保证

在高中，升学是压在学校头上的一把利剑。对于非统考学科的美术，学校自然没有精力来关注。学校绩效考核的激励政策也是倾向于统考学科，美术取得了成绩，一般是没有什么奖金的，或者是少之又少。作为美术教育从业者，自然而然放松了对自己的要求。

### （三）高中美术教师心理压力普遍较大

一是学校要求高。各高中学校，一般都要求美术教师在各级各类活动

中必须取得优异成绩，这种很高的期望常会让教师产生巨大的压力。

二是教改的要求造成教师的压力。高中美术教师参加进修、外出学习、听课的机会与统考学科相比相对较少，专业发展跟不上时代的要求，面对新课改，大多数高中美术教师感受到极大的压力。

三是学生不重视高中美术的学习也给高中美术教师带来很大的压力。

四是高中美术教师少有成就感，得不到来自物质和精神的鼓励，这也给他们带来了较大的压力。

## 三、如何改变薄弱地区裹足不前的高中美术教研组工作局面

### （一）向学校要政策

高中美术教研组要发展，必然需要政策作保障。我们向学校申请，允许教研组在某些方面掌握一定的自主权，让教研组成员拥有充分的自主权，并对产生的结果负责。同时，要求同工同酬、优质优酬。我们也郑重承诺：必将以优异的成绩回报学校，回报学生，回报社会。学校研究后同意改革管理制度，激励美术教师（当然也包括其他非统考学科），促进教研组建设。

### （二）变革教研组工作制度

按照我校“三合一”主题教研纲领“以研促教，以教辅研，教研与教学相互促进，共同提高，引领教师专业成长”的总体原则，我们开展了将“青年教师的培养、校本研修、教研组建设”三者融为一体的系列活动。美术教研组不变革，目前的生存状况自然会进一步恶化。为此，我们研究并制定了美术教研组工作的基本原则：一是固定活动时间；二是明确活动内容；三是丰富活动形式；四是严明活动要求；五是活动有详尽的记载。

### （三）增强组员工作干劲

教研组工作要让组员有干劲，前提就是要让大家看到工作的意义与价

值。因此，我们设法让各位组员明确教育工作与个人发展的重要意义，而不是进行简单的制度约束。当然，在实际工作中，要通过科学的评价机制，让工作有成绩的教师能及时得到肯定,让有问题的教师能知道自己的问题。让组员理解教研组工作对个人发展的重要作用，快乐工作。

## 四、薄弱地区高中美术教研组建设策略

### （一）需要一位合格的教研组长

过去，很多教研组长都是业务骨干，至少是这个组的精英，但也不见得教研组工作就能勇往直前。为什么呢？我们一直在思考这个问题。通过调研，我们发现，教研工作不出色的组长，性格是有明显缺陷的，不是个性太强，就是故步自封；不是小肚鸡肠，就是高高在上……所以，仅仅是教学骨干远远不够承担教研组长工作。一个出色的教研组必须有好的学科带头人。教研组长要勇挑重担，以身作则，“困难面前要上，荣誉面前要让”，真正起到学科带头人的作用，带领教师大胆实验，敢为人先，走在教改的前列。

1.教研组长是研究工作的引领者

教研组长应该是一位“策划研究的组织者”，主动构思、研究组内工作，能集思广益，让全员参与组内工作，而不是独断专行。重点策划教师的成长与发展，实现“在成事中成人，在成人中成事”的发展目标。

2.教研组长要有宽广的胸怀

教研组长的胸怀要宽广。一方面对组内教师胸怀要宽广，既能正确面对组内正确与不正确的批评或意见，又能敢于担当，为组员担责；另一方面要积极采撷“他山之石”，来精雕“己之碧玉”。

3.教研组长要热爱学习

教研组长一定要热爱学习，要引领组内教师不断学习专业知识和教育教学理论，不断更新教育教学理念。如果淡化了学习意识，忽略了学习过

程，必然要导致教学理念的落后，进而必然会导致教学方式方法的守旧，随着时间的推移，教学行动就会逐渐退化，势必导致教学效果的下降。

4.教研组长要勇于创新。

教研组工作犹如逆水行舟，不进则退。教研组长要有开拓者精神，在教学理念、教研组管理、课堂教学、校本研修、课题开展方面积极思考，大胆实践。要和组员一道，不断尝试、不断反思、不断调整，永不停止创新的脚步。

### （二）要有教研组文化

按理说，教师都是很有文化的，很多有文化的人组成的集体应该更有文化。然而，正是因为大家都有文化，都有自己的想法，形成统一的教研组文化才显得更加困难。一个没有文化、没有灵魂的团队，是不可能走远的。

现代的教研组文化应该是一种民主、积极、合作、共享的文化。美术教研组同样适合。

1.民主

民主的教研组氛围，为教师进行教学交流提供良好的环境，搭建了对话的平台。人人有责，人人参与，人人都有话语权，让教师心情舒畅地搞教研。

2.积极

懒人哪里都有，教师也不例外。积极是思想和行动双重的积极。营造积极主动、勤勉进取、求真务实的教研氛围，保持每个人的良好工作状态，才能推动工作的开展。

3.合作

在合作的文化氛围中，开放性的对话和交流会使每位教师的思想得到启迪，教学行为得到改善，同仁的思想与良好的建议会成为教师专业发展的重要资源。

4.共享

共享让教师自觉地融合到团队之中，交换资源，交流思想，相互促进，真正发挥集体的智慧，催生团队精神。

在民主、积极、合作、共享的教研组文化的引领下，以教师的专业发展和教学水平的提高为核心，形成“教研为我，我为教研”的团队精神，是建设和发展教研组的根本保证。

那么，如何形成民主、积极、合作、共享的教研组文化呢？我们认为，说教解决不了问题。我们采用的是茶话式座谈，相约在一个环境幽雅、轻松的茶楼，大家闲聊式拉开话题。反思现在的状况，设想理想的情景，探讨实现的路径。你一言，我一语，不知不觉形成方案，最后达成共识。共识形成后，在工作中组长作为掌舵人，时刻注意工作方式，努力调控大家情绪。经过半年左右努力，大家都爱上了这种教研组文化，也就没有谁恶意破坏这种来之不易的文化氛围了。

### （三）扎实推进“四步式”集体备课

教研组集体备课中，我校美术组实行“四步式”：（1）备共享教案；（2）备学生学案；（3）相互说课；（4）课后交流。教研组围绕四个环节，开展每月一次教研公开课，进行教学反思、案例分析。课前构思新课改的理念如何渗透、三维目标如何落实、运用怎样的教学策略等；课中根据教学实际，机动调整教学策略；课后反思自我的这节课达成了什么目标，用了什么教学策略，有哪些成功之处等。帮助青年教师和能力欠缺教师寻找课堂教学的优点与创新之处，寻找问题与不足，捕捉隐藏在教学行为背后的教育观念，从而找到改善的切入点，让教学反思过程成为教学研究过程。案例分析有助于教师了解自身的缺失并有针对性地加强缺失方面的学习与锻炼，促进其教学水平的提高。

### （四）加强对青年教师与能力欠缺教师的指导

百年大计，教育为本；教育大计，教师为本。因此，拥有一支高素质的教师队伍对教育质量的影响巨大。我校美术教师能力有高有低，这势必要求我们快速提高教师整体素质，尤其是急需帮扶青年教师与能力欠缺教师。

1.师德教育

我校一直坚持不间断、多方面、多渠道师德规范教育，其他学校肯定也在这样做，但效果不一定就好。我们改变思路，主要进行案例式引导，而不是讲规范、讲奉献、讲纪律。我认为，自我教育才是最恒久的教育。我校美术教研组的师德教育就是设法让大家形成自我教育，能主动反思自己，能主动学习先进。这样，还需担心教师师德吗？

2.师徒结对

我校美术教师师徒结对很有意思。我们不是单纯的优秀教师带青年教师，我们是相互的。我们把教师能力分成条块，每一位教师应该都有自己擅长的条块，这样就可能每一位教师既是师父，又是徒弟。例如，我擅长教学设计，我当设计的师父；你课堂教学特别擅长随机应变，你也是师父；他专业能力突出，他也是师父。这样，我们组内每一位都是师父，同时每一位都是徒弟。其实，试行这一方案的初衷就是想让青年教师和能力欠缺的教师能愉快地接受大家的帮助。试行一段时间，我们发现，大家都有收获，大家都很自信。

3.放手挑担

每一个人都需要舞台，尤其是青年教师和能力欠缺的教师。我们要让他们去独当一面。每次组内活动，我们都安排了一位执行组长，由他来思考运筹教研会。我们不怕暴露问题，我们担心的是不敢迎接挑战，不去追求进步。会后，教研组长会私下与主持会议教师交流，肯定成绩，指出不足。赛课之类活动也有意让一些并不出色的教师挑大梁，大家帮忙出主意，反复打磨。在这个过程中，当事人既感受到了集体的温暖，又得到了锻炼，快速成长。

4.跟踪指导

每一个人都是有惰性的，是不完美的，成长中的教师，尤其如此。组内除了加强思想引导外，在教学业务上采用跟踪指导的方法，对其备课、上课、批改作业等作定期跟踪。在跟踪中，及时帮助他们寻找规律；在跟踪中，坚持激励上进的原则，促进他们不断完善自身的教学方法，不断提高驾驭教材和课堂教学、作业指导等技能。在跟踪中，尽量挖掘他们的潜在能力，使其在教学中发挥自己的长处，形成自己的教学特色。

5.特色展示

客观地说，每一位教师都有自己的长处或特点。既然有了，就需要展示。譬如，我校青年教师熊晓兰，擅长工笔重彩，我就在校内为她办了一场个人画展，吸引了校内绝大多数师生到场欣赏，校外许多同行也慕名前来。青年教师王继兴，课堂教学还不错，我们先在组内演练，后在校学术厅进行全校展示，获得了校长的高度赞赏。这些案例，对他们都产生了很大的正面激励作用，形成了满满的正能量。同时，这也刺激了那些暂时落后的教师，容易形成比、学、赶、帮的优良态势。

6.重点扶植

俗话说，五个手指伸出来有长短。在青年教师中，能力高低是客观存在的。如何做到齐头并进，这就需要对两头进行关心、帮助。对青年教师，我们大力支持、放手自主，让他们自己管理自己，创造机会让他们多露面展示才能，创造机会让他们去获奖，去争取更大、更多的奖励。对在教学上有困难的教师，我们对他们多一些指导，少一些指责；多一分耐心，少一些急躁；多一些希望，少一些失望，使他们树立信心，使他们一点一点提高教学技能。

## （五）创新校本研修模式

校本研修让学校成为一个有利于教师专业发展的学习型组织，尊重教师个体的发展愿望，创设一切便利条件，充分发挥教师个体创造力和教师群体合作力，形成一种弥漫于整个组织的学习氛围，并凭借着群体间持续不断的互动学习与实践，使个体价值与群体绩效得以最大限度地显现。鉴于此，我们力求在校本研修的内容和形式上尽量创新，让组员易于接受。

1.培训研修模式

依靠学校这棵大树，针对教师职业倦怠和现状，依据新课程改革的需要和教师自我发展的需要，我们开设了专题讲座，请教育专家李镇西做了主题是“用一生的时间寻找那个让自己吃惊的我”的演讲，目的是促进教师思想行为的转变，进而引起教学行为的转变，树立以学生为本，以学生发展为中心的教学理念。以本学年为例，美术教师参加学校主办的学科专题讲座 15 次，技能培训 3 次，教学观摩研讨课活动 30 次，才艺比赛、外出互动交流达 40 人次。做到了讲座与交流、观摩与点评、教研与培训相结合，提高了“研训”工作的质量，强化了“研训”的制度建设与管理，营造了良好的教研氛围。

2.案例研修模式

在工作中，我们不断收集各类典型的教育教学案例，认真揣摩、学习，从中获得启迪、寻求解决问题的思路与方式。运用这种模式进行研修时，研修者必须要精选出具有代表性、典型性的案例，然后组织教师进行深入讨论。这种模式具有较强的针对性，效果较好。通过教师参与式的研讨，我们引导教师运用课改的理念，对课例进行分析、模仿、借鉴，从中领悟一些新颖的教学方式，启迪自我的课堂教学，这种模式取得了很好的效果。

3.课题研究模式

我们充分利用组内资源，以“名校领办背景下有效课堂教学实践研究”为载体，组建了联动小组，开展系列式主题教研活动。由组长具体引领承担本学科的日常研究，使教研和科研得到有机的整合。透过本校骨干教师与其他教师“多元联动”的校本研修来提升每一位教师教育改革适应潜力。

4.新课程理念研修

课程改革成败的关键在于教师，教师对新课程理念的认识程度直接影响课改实验的成效。为此，我们继续把学习、实践、验证新课程理念，作为师资研修的重点任务来抓。重点学习《美术新课程标准》《走进新课程》等，加强通识研修，主要抓好四方面的工作：一是明确研修目的：掌握新理念、实践新理念、优化教育过程，为全面课改打实基础。二是确保研修时间：用足、用好业务学习时间。三是构成研修系列：重点围绕说课、上课、评课开展教研组活动，通过校内各科优质课、公开课、示范课和观摩课研修，在一个个案例中实践、体验新的课程理念。四是加强合作交流：外出学习、观摩，返校后及时向教研组其他成员传达先进思想、理念，相互学习，共同提高。

# 皮影课上妙趣多

## ——小学皮影特色课程的开发

◎大邑县潘家街小学 张 莹

据考证，皮影距今已有2000多年的历史，最早的文字记载出于《汉书·外戚传第六十七上》“上思念李夫人不已，方士齐人少翁言能致其神。乃夜张灯烛，设帷帐，陈酒肉，而令上居他帐，遥望见好女如李夫人之貌，还幄坐而步。又不得就视，上愈益相思悲感，为作诗曰：‘是邪，非邪？立而望之，偏何姗姗其来迟！’令乐府诸音家弦歌之。上又自为作赋，以伤悼夫人。”这段帝王爱情故事作为皮影起源，给皮影带来了浓厚的艺术文化气息。

至宋代，皮影戏与戏曲相结合，成为当时流行的一种民间艺术。宋人高承著《事物纪原》说：“仁宗时，市人有能谈三国事者，或采其说加缘饰作影人，始为魏、蜀、吴三分战事之像，至今传焉。”

明清民国时期，《三国演义》《封神演义》等小说的问世与传播为皮影提供了大量演出素材，皮影演出达到了鼎盛时期，乡村城镇，各种皮影班比比皆是，逢年过节、祈福拜神、婚丧嫁娶等都少不了皮影的影子。

从民国初年东街富绅陈华斋“集贤社”中的皮影演出到1979年大南街浴室茶园晋原镇川剧学习组郑福兴、谢逢春及王场皮影提线老手黄汉臣，提线新手大旦杨德华、王协成、苏大利，鼓师邓平安、琴师严绍丹、旦角肖尊华、花脸刘华轩等一连三天三夜的皮影演出；再到1983年以刘丹桂先生从大邑收集到的第一个皮影为开端的《四川皮影》的问世；最后到1995年中国邮政发行的《中国皮影》（志号：1995-9）中（4-4）T《四川大邑皮影人物》的发行。这一系列的事件说明大邑在皮影文化上有着良好的历史传承，皮影作为大邑的一种本地传统文化，在大邑本地有着良好的群众基础，因此被我校确定为特色课程。

## 一、开发皮影特色课程

开发皮影特色课程，不仅要了解相关的文化与历史，还要学习如何制作与表演。前期，我校美术教师团队多次拜访了成都皮影博物馆的赵馆长与何馆长，除了向专家们了解更多的皮影历史知识，还学习如何制作皮影和编排皮影节目，如何演绎皮影戏等。皮影制作工艺复杂，通常要经过选皮、制皮、画稿、裁剪雕刻、熬胶调色、上色、发汗熨平、缀结等工序，手工雕刻几百甚至上千刀，是一个复杂且奇妙的过程。在专家们多次耐心的指导下，我们的老师不仅学会如何制作还学会了如何演绎皮影。

现在很多学校都会选用一些传统的艺术文化作为自己的特色课程开发内容，在成都区域类就有几所学校把皮影、川剧、剪纸等作为特色课程。皮影艺术综合美术、音乐、写作、戏剧、刻绘等为一体，蕴藏着丰富的文化艺术资源。我们走访一些学校，参观其校园文化建设，了解其校园特色课程建构、观看学生社团课程的学习过程，与该校领导和任课老师交流，在丰富自身文化艺术的基础上学习经验，懂得如何更好地开发校园特色课程。

当代小学生大部分是“10”后，学校的老师也偏年轻化，对皮影不太了解甚至是很陌生。为了让师生们更好地认识皮影、了解皮影并爱上皮影，我们邀请成都皮影博物馆的工作人员进校园演绎皮影戏。表演中，皮影艺人们在幕后熟练地操纵着皮影，沧桑的唱腔以及活灵活现的人物表演让师生们领略到“一口道尽千古事，双手挥舞百万兵”的皮影艺术。欣赏完皮影戏后，我校还鼓励师生上台到幕后进行皮影表演尝试，艺人们手把手地传授我校师生皮影戏演绎技巧，学生们也在光影故事中探索，感受着皮影表演带来的乐趣。类似的活动让学生与皮影戏零距离接触，增强学生对皮影这种传统艺术的认同感。

根据学生的年龄特点，我们把教学内容分成了高、中、低三个教学段。结合前期的探索研究，制定出了一套合理有效的教学方法。

把一、二年级划分为低年级教学段，开设的课程主要以观看皮影戏、玩耍皮影、了解皮影相关知识为主。通过看、摸、听等多种感官了解皮影、欣赏皮影、感受皮影文化的魅力。

把三、四年级划分为中年级教学段，开设皮影戏表演，皮影剪纸剪影的制作，皮影绘画的制作等课程。让学生通过自己动手设计制作与皮影相关的绘画与剪纸，学习简单的雕刻知识，深入了解皮影的造型特点。通过欣赏和演绎皮影戏，模仿皮影戏的唱腔等，感受皮影戏的声调、韵味与动作特点，让学生沉浸式地感受皮影文化，激发其对皮影的热爱。

把五、六年级划分为高年级教学段，开设皮影戏剧本创作和皮影制作与表演等课程。通过一系列的课程学习让学生了解皮影制作和刻画的特点，通过编排剧本让学生感受到皮影的艺术魅力。

目前，我校师生已经创作出《三打白骨精》《疯狂迪斯科》《猪八戒吃西瓜》《草船借箭》等剧本，并且也制作出了相关的皮影人物，大部分学生已经学会演绎这些皮影剧目。通过丰富多彩的课堂教学实践，我们按照课程实施方案将皮影艺术教授给了当代小学生，引导下一代发展皮影艺术，更好地保护和传承我国优秀的民间传统文化，使学生热爱本地文化，热爱民族文化。

## 二、将皮影与各学科深度融合

### （一）皮影与美术学科融合

美术学科是提高学生审美能力，培养学生美术素养的重要学科。皮影艺术本身就与美术是息息相关的，它的造型、色彩都离不开美术，皮影戏的美术造型在我国乃至世界美术史上都称得上别具一格。在我们的美术课堂上，我们可以通过美术的视角去认识与了解皮影，学习绘画皮影人物，制作皮影相关的版画作品，手工制作纸艺的、可操作的皮影人物角色等。通过美术学科的教学将传统的文化艺术与美术课堂相结合，引导学生发现地方文化特色，使学生发现皮影艺术的独特魅力，进一步激发学生对我国传统文化艺术的热爱，从而更好地传承和发扬我国的民间传统文化。

### （二）皮影与语文学科融合

皮影艺术是一项综合性艺术文化，它不光与我们的美术息息相关，还离不开我们的语文学科。在皮影创设中我们会编排剧目，创作剧本，我们可以根据学生的年龄阶段，结合我们的语文学科内容，创作编排小剧本。比如利用语文课本中我们耳熟能详的小故事再创作皮影剧本和制作皮影人物等。目前我们根据语文课本内容，已制作出《小蝌蚪找妈妈》《狐狸与乌鸦的故事》《司马光砸缸》等皮影小剧本和皮影角色。这些小故事简单易懂，学生做起来上手快，并且制作的过程相当于又复习了一遍课文。通过用自己制作出来的皮影来表演，吸引了更多的学生热爱皮影，增强了学生的自信心和表现能力。此外，学生以观看皮影戏的这种方式来熟悉故事、了解故事，感受故事传递给我们的正能量。

### （三）皮影与音乐、体育学科融合

中国皮影艺术具有悠久的历史和深厚的文化内涵，它是由美术、戏曲、音乐等多种文化结合在一起的一种民间的传统艺术表演形式。新的课程改革对音乐学科有了新的要求：将我们各民族传统的音乐文化作为音乐课中的重要的教学内容。皮影表演的音乐中涉及很多地方的音乐文化，它的唱腔和气息节奏都与现代音乐有所不同。在我们的音乐课堂上我们可以学习了解不同的皮影音乐文化，还可以自己创作属于我们本土的独有的乡土音乐文化，除了了解学习音乐外，我们还可以编排皮影舞蹈。目前我校以皮影文化为核心编排的皮影舞蹈有《皮影小传人》，切实把皮影艺术融入学生的音乐课中，以古典与创新结合的艺术形式展现，学生通过唱跳来感受皮影文化带来的魅力，在传承与创新中体验乐趣和感受成功。

皮影不仅可以和音乐学科融合，也可以和体育学科相融合。皮影表演中，皮影人物角色的动作是由幕布后面的艺人操纵杆子来进行的，人物动作较机械又充满节奏感和乐趣。体育学科教师可结合皮影表演的动作与音乐学科提供的音乐，编排一套节奏感强的皮影操，编排的皮影操可以纳入学校大课间活动。学生们通过皮影操的学习，能更深入地了解皮影，在体育锻炼中认识、学习皮影表演，这样不但能丰富学生的课间活动，更能营造专属于校园的皮影特色文化氛围。

传统的皮影制作工艺复杂，其中制皮工艺就包含净皮、刮渣、去里皮等工序，制作起来极为不便，虽然现在市面上可以买到成品牛皮，但是价格高昂。综合实际考虑，我校选用透明塑料片用于日常教学，对于学生而言，操作起来也更方便。

雕刻皮影需要熟练各种刀具的不同使用方法，这对于义务教育阶段的学生来说难度较大。为此，我校引入了激光雕刻机等机器进行辅助雕刻，利用机器更精湛与更细腻的雕刻工艺帮助学生练习皮影。

传统的手工艺与现代科技相结合为皮影注入了新的活力，让传统皮影艺术迸发出新的生机。皮影制作原料与手法的简便也极大地降低了皮影入门的难度，让皮影这一传统艺术更容易被学生所认知并学习掌握。在学生不断地认知、学习、掌握过程中，对皮影的兴趣爱好又会不断地增加，进而产生进一步深入学习皮影的热忱。由简入繁、由易到难，我们将电脑制图、激光雕刻、3D 打印、动画制作等现代技术应用到皮影艺术中，使越来越多的人爱上皮影这种艺术，进而主动去传承皮影艺术。

皮影是中华民族艺术殿堂里一颗璀璨的明珠，是世界公认的“电影鼻祖”，它在中华大地上传承了两千年，是中华民族艺术文化中的一件瑰宝。2011 年，中国皮影戏入选人类非物质文化遗产代表作名录。

学校文化应该是多元化的，它不仅关注优秀的现代文化，更要注重对传统文化艺术的开发与传承。“非遗”文化进校园，开发皮影特色课程是民族文化传承的一种方式，长期处于传统文化的熏陶中，对学生审美能力培养、价值观形成和认知水平提升起着促进作用，同时学生在此过程中也感受到了中华文化的博大精深，进而树立起民族自豪感。同时，学校开发皮影特色课程有助于打造主题性校园文化，提升校园文化氛围、艺术表现力和文化价值。

让皮影文化艺术进校园，与小学教育有机融合，是我校学生了解本土文化与传统文化，感受皮影独特魅力，提升人格修养的重要途径。

# “小场地”如何上好体育课

◎大邑县东街小学　李　懿

从2007年第七届全国大学生运动会开幕式上，时任教育部长周济同志代表教育部向全国的广大青少年学生提出“每天锻炼一小时，健康工作50年，幸福生活一辈子”的口号开始，“阳光体育运动”已经进行了14年。体育锻炼有了时间的保障。有了时间还需要有空间，但是我们有相当一部分的学生却早已被禁锢在有限的空间内。我所任教的学校就是这样的情况：全校共有36个班级，一千九百余名学生，而操场狭窄又不规范，面积还没有一个二百米跑道大，学校学生人均使用面积不足1平方米，与国家规定的人均5.3—6.3平方米要求相差甚远，在这样的场地条件下，连完成教材中规定的常规教学任务都成了一件异常困难的事。

作为学校体育教研组组长、一名党员体育教师，面对着全校接近两千名学生渴望体育锻炼的目光，我相信，办法总比困难多，在我们体育组全体同仁的不断努力下，经过十余年的不断摸索、改革、推翻、重建、学习、总结，我校创建了一套具有自己特色的体育教学模式，体育教师不仅能够圆满完成教学任务，还在各级各类体育比赛中获得了非常优异的名次，尤其是我校的篮球代表队，多次获得各组别县级比赛第一名，更曾取得过市级前三名的好成绩。这里，就来分享一下我校行之有效的关于小场地如何上好体育课的一点经验。

## 一、合理安排课程

为了保证体育课能开足开够，给学生足够的活动空间和活动时间。首先，在课程的安排上，我们打破之前的课程安排观念，不再把体育课安排成“下午课”，尽量使体育课平均分布到一天的课程中，使上课学生的活动场地最大化。其次，不再局限于常规的上课形式，每个年级、每周我们都安排了一节全年级一起上的大课，这样的上课形式不仅在教学课间操等内容时，节省了不少时间和空间，在其他方面也起到很好的效果，例如：开展班与班之间的篮球、长绳等对抗赛，既丰富了体育课的内容，又提高了学生的学习兴趣，更提高了学生的集体荣誉感。

## 二、严密组织，合理地利用场地条件

在备课中设计场地时，教师必须从学校实际情况出发，因材设计，布置场地因地制宜，注重实效。在常规备课中改变以往的思维模式，灵活、多样地利用、规划场地。仔细研读教材，看看哪些内容可以通过变化来适应小场地。因此，教师除对教材做到深刻的理解之外，必须全面考虑场地与器材的布置、分组的安排、队伍的调动，各个部分内容的选择都要根据基本部分的内容、任务和学生的实际，使前后能很好地衔接。为让场地得到更合理的应用，我们将场地分为几块练习内容相对固定的区域，教师在制定教学计划时对教材的先后顺序进行微调，在同一教学周期内，老师之间尽量不安排同样的教学内容，更合理地利用了场地，学生活动也相对更安全。在这方面，体育教师之间的相互理解、相互配合、相互支持尤为重要，有了体育教师之间的相互合作，体育的教学工作开展起来更为顺利了。

## 三、器材的选用

教材是场地布置的依据，器材是场地布置的基础。小场地教学与小器材教学相结合，有利于体育资源的开发利用，有利于解决学校场地小、器材缺的矛盾。如利用沙包、羽毛球、乒乓球等轻物代替实心球；用橡皮筋来代替跨越式跳高的横杆；冬季开展踢毽子、跳绳等丰富多彩的体育活动。

尽量做到小场地、小器材、大容量，使体育课生动活泼，使学生喜欢。

在课的设计中，尽量考虑到场地器材的多方位作用，做到一场多用，一物多用。如地上画四条 1.5—2 米的平行线，既可做队列练习标准线，又可做跳跃、纵向 S 形跑、跨越小沟的练习，竖立或三角形作跨越式跳高或跨栏辅助练习，侧立又可作小球穿出山洞的游戏……场地器材是个限定数，教学手段则是无穷数。

## 四、小型多样的体育比赛

一些场地需求小但却不热门的体育项目，开展起来学生的学习兴趣可能不是很高，教师可以利用组织比赛的契机来引导学生进行适宜在小场地中开展的体育活动，引导他们对这些项目逐渐产生兴趣。如：在学校开展班级间的毽球比赛，许多学生就立刻自发地买来毽球，利用课间、午间、下午放学后的空闲时间进行练习，在平时更是主动向老师提出要利用课上的时间进行练习的请求。

## 五、更多地采取分组练习法

在体育教学中将教材的素质练习内容与体育游戏结合起来，能较好地解决场地狭小的矛盾。例如，在篮球投篮教学时，篮球架有限，学生等的时间就必然长，影响了教学效果。若安排一组学生直接练习投篮，另一组学生可在相宜的场地上做游戏，如钻圈洞、抢球等，游戏使用场地不大，活动效果好，能同时保证课的密度和运动量。

也可以根据学校运动场地、教学内容、学生的体育基础及健康状况，将学生分成体弱组、体强组或男生组、女生组，采用分组轮换的教学方法进行活动。如女生由小组长带领，练习跳皮筋，男生则在教师指导下练习跳高，这样场地小的矛盾就相应得到缓解。

总之，解决场地狭小的问题的方式不是单一的，无论是什么类型的学校，要依据学校具体情况，进行具体安排，这才是根本的原则。只有激发、调动学生的兴趣，重视和发挥学生在教学中的主体地位，充分利用多种不同的教学模式，才能在小场地上好体育课。同时我们还需要发挥教师主人翁精神，付出更多的心血，想出更多的办法，吸取他人的经验，才能不断地提高自己的教学水平，才能更加出色地在小场地中上好体育课，才能培养出适应国家现代化建设需要的人才。

# 幼儿入园挺焦虑，家长怎么做？
## ——指导新生家长帮助孩子度过入园焦虑期的实践探索

◎大邑县东街幼儿园　曹　彬

3—5 岁是幼儿形成依恋的一个高峰期，依恋是亲子关系的高度发展，入园则让这种亲子关系有了暂时的分离。每年 9 月，小班新生孩子入园，幼儿园门口总会上演一场场“离别大战”。面对与亲密家人的第一次分离，面对幼儿园这个陌生的环境，孩子们的分离焦虑十分严重，不愿上幼儿园的哭声不绝于耳；不少教师面对幼儿的焦虑束手无策；家长们对幼儿的入园适应能力忧心忡忡、不知所措；初入园的幼儿吃饭、如厕、午睡不能自理，困难重重……

面对这些重复上演的情境，面对“新生入园”这个老生常谈的问题，作为幼儿园老师的我们不得不静下心来认真思考：如何帮助新入园幼儿顺利度过分离焦虑期，轻松适应幼儿园新环境？如何帮助家长缓解自身和孩子的分离焦虑，指导家长帮助幼儿做好入园的各项准备？

基于此，我园以“新入园幼儿家庭教育的支持性策略研究”为课题开展了相关的实践研究工作。通过近一年的研究，课题组在“指导新生家长帮助孩子顺利度过入园焦虑期”这方面做了大量的实践和探索，在以幼儿园为主体的基础上，探索了一些行之有效的方法，较好地回应了许多家长提出的“面对自家孩子新入园，我们家长该怎么做”这个话题，为新入园幼儿家长提供了帮助孩子顺利度过入园焦虑期的一些具体方法和策略，为助力新生较快适应幼儿园生活，促进幼儿全面和谐发展提供了支持。

## 一、“六步走”关键措施助力家长正确认识和科学对待分离焦虑

缓解新生入园焦虑，从谁开始？长期以来，幼儿园一直把解决这一问题的重心放在孩子身上，老师们会通过创设温馨的班级环境、组织孩子们参与有趣的游戏活动等方式减轻幼儿的分离焦虑，让他们能逐渐适应幼儿园的集体生活。但当我们把重心放在幼儿身上时，却忽略了另外一个比幼儿更加焦虑的群体——幼儿的父母和祖辈家长，忽略了家庭教养成员对于孩子入园焦虑带来的多方面影响。有研究表明：幼儿入园初期，家长焦虑程度越高，幼儿的入园适应水平越低。因此，消除家长的担心和焦虑才是缓解幼儿焦虑首先要做的事情。

作为接手新小班的老师，如何帮助家长正确认识并克服自身的分离焦虑是提高新生入园适应和班级工作质量的首要工作。在我园的课题研究实践中，我们提出了“幼儿入园，家长先行”的观点，并逐步形成了以缓解家长及幼儿焦虑情绪为主体的“六步走”关键措施：“问卷调查—园级新生家长会—入户家访—小组家长沙龙—个别沟通指导—班级亲子活动（家长开放活动）”。

### （一）填写“新入园幼儿家长问卷调查表”

在秋季新生报名登记时（一般在6月份），每位新入园幼儿家长需要填写“新入园幼儿家长问卷调查表”，以此方便老师提前了解幼儿的基本情况、家长教养方式、家长期望以及家长对幼儿入园的焦虑程度等。

### （二）园级新生家长会

在7月份的“园级新生家长会”上，幼儿园会针对前期问卷中梳理出的家庭教育存在的普适性问题和家长集中关注的方面，给每位家长发放《东幼新入园幼儿家长指导手册》《答新生家长问》，并借助直观形象的PPT，采用座谈、讨论、互动等方式为家长答疑解惑，向家长讲解幼儿园的办园

理念、办园特色、幼儿入园一日生活安排、新入园幼儿分离焦虑的缓解、入园温馨提示等内容。尤其是针对新入园幼儿分离焦虑的几种突出类型和表现、家长如何缓解幼儿分离焦虑进行重点沟通。让家长先要正确认识并克服自己的焦虑，从而正视幼儿入园焦虑的实质，明白只有以平常心对待幼儿入园后会遇到的各种问题，才能将平稳的情绪传递给幼儿。同时，家长也要根据自己孩子的实际情况调整家庭教养方式，与幼儿园密切配合，做到科学育儿。这样才能有效地减轻幼儿入园焦虑，让幼儿顺利度过入园适应期。

### （三）新生入户家访

在园级家长会后，小班老师会利用暑期时间（一般安排在8月中下旬）提前对幼儿进行“新生入户家访”。深入幼儿家中，了解幼儿家庭情况、家庭教育状况、家庭教育环境对孩子的影响；了解孩子在家的表现、生活习惯、兴趣爱好等，并借助家访契机及时对分离焦虑较为严重的家长实施干预，提出有效的建议。

### （四）小组家长沙龙

教师通过细心观察平时家长接送幼儿时的情况，可以采用“小组家长沙龙”的策略做好分离焦虑较为严重的家长工作。老师们根据家长的需求分组开展沙龙和约谈，比如，针对分离焦虑型的家长召开“高高兴兴送孩子入园——缓解分离焦虑家长沙龙”；针对家长担忧孩子入园生活适应问题及包办代替型家长召开“让爱放手似晴天——助力孩子成长第一步家长沙龙”；针对祖辈家长召开“新入园之爷爷奶奶家长会”等。在这些有针对性的家长会上，老师们用自己的专业和信心赢得家长的信任，让他们放心把孩子送到幼儿园。会上多给家长介绍幼儿园的正面信息，汇报幼儿在园的积极消息，同时也让家长明白幼儿入园焦虑的实质，帮助家长消除自身的焦虑。

### （五）个别沟通指导

对于个别分离焦虑特别严重或有其他特殊情况的幼儿和家长，老师可以用“个别沟通交流”的方式与家长约谈。帮助家长客观分析幼儿入园表现、家园配合要点，给予家长科学有效的建议，让家长认识到分离焦虑不仅影响自己的正常工作和生活，而且会加重孩子的焦虑，不利于幼儿尽快适应幼儿园的新生活。家长一定要对自己当前的状态做出适度调整，并与老师保持畅通的交流，老师也会将幼儿在园的情况及时以视频、照片等方式发送给家长，以此鼓励家长以自己积极、乐观和正面的情绪去影响孩子，这样家长和孩子都会很快地度过焦虑期。

### （六）班级亲子活动和家长开放活动

在幼儿入园前后，幼儿园会组织一些生动有趣的亲子活动和家长开放活动。如：好玩的幼儿园——入园前亲子共同参观园所活动、中秋节亲子同乐活动、亲子种植活动、家长品餐活动等。亲子活动的开展，促进了亲子间的互动和情感交流，同时，家长与家长之间、家长和老师之间也可以互动交流有关孩子新入园方面的诸多问题，从一定程度上让孩子熟悉幼儿园的生活，感受幼儿园生活是生动有趣的，也能有效地缓解幼儿和家长的入园焦虑。

## 二、“三阶段”梯度策略引领家长帮助孩子度过入园焦虑期，让焦虑“渐行渐退”

英国心理学家约翰·鲍尔比经过观察，把婴儿的分离焦虑分为三个阶段——反抗阶段、失望阶段、超脱阶段。同婴儿的分离焦虑相似，幼儿入园的分离焦虑通常也要经历哭闹、破灭和超脱三个阶段，之后才能逐渐适应幼儿园的生活。要让新入园孩子顺利适应新的环境和生活，家园配合尤为关键。作为幼儿园的老师，如何获得家长的积极配合，并帮助家长理性、科学地引导幼儿度过入园焦虑期，提高幼儿入园适应能力，是我们课题研究所要思考和解决的核心问题。因此，幼儿园课题组在“指导新生家长帮助孩子顺利度过入园焦虑期”这方面做了大量的实践和探索，尝试指导小班老师通过“三阶段梯度策略”——（幼儿入园前、入园初期、入园后三个阶段）循序渐进地引领家长帮助幼儿度过入园焦虑期，让焦虑“渐行渐退”。

### （一）第一阶段——入园前

缓解新生入园焦虑，从什么时候开始？多年的小班带班经验告诉我们，为减弱新生幼儿初入园的分离焦虑，家长一定要在幼儿入园之前的一段时间提前做好相关的入园准备。那新生入园，到底要准备些什么？家长们如何来做好这些准备呢？我园通过 7 月初的“园级新生家长会”以及发放《东幼新入园幼儿家长指导手册》《答新生家长问》给新入园幼儿家长提出了以下一些有效策略，并鼓励家长利用暑期两个月的时间去实施。

#### 1.带领幼儿提前熟悉和感受幼儿园

入园前，家长可以带着孩子到幼儿园去走走玩玩，在家长陪同下玩玩滑梯、骑骑小车；带着孩子参观幼儿园室内室外活动场所，帮助孩子熟悉幼儿园的环境，教孩子识记一些重要场所（如本班教室、厕所、活动场所位置等）。这些准备工作将有利于减轻孩子初入园时情感上的波动和哭闹。

#### 2.有意识地介绍幼儿园的好处，做好幼儿入园心理准备

入园前 2、3 个月，家长要有意识地和孩子多谈论幼儿园，可以谈谈自己小时候或邻居家的哥哥姐姐上幼儿园的趣事；告诉孩子幼儿园是小朋友学习本领、游戏玩耍的地方，在那里能够玩到许多新玩具、结交许多新朋友；幼儿园老师还会给小朋友讲很多好听的故事，教小朋友唱歌、跳舞等，让孩子向往幼儿园生活。

#### 3.培养幼儿生活自理能力

幼儿生活自理能力的强弱会直接影响他们的入园适应情况。一般来

说，自理能力强的孩子较自理能力弱的孩子能更快度过入园焦虑期，也能更顺利地适应幼儿园新生活。因此，在幼儿入园前，家长一定要重视加强幼儿生活自理能力的培养，在吃、喝、拉、撒、睡等方面鼓励幼儿学会自己的事情自己做。具体来说，在进餐方面：教会孩子正确使用小勺、筷子等餐具；鼓励孩子自己吃饭，不喂饭；固定三餐时间和地点；教育幼儿不偏食挑食等。睡眠方面：让幼儿坚持早睡早起、每天午睡、独立入睡。如厕方面：让幼儿学会自己如厕；有需要知道向老师求助，不要害怕说尿裤子。

当然，老师除了要让家长认识到培养幼儿生活自理能力的重要性和相关内容而外，还要为家长推荐具体可行的教育措施。教师可以引导家长做一些培养幼儿自理能力的小游戏，让幼儿在游戏中获得自理技巧。比如：和孩子玩“喂小动物吃东西”的操作游戏，让孩子学习使用筷子将小白豆夹起来喂小动物。另外，当孩子遇到难以完成的困难时，家长可以启发孩子用“想一想，试一试”或“家长做一半，为孩子留一半”的方法，让孩子学会生活自理。如学习穿衣服扣扣子、洗手前卷衣袖时，家长可以先示范或帮助孩子扣一个扣子，卷一只衣袖，然后鼓励孩子试着自己完成余下的部分，这样不仅培养了孩子的自我服务能力，也让孩子感受到努力后获得成功的快乐，也为孩子较快适应幼儿园生活增添了自信。

4.做好幼儿交往准备

家长还要多给孩子提供独立与他人交往的时间与机会，如邀请邻居或亲戚家的同龄孩子到家里或一起外出游玩，使孩子逐渐习惯与同伴或其他成人一起玩耍、嬉笑，并引导孩子在与同伴玩耍中学会谦让、关心与合作，为进入集体生活做好准备。

5.调整幼儿作息，培养初步的规则意识

教师利用家长会详细介绍幼儿入园后的一日生活作息安排，建议家长在暑期作息时间的安排上逐渐接近幼儿园的生活规律，并提示家长要逐步培养孩子的规则意识，如自己的玩具要自己收拾好，不要让孩子在家随心所欲，否则孩子入园后，面对幼儿园的各项要求会无所适从。

### （二）第二阶段——入园初期

经过实践和观察，第一阶段入园前家长有意识地做好孩子的生活自理能力准备、心理准备、交往准备，确实能从一定程度上减轻部分孩子的入园焦虑，缩短孩子的入园适应期。但当真正来到 9 月入园的第一天时，多数孩子面临与朝夕相处的家人的长时间分离，哭闹、不安、焦虑仍然会表现得淋漓尽致。在入园初期，幼儿情绪大致会呈现出四个发展阶段：情绪失控—依恋增强—情绪反复—情绪稳定。如何稳定幼儿的失控情绪，帮助幼儿建立新的依恋关系是入园初期小班教师和家长无法回避和需要共同突破的难题。在此阶段，我园借助“入户家访”“家长沙龙”“个别交流”等多种方式向家长们推荐了一些有效的方法，为更好地助力家长帮助幼儿度过入园焦虑期提供了有力支持。

#### 1.家长要信任教师，给孩子提供心理上的支持

孩子初入园时，家长要在心理上给孩子提供坚定而有效的支持。比如：尽可能地表现出对老师的信任和喜欢，引导孩子对老师产生好感，喜欢老师，这样才有利于让孩子和老师之间建立新的依恋关系。另外，每天接孩子回家时，可以多问问他：“今天在幼儿园有什么好玩的事？”“你和老师小朋友玩了什么游戏？”以便及时了解孩子的心理感受。同时，这些问题也会让孩子对自己的行为有所感触，对以后的幼儿园生活产生向往。

#### 2.家庭成员统一教育要求，坚持送孩子入园

通过新生入户家访，我们了解到新生幼儿的家庭结构以一家三口或四口的核心家庭和三代同堂的主干家庭为主，另有个别单亲家庭、重组家庭和留守家庭。在不同家庭教养方式下幼儿习得的能力和习惯有一定差异，这些差异也直接关乎幼儿入园适应的进程。尤其是在坚持入园方面，祖辈家长和女性家长较男性家长而言，坚持得不够好。

因此，为了让孩子能尽快适应新环境，家庭中孩子的主要教养人应与其他家庭成员达成统一的教育共识，在幼儿生活能力培养和各种习惯养成教育以及在坚持送孩子入园方面都要做到要求一致，温柔而坚定，尽量杜绝“时送时停”“送两天，歇一天”“一味妥协，今天送不下，明天送”。

3.接送环节讲究技巧

新入园初期，除了要坚持送孩子入园，家长还要特别注意在幼儿入离园的接送环节需要讲究的一些技巧。如：早上送孩子入园道别时，告诉孩子你会准时来接他，愉快地和孩子说“再见”，然后坚定地离开。切忌“孩子哭，你也哭”“一步两回头，在门外偷偷观望”，也不要因为孩子哭闹而责备他，更不要说“你再哭，下午就不来接你了”。下午离园时，家长一定要按时来接孩子，不能让孩子在入园后的前几天里感觉离开父母的时间过长，从而产生焦虑的心理，造成对幼儿园的恐惧，拒绝入园。

### （三）第三阶段——入园后

经过入园初期家长与教师的积极配合，大部分幼儿的入园焦虑得到了有效缓解，进入了全面适应幼儿园生活的新阶段。这一新的适应一经开启，幼儿就会表现出极为强烈的自主需求。如“以自我为中心”、任性、不遵守集体要求和规则等，但也还会有一小部分幼儿的情绪存在波动与起伏。因此，在入园后的这个阶段，幼儿园会利用“亲子活动”“家长开放活动”“日常沟通”等形式，加强与家长的联系，取得家长的积极配合，引导家长继续稳定和巩固幼儿情绪，指导和帮助幼儿习得基本的自我服务技能，不断增强自我管理能力，适应幼儿园集体生活。

1.巩固稳定幼儿情绪

新小班幼儿的焦虑情绪在入园后会出现一些反复的波动，如有的孩子在周末过后、中秋国庆长假后、生病返园后突然又害怕或不愿意上幼儿园了，有的孩子甚至还表现出无精打采、身体乏力等，这令家长头疼不已，手足无措。其实假期后的入园不适应和不良情绪，跟孩子初入园时的分离焦虑类似，家长要引起重视，做好节后返园前的正确引导和相关准备，跟老师配合得当，一般在较短的时间内孩子的焦虑情绪会自然消失。

2.加强与教师的沟通交流，保持教育一致性

把孩子送入幼儿园，就表示家长要和幼儿园一起合作教养孩子。多与幼儿园老师沟通，更多地了解孩子在园的情况，更有利于孩子适应幼儿园生活。幼儿入园后，班级教师会通过电话联系、班级 QQ 群、微信、接送孩子的时间向家长汇报交流孩子在园的生活、游戏、学习情况，并向家长提出必要的指导建议。家长要根据教师介绍的情况和提出的建议及时对孩子进行引导和帮助，和教师保持教育的一致性，这样对幼儿入园适应有积极作用。

3.积极参加幼儿园家庭教育指导活动

在幼儿入园一段时间之后，幼儿园会邀请家长到园参加“亲子活动”和“家长开放活动”，以此增进亲子互动，更能稳定幼儿情绪，让家长直观了解孩子在园的情况。我园会结合季节、节日等契机在新小班开展“甜甜的中秋节——新入园幼儿亲子活动”“亲情农家乐——亲子种植活动”等。只有家长重视并积极参与了幼儿园和班级开展的各类活动，才能不断提高自己的家教水平，和老师共同促进孩子的健康成长。

著名教育家陈鹤琴先生说过，幼儿教育是一件复杂的事情，不是家庭一方面可以单独胜任的，也不是幼儿园一方面可以单独胜任的，必定要两方面结合才能取得充分的功效。因此，在面对“新入园幼儿分离焦虑”这个问题时，我园主动携手家长，通过课题研究的实践探索，借助以上各种措施帮助家长掌握了缓解幼儿分离焦虑的积极策略，从源头解决了幼儿入园适应的问题，为幼儿今后的健康成长打下坚实的基础。

# 创新校本教研模式，赋能教师专业成长
## ——大邑县南街小学校本教研创新行动实践

◎大邑县南街小学　杨　科

教师是影响学校教育教学质量的关键因素，因此我们可以这样说——教师是学校发展的第一生产力。那么，如何通过校本教研的创新和落实，有效提升教师的教育教学素养和能力，助力学校教育教学质量提高，就显得尤为重要。

### 一、教研模式

学校探索实施“1+N”的教研模式，借助校本教研机制的创新实践，抓实抓好教师队伍建设工作，提升教师专业素养和能力，赋能教师专业成长。

1——指一个突出问题（即主题）。问题的发现和教研主题的提炼，要切合学校当下教育教学的实际；问题的解决和策略的实施，要能够助力学校教师能力和教育教学质量提升。

N——指多个研讨主体（即教师）。教研活动要由年级备课组和学科组成立教研团队；研讨主体在每一次教研活动中承担一个角色（研究者、参与者、培训者）。

每学期在学校、教研组和备课组三个层面，我们会组织开展多种形式的教研活动。每次活动发起、组织实施到总结评价涉及很多工作。仅以一次课例研讨举例说明：课前磨课需要做课团队和会务准备，上课需要拍照、写简讯、点评，活动还需要主持人，涉及某个话题的还需要专题讲座等。那么我们就根据内容进行任务分工。下一次教研活动，大家承担的任务进行调换。一个周期下来，每个研讨主体深入承担不同的任务，体验不同的角色，也就得到不同的提升。

我们希望，通过创新模式的实践，确立新的校本教研制度，从规范、引导的起点，到达浸润、影响的终点，形成大邑南小特有的教研文化。

## 二、教研途径

### （一）课例研究

包括新教师见面课、提升课活动，年级组或者学科组常态教研课研讨，师徒结对的同课同构或者同课异构展示，基于赛课的同课循环教研（我们俗称的“磨课”）。

### （二）专题研究

邀请名优骨干教师和专家、教研员举办专题讲座或沙龙研讨等，分享自己在某个领域的独特见解和做法。专题选择符合三个原则，一是课程改革精神，二是学校发展要求，三是教师当前需求。一般安排在期初和期末。

### （三）课题研究

以某个工作坊或学科团队为单位开展课题研究。通过申报和筛选双向确定人员；然后根据亟待解决的某个教学问题或者学科特色活动研究方向确立课题；设计课题研究方案并实施；最后成果提炼，形成结题报告。这个研究非常有利于骨干团队品质打造。

### （四）问题研究

我们又把它叫作“问诊式教研”，聚焦短时间内某个教育教学问题，开展针对性研讨，通过“发现问题—思考对策—教学实践—效果反馈—调整对策—再次实践”的螺旋式研究过程，寻找最佳途径和方法，有效解决问题。

（五）竞技研究

通过开展各种比赛，以赛代培，提升教师专业技能。我校竞技研究序列化，首先是学年上下期开学初的教材解读，以备课组为单位参赛；学年上期有做课团队指导的新教师见面课比赛，以教师个人为单位参赛的板书设计和教育教学专著读后感征文；学年下期是以做课团队为指导的新教师提升课比赛，基于师徒结对和工作坊开展的同课同构比赛，以及以教师个人为单位参赛的教育教学案例与叙事征文比赛。

（六）常态研究

即每周各教研组固定时间的日常教学研究，以研究教材、教学为主要内容，以推出的课例或提炼的主题为主要载体，全组参与、全员跟紧、全程反思，主要落实的是学科组教研计划上的研修任务。

多种途径校本教研活动的常态化开展，或以团体为单位，或以个人为单位，让学校每一位老师都有发挥自己教育教学智慧的舞台。

## 三、教研步骤

（一）主题确立（问题）

前期搜集整理教师们在教育教学中遇到的问题，在若干个问题中找到一个亟待解决的问题作为主题，或者从不同问题中提炼本质、确定主题，这样更能够满足教师教育教学的实际需要，保证教研活动有意义、有价值，提高教研的实效性。

（二）活动策划（方案）

按照“1+N”的教研模式，确定活动分工。认真进行教研活动前的策划，拟订方案，确定活动目的、时间、环节、步骤、参与人员、具体要求和分工等，做好活动前期相关准备，落实活动中的协调安排和活动后提炼总结的任务，增强活动的目的性和规范性。

（三）行动研究（实施）

按照方案开展教研活动，各教研主体（教师）各司其职。学科分管和教研活动牵头人全程跟踪，了解活动开展情况和活动开展效果，做好活动记录，指导和处理突发问题。

（四）总结反思（提炼）

教研活动结束后及时进行总结，一是整理好相关资料，比如主题发言稿等，保存教研成果，作为后期评价的依据；二是及时撰写简讯，进行宣传报道，营造良好的教研氛围；三是评价总结，在积累成功经验的同时反思问题与不足，表扬优秀的同时鞭策后进，为下次活动开展提供参考。

## 四、教研管理

在“1+N”教研模式的实践过程中，我校非常注重全程的跟踪、指导和评价。

（一）问题来源立足实际

学年初，教导处结合学校教学现状、教学质量调研情况以及教师的发展需求等方面，进行综合分析，研究确定校本教研的重心；各学科再确定主题菜单，制定教学教研计划和活动方案。

（二）管理推进重在常规

教导处定期督查学科组主题研修落实情况，提出改进建议；学科分管领导、教研组长根据教研效果，随时跟进和调整思路；每学月会梳理、总结各学科研究进程和检查情况，利用周务会反馈给所有教师。同时学校对备课组长充分赋权。备课组长可以根据学科要求，结合年级实际，自主安排并组织开展年级教研活动。

### （三）成绩检测关注实效

教导处既关注校本教研的过程，也关注校本教研的结果；每次教研活动结束都会及时进行评价和表彰。教师除享受期末个人考核对应项目得分，还将获得学校向更高平台推荐展示和评优机会。

### （四）团队建设重在引领

各学科根据学科教学现状及教师发展现状，确定教学研修团队；大学科可以根据学段的不同组建研修团队。研修过程中充分发挥学校名优骨干教师的示范引领作用。所以我们针对学校教师梯队发展需求，把全校教师分为四个层次（入门教师、合格教师、优秀教师和卓越教师），通过不同的考核细则“给平台，结对子，压担子，指路子”，让名优教师辐射引领一批教师，让中青年教师能够迅速成长，提升专业底气。

### （五）特色发展彰显个性

学校鼓励教师特色发展，进行专题研究。我校充分利用校内名师资源，成立语文、数学、英语、国学和班主任五个校级名师工作坊（蔡培科——成都市特级教师，赵俊芳、杨科——大邑名师，伍仕茹——中高职称，张霞——成都市优秀班主任）。一是借助名师的辐射引领，更好地带动对应学科组建设；二是通过教师团队个性化的教学实践研究，进一步强化教师的教育教学和教育科研意识，进而形成不同的教学特色。

“1+N”的教研模式，让教研主题具体化，活动参与全员化，过程感受立体化，收到了较好的培训效果，也让我校教研工作取得优异成绩。后续我们将在教研活动序列化上做深入研究，固定南小教研的主题和形式，形成富有南小特色的校本教研活动指南，持续深入地为学校教师专业成长赋能，为学校教育教学质量提升助力。

PART

FOUR

第四篇

# 生命拔节：成长感悟

“苟日新，日日新，又日新。”

《礼记·大学》这番话，言明人之生存状态当积极以赴，不断进取，今日胜过昨日，一日胜过一日。新，为进步，为成长，为蜕变，为生命之拔节生长。岁月不居，唯新不负。

成长是个永恒的话题，生命无时不在成长中。或许，昨日的你还是个学生，今日的你已然在教导学生。身份的转换只是形式的改变，而心境的沉淀才是精神的进阶。回望这一两年走过的路、上过的课、改过的教案、参加过的比赛、处理过的教育问题，新教师们已褪去了稚气，多了份沉稳，褪去了青涩，多了份成熟。

“梅花香自苦寒来”，生命的拔节需要经受这份磨砺和考验，而那一缕穿透冰雪的淡淡梅香即是成长的最好证明。

# 以爱为名，为爱远航

◎大邑县实验中学　顾诗雪

花谢还有重开日，雄鹰飞再远也能记得家的方向，春夏秋冬，日复一日，时间不停留，岁月不复返。

不知不觉，我已走上教师岗位一年有余。一年来的点滴故事，有的随着时间逐渐淡忘，有的则如大树在心底深深扎根。

2020年，我有幸成为一名初中数学教师。初为人师的我，在初登讲台那一刻也出现了一丝迷茫和紧张，看着讲台下面一双双希冀的眼睛，我忐忑不安的心带着无尽的担忧，怕对不起学生们，怕课堂得不到学生的肯定……于是每节课都以一颗坦诚的心和与学生一同进步的心情站在讲台上，而孩子们的积极回应和渴望学习的热情也成了我必须上好每节数学课的动力。我心里明白，既然接手了这个班，便要加倍努力，尽我最大的努力来保证所教学生能够在数学学习和思想品德方面不断进步、日渐优秀。

开学第二周，班上一些学生的表现就牢牢吸引了我的注意力。

小秦，一个性格过于活泼的孩子，无论是上课还是下课，无论是午休还是升旗仪式，随时都能看见他要么手舞足蹈，要么东张西望，要么滔滔不绝，要么追逐打闹。当他发现就算是他上课到处乱走，老师也确实不能把他怎么样时，便变本加厉，在课堂上一刻不停地闹、为所欲为。

我想，这样下去可不是办法，学校原本应该是求知、学习的殿堂，十几岁的年华，不正是少年读书时吗？针对小秦的情况，我尝试让他到办公室一对一教学，通过体育课训练他自我控制的能力，可种种实践下来，效果并不是很好。

后来，我积极向有经验的老师请教，并与小秦的奶奶反复沟通交流，这才终于发现了症结所在。原来，小秦父母在他读小学的时候就离婚了，自此，小秦跟着奶奶生活。父母的缺席，祖辈的宠溺和纵容，使得小秦出现了各种不良行为。

自此以后，我开始关注和了解小秦。

一天，我让小秦来管理午休。我竟意外地发现，小秦那多动的坏毛病没有出现，并且把班级管理得井井有条。我趁热打铁，把他叫到办公室，跟他耐心地聊了半个多小时。这次聊天，我发现，表面上看起来无所畏惧的小秦，其实在内心深处非常渴望得到关注和表扬，也很希望展现自己的能力，做老师的小助手。

找到突破点的我，立即和小秦约法三章，让他来担任班级的纪律委员，只要他这段时间能管住自己并且管住别人，下半学期，我就向同学们推荐他来当班长。

果不其然，小秦听到我的话后，眼睛都亮了起来，十分积极地管理班级，并且在课上表现极好。半期过后，我遵守约定，当着全班的面对小秦进行了表扬，并选他当了代理班长。接下来，我们一起约定了下一个进步目标，每完成一个目标，我都会及时给他鼓励和奖励。

一学期下来，小秦是整个班级变化最大的孩子。将这种方法推而广之，我也给予其他几个顽皮的学生目标和奖励，整个班上的学习氛围也越发浓厚起来。

我也逐渐意识到，从事教学管理，首先要获得学生的信任和喜欢，这是孩子们愿意服从管理的前提。对待班上的其他学生，我也开发了许多小项目和奖励机制，让学生感受到学习知识是欢乐的和有价值的，进而积极去学习，做学习的主人。

教育意味着“一棵树摇动另一棵树，一朵云推动另一朵云”。我希望自己是“那棵树”“那朵云”，用自己微薄的力量去推动身边每一棵树、每一朵云，并陪伴着他们一路成长变化。

日常的教学实践也让我明白了，教师对待学生要有一颗年轻的心，随时散发活力，把教学工作看作自己热爱并为之奋斗的事业，去寻求教育教学的价值和梦想。这样才能成就一片森林，推动风云变幻。

学期将近尾声，我收到了许多学生写给我的小纸条。打开第一个小纸条，上面写着：“老师，今天您讲的课我都听懂了！我喜欢数学！”继续打开其他纸条：“老师，我第一次觉得数学也不是很难嘛！”

看到那些发自肺腑的语言，我感动得久久不能平静，我仿佛又再次看到每个学生那一张张可爱又求知若渴的脸。所以我更不能有一丝松懈，未来的教学生涯中，我将更加用心地去爱每一位学生。

知识与素养，是教师的内核；爱与责任，更是教师的灵魂。

弹指一挥间，一年的教学在教师的讲课声、学生的欢笑声中滑过，时钟的每一秒上都刻下了我满腔的热爱。当我用心去爱我的学生时，我想我收获的不只是那些写着稚嫩感谢话语的小纸条,也不仅是那些花朵和糖果，更多的是初为人师的自豪!

我快乐，因为我是一名受学生喜爱的老师；我幸福，因为我将与学生一起远航!

# 学无止境，爱助成长

◎大邑县金星学校　杨天娇

冬去春来，弹指一挥间，我已经工作了一个学期。从丹桂飘香的九月到万物复苏的初春，这几个月来，我有过惊喜，有过感动，获得过成绩，也遇到了不少挫折，而最近的一段时间，我有的更多的却是自我怀疑。

我是一个很爱笑的女生，性格也有点柔弱，从教的初心是想给每个学生以“爱”，可我却理不清“爱”与“严格”的关系，这也导致了很多班级制度难以有效实施。期末考试前，学生那懒散的态度、满不在乎的神情、寒假期间发出去就石沉大海的通知，逐渐让我思考：为什么我的班级不是纪律严明、学风浓厚的班集体？

我迷茫，不知道该如何做，如何管理好一个班级，如何有效地提升学生的成绩。刚入职时的满腔自信、雄心壮志，也转变成了一遍遍的灵魂拷问：“我能做好吗？”

带着这种怀疑以及开学前的焦虑，我终于等到了“姗姗来迟”的新教师培训。集智慧与美貌于一身的王校长声情并茂地给我们做了关于教师成长的讲座，一个又一个的故事，一个又一个的真实经验，传递着动人的教育情怀。

王校长最初被分配在一所偏远的乡村学校，那里是她成长的起点。她最初的一批学生只有寥寥十几人。一次次考试、一次次比赛、一次次磨课，她在一次又一次的磨砺中，从青涩新手教师成长为现在的特级名师。王校长说，不觉得那段岁月有多么狰狞，反倒是特别的幸福与骄傲。

现在的网络舆论，常常会说乡村教师没有出路、没有发展，这其实不无道理，作为一名小学乡村教师，我也深感学习和挑战的机会相对较少，寻求进步更难更慢；可另一方面，身边一个个真实的例子告诉我：只要保持教育的情怀、保持满满的热血，我就能够快速成长。

何谓成长？王校长解释道，成长就是自身变得成熟稳重的过程。要成长为一名好老师，要有理想信念、有道德情操、有扎实学识、有仁爱之心。这当中，我体会最深的便是仁爱之心。

前面说过，我从教的初心是想要给每个学生以“爱”，可自我反思，我其实做得不够好。也许是自己尚未为人父母，有时候连自己都照顾不好。所以，不知道如何去关心、呵护学生。到底怎样才是关爱学生呢？一个视频《泰迪的故事》启发了我，它讲述了一位教师如何用“爱”改变了一个“问题学生”的故事。

其实，每一个“问题学生”都是“折翼的天使”啊！

我的班里也有这么一个男孩子，父母都不管他，他母亲又是少数民族，和我语言不通。那孩子在学校发病，疑似阑尾炎，我反复给他父母打电话，可谁也不愿带他去看医生。他视力差却不配眼镜，作业没完成的名单上总有他，生活习惯也不是很好，每到周二，那“脚气”便弥漫了班级的每一个角落。孩子们总是离他远远的，但追逐打闹时又总带着他——一看，他就是被一群人追逐打闹的对象。

这么一个孩子，在我反复提醒后依然没有改变，我很是无奈。那段时间，班里唯一愿意和他同桌的是“智多星”小明，我只好将他俩安排在最后一排。这下更糟糕，二人趣味相投，大有相见恨晚之意，开小差，讲小话，严重影响课堂纪律。

万般无奈之下，我只好从“智多星”下手，和他沟通，希望他好好听讲，不要和同桌讲话。他带着哭腔说：“可他是我的好朋友啊！他看不见黑板怎么办嘛！”那一瞬间，我愣在原地，一时无语。对待自己的学生，我尚且还不如眼前这个十二岁的小男孩！是啊，为人师表，我不应仅仅是授业，更要用心对待每一个孩子啊。

后来，我和他父亲沟通了数次，他终于戴上了眼镜；同时，我慢慢引导他，搞好个人卫生，融入同学们的生活；也引导其他同学，让他们包容、帮助同窗；然后，惊喜悄然而至，他渐渐形成了良好的卫生习惯，有了第二个朋友，在课堂上有了自律，有了互动……没有电影里的那么神奇，他暂时还没有创造奇迹，但人的潜力是无限的，不是吗？

从这个孩子身上，我明白了：每个人都有属于自己的花期，有的早，有的晚。作为教师，最重要的是要用爱小心呵护，用汗水精心浇灌，并适时修枝剪叶，让花期如约而至，而不是让花蕾过早枯萎。

一次次的教育教学实践、一次次的培训学习让我明白，教师的成长不仅仅是在那三尺讲台，还在于用爱心呵护爱心，用智慧启迪智慧，用学习推动学习，找到方向和兴趣，努力进取，积极反思，职业幸福便能不期而遇。

爱学生，其实也是在爱自己。

# 爱在左，情在右

◎大邑悦来镇学校　梁兰茜

"走在生命路的两旁，随时播种，随时开花。"

——题记

爱心最是有情物，化作春风更催人。怀揣热情，踏上三尺讲台，我深知，教育是一份爱的事业。

时光如梭，回想刚接手这群孩子的场景，昨日历历在目。初为班主任兼语文老师的我，意气风发又略显紧张，激情澎湃又稍显不安。

第一学期，班上起了各种各样的风波，我也在这些大错小错不断的事件中日渐疲累、慢慢自愈。而他，也成功地引起我的注意。

他，高高的个子，干瘦的身材，蜡黄的皮肤，看上去似乎有些营养不良。然而老实憨厚的外表下，隐藏的却是一颗青春躁动的心。讲小话、开小差、不做作业等问题让他成为各科老师的"熟人"。每次被其他老师投诉后，我们的交流总会持续一小时以上。在每一场斗智斗勇中，他也会反思，承认自己的不足，并答应好好努力。然而，由于基础薄弱、缺乏毅力，每一次，他奋斗的种子刚萌芽就被扼杀了。

渐渐地，他消极、厌学、自暴自弃。我看在眼里急在心里，积极和家长沟通，希望家校形成合力。但家长却直言，对这个孩子不抱期望，甚至教孩子"混时间"。我的心隐隐作痛。

正值青春的孩子，他的未来有无限可能，不能被眼前的落后所否定！

我必须做些什么。我重新调整思路，尝试和他做朋友。那次长谈持续一个多小时，孩子从最初的对抗，屈从到最后敞露心扉，号啕大哭。从他抽抽噎噎的讲述中我得知，他也曾经努力过，但是家长从未看到他的进步，只有责骂。于是，得不到认可的他便失去了进步的动力，破罐破摔，得过且过。

“这个在泥泞中挣扎的孩子，需要我。”我的耳边有个声音在久久回荡。此后，我时常在课上关注他的学习状态，课下找他谈心，利用课间耐心进行针对性辅导。在我们的一次次沟通中，孩子也在爱的鼓励和帮助中悄然变化着。虽然家长还是一次次挂断电话，但我也从未放弃过。我深信：只要眼里有光、心里有火，终能点燃爱的火苗。

这个曾经落后的孩子，在爱的感染下渐渐变得努力、自信，行为习惯和学习习惯有了明显的变化。课下，总能看到他手拿课本主动要求听写和抽查的身影。

上期期末检测，他给了我一个大大的惊喜，72 分！从 20 多分到 70 多分的跨越，于他而言，这并非只是一个分数，而是他努力的结晶，是他执着拼搏后被肯定的果实，是他屡次面对困境的挑战和突破，也是他人生道路上拼搏的信念和希望！

在与学生的相处中，一次次矛盾的化解，进步的不仅仅是学生，还有一个初为人师的我。教育路上，虽然有很多意想不到的困难，但我坚信，有爱有智慧，彩虹就在风雨后。

爱在左，情在右，而我将在其中，继续做一个爱的引路人！

# 那一束光

◎大邑县悦来镇学校　徐小庆

2020年10月，突破万人大军，我终于如愿进入了大邑初中语文教师的行列，收获了这辈子最大的兴奋与欢乐。

10年前，我的语文老师问我：“你的梦想是什么？”“当老师！”我不假思索地回答。如今，我终于实现了这个梦想，可其中滋味却一言难尽。

## 初　遇

喜悦渐渐淡去后，更多的是担忧与忐忑：我能不能被孩子们喜欢？第一节课应该做什么才能给学生第一个好印象……整整一天，我不断增添修补课件，不断设想着课堂上可能出现的种种问题，总觉得不够完美，以至于彻夜难眠。

想让孩子们对语文产生兴趣，第一堂课很重要，第一位老师也很重要。于是，第一堂课时，我公布了课堂学习加分、平时表现加分、分数达标加分等制度，并将全班进行了分组学习。我甚至利用自己的零花钱买东西给孩子们做奖励。都说小孩子吃这一套，其实人人都有好胜心理，不管年龄大小，激励都是有用的。

从开始坚持到现在，孩子们在加分措施的激励下，已经初步养成了较为良好的习惯，大家互帮互助、互相督促，凝聚力强，学习氛围浓厚。

我人生中与孩子们的第一次遇见，是美满的，是幸福的。这就是我的光。

## 久处

今天，是与孩子们相处的第九个月。

我仍记得在课堂上第一次发脾气的情景，也第一次通过这样的方式记住了一个孩子的名字。从此，这个学生对语文的态度大为改观，这当然也要归功于我课上的严格要求以及课下的真诚谈心。

还记得自己在教育方式上犯过的一次错误：一个女生在考试时写偶像的名字，我当众撕了她的本子。事后，我一直有所愧疚，虽然后期也有所补救，向她表达了歉意，但这是对她心理上的永久伤害。思前想后，当时要是能忍一忍自己脾气，留一丝丝退路，课下再去引导她，是否会更好一点？

随着对孩子们的深入了解，我发现，班里孩子原生家庭大多不够美满，这造成了他们的心理问题。于是我想，了解孩子们内心所想，对症下药，比片面要求成绩好得多；抓住孩子们的心理，引导他们树立正确的世界观、人生观、价值观更为重要。

在这九个月里，我也有了很多“粉丝”。“徐老师，你的声音为什么那么好听啊？”“徐老师，你很公平，很好相处！”……每一次上课，也总有那么几个“铁杆粉丝”为我撑起场面。

其实，这么久以来与学生相处，也是一种为人处事的磨炼。教师不仅仅是教师，也是学生的良师益友。这是属于教师独有的光。

## 展望

都说教师职业是枯燥的，几十年如一日，做着重复的事情。况且我是在乡镇上做教师，这样的生活有时显得乏味。有时我会不由自主地问自己：“你后悔吗？”

彷徨过，却从未后悔过。

这一路上，有过厌烦，但从未想过就此放弃。因为一次又一次的公开课磨砺，我没有一次不反思自己的不足以及如何去弥补这不足；因为上课时出现的语言文字错误，我忐忑于自己知识面的狭窄，甚至怀疑自己是否能够继续胜任工作……这些，都在促使着我前进。而课堂上学生的积极回答问题，黑板上突然出现的惊喜“徐老师我们爱你”，备课时突然闪现的灵感，又令我感到做教师的幸福与满足。

“学然后知不足，教然后知困，知不足然后能自反也，知困然后能自强也。”反思自省，不忘初心，我的教师路还很漫长，我要追寻属于自己的那一束光，不畏风雨，砥砺前行。

# 做一名不断求索的语文人

◎大邑县三岔初级中学　付慧敏

站上讲台已经一年半的时间了。回望这一年半，有欢笑，有哭泣；有晴天，也有雨季；有迷茫，也有成长。但更多的可能是惋惜，惋惜我作为新教师的第一年，有那么多的不尽人如意。

曾经，我对自己上课时的状态记得不甚清楚，仔细回忆那么一两节印象深刻的课，好像也很难想起。对于我应该做什么，要如何提高自己，要怎么去教语文，如何去教好学生，脑子里并没有一个清晰的答案。每天的语文课只是完成教学任务，教完一篇课文好像就完成了一个任务，教完整本教材就完成了一学期的任务，仅此而已。

对我来说，语文科教学很枯燥，可能对学生来说亦是如此吧。这跟我当初一腔热血想要进入的行业全然不同。曾在脑子里演绎过无数遍的如何在讲台上侃侃而谈，如何让书本上的文字熠熠生辉的情景，都没有发生。每晚辅导学生，而期末一战却以惨败收尾，看到成绩快报表的那天，我忍不住掉了眼泪，不明白为什么每天守着学生做任务，甚至有时到晚上十点多仍在坚持，却仍然是这样的结果。迷茫、痛苦、挫败，我再也没有初为人师的那种自信。我试着去寻找，却始终没有找到答案。就在我沉浸在郁闷中时，又迎来了新学期，一丝转机悄然出现……

为帮助新教师迅速成长，学校让有经验的教师指导我的教学工作，从教学准备到课堂生成再到课后反思,每一个环节的要求和任务都清晰明了。

## 一、教学计划

之前，我们也会提前写教学计划，但是这种教学计划只是一周乃至一个月的大致内容，而师父要求我们，每个月初就要填写当月的教学计划，并具体落实到每一堂课的任务，提前做到心中有数。通过这样的方式，我在每个月伊始就明白这个月我应该做什么，要怎么做。即使在教学过程中会发生一些变化，我也会及时调整后面的内容安排。

## 二、课堂教学

教学第一年，有老师来听课，但仅限于寥寥几次公开课，而公开课往往带有些表演意味，所呈现的课堂效果并不百分百真实，导致我并没有发现自己平时上课很多问题。

这学期开始，师父按照我们的教学计划安排，不定时地走进我的课堂听课，让我以往在教学上的小毛病都暴露了出来。刚开学的两周，师父几乎不会落下我的任何一节语文课，每次他都会帮我录几分钟的教学视频，让我上完课自己看，找自己的问题。很快我意识到了自己上课一些习惯性问题：语速太快，一个人的独角戏，不够关注学生等。

我开始有意识地改变自己，适当放慢语速，上课过程中给学生更多的关注，重视学生的课后反馈……逐渐地，我发现我的课堂好像活过来了，学生更加积极，语文课焕发了生机。

我有意识地反思自己，每节课上完，我会想：这节课哪个问题抛出去之后，学生的反馈不如预期？是提问方式的问题，还是问题设置的难度问题？下次怎么调整才好？……我开始利用学校为我们提供的学习平台，去看名师课堂视频，其中给我留下最深刻印象的是七中育才邹雯雯老师的课。

她的每一堂语文课都有很多值得学习的地方。她的课堂如一个师生之间互相交流探讨的平台，开放的、全新的，学生的思维被完全打开，课堂依托于教材却又不仅仅局限于教材。无论是对教材的了解与剖析，对学生的引导与启发，还是在文本基础上的适当拓展，都让我觉得精彩无比。这才是真正具有生命力的语文课！

就像在迷雾中突然抓住了一丝光亮，我找到了自己需要努力的方向——我要成为这样的语文老师，我要让我的课堂也充满生命力！

这学期的成长，是我过去的一年多都不曾有过的。在前辈的指引下，在自己的不懈努力下，我终于开始脱离“泥沼”。前进的过程中，有痛苦、有辛酸、有一次又一次的自我怀疑……但我很庆幸没有放弃，没有沉沦。

“千淘万漉虽辛苦，吹尽狂沙始到金。”我想照亮每一个学生，点燃他们心中的激情，我愿做一名不断求索的淘金者！

# 平凡的坚守

◎大邑县王泗镇学校　鲜　聪

不知不觉，疫情已开始一年，去年那个漫长的寒假给所有老师留下了深刻而难忘的回忆。

2020 年，庚子鼠年的春天显得那么与众不同。突如其来的疫情排山倒海般席卷而来，无数英雄楷模奋勇而上，全国人民众志成城，携手抗击新冠病毒。在这个特殊时期，作为人民教师，我们更不能退缩，即使孩子们暂时回不了课堂，我们也应该竭尽所能，全力以赴。

眼见着开学日子就要到了，突然接到线上教学的通知，我有点发怵。全新的教育方式，敲打着我紧绷的神经。教育是有温度的，可是隔着屏幕，能触摸到孩子们真挚而又敏感的灵魂吗？那些十二三岁的孩子能拒绝网络游戏的诱惑吗？那些为生计奔波的家长能全身心陪伴吗？

上级教育部门安排了每日的电视直播教学，老师用 QQ 群或微信群回答学生疑问并批改每日作业。刚开始的时候，每天语文课的前十分钟，我会在微信群通知每一位同学准时观看教育频道的语文直播，学生们在听课同时都很自觉地做笔记并拍照发给我。但听了一周课后，我们发觉教育频道的直播课不大符合本校学生学情，且有的家庭几个孩子处于不同年级，都需要收看教育直播课，资源不好调配。与此同时，县教育部门要求，半期考试前必须完成八年级下 1-3 单元的教学。

在疫情尚不明朗的情况下，如果我们继续观看教育频道的统一直播课，必定无法完成半期教学任务。

事态紧急，学校利用钉钉软件立马召开了一个网上会议，要求老师自主备课，在钉钉上为学生上直播课，抓紧教学进度。班主任争分夺秒地通知学生注册钉钉账号，可学生上线情况不容乐观，两个班 108 个孩子中，只有不到 80 个能保证每日进行线上直播听课，另外的 20 多位学生由于种种原因无法进行线上学习。他们中的大部分是由于父母离异，跟着爷爷奶奶或外公外婆生活，家中没有智能手机、没有无线网络，乡村学校直播课的确无法避免这些情况。时间紧迫，我只好记下他们的名字，争取开学后找空余时间为他们把缺下的课补起来。

线上授课难不倒我，两擦书、一张玻璃板、一部手机，就开始了为期两周的直播授课。可是当我第一次上课的时候，面对空荡荡的客厅，我竟然变得紧张了，精心准备的课也无法顺利进行。

曾在三尺讲台前，面对几十个学生神采飞扬讲课的我，怎么到了没有学生就讲不了课的地步呢？这不就是教师面试时的无学生课堂吗？不同的只是，我的学生正在网络的另一头，他们此刻正期待着我教读《小石潭记》。

在直播镜头的下方，同学们纷纷留言："鲜老师不要紧张，我们都听得到，很清晰，你说的重难点我们都在做笔记，你教一句我们都会跟读一句，加油！"

此刻我终于明白，我的紧张来源于自问自答，完全与学生无互动交流，这也提醒我，平时的教学中应避免"填鸭式"教学，不要忽略与学生的互动交流。学生的支持与鼓励，也是老师成长的催化剂。

每天晚上八点半，我都会在钉钉群里对当日的作业进行批改，将近 80 位学生的作业，我一个都不落下。同时我针对每位学生做出评价，择出完成情况较好的同学进行表扬，完成情况不好的同学，我会私信给他答题思路。我会在微信群里询问学生听课中存在的问题，并再次一一解答。有时半夜手机收到钉钉消息，发现是学生重新提交的订正作业。我的内心是感动的，经过疫情，他们对知识的渴求更迫切了。

四月中旬总算开学了，从踏进校园的孩子们身上看不到"假期综合征"，有的是一丝丝的喜忧参半，喜的是国家疫情控制取得阶段性成果，学生们又可以回到校园；忧的是落下的课咋办？

开学后，各科老师都在抓紧时间赶课。对那没有参与直播课的二十多位学生，我利用中午的午休、下午的延时辅导、晚自习前的活动时间，总算把落下的课给他们补完了。孩子们也争气，利用假期背完了八年级下册的所有诗词。付出是有成效的，开学后的半期测试，没有一位同学掉队。

我只是一个平凡的乡村教师，没有轰轰烈烈的教育故事，也没有硕果累累的教学成绩，但我有对教育工作的热爱与执着。在这场突如其来的疫情面前，我可以自豪地对自己说："我也在用责任和坚持为祖国奉献！"

在特殊时期里，不只我一个人民教师在直播课上辛勤地耕耘着，更有许许多多默默无闻、无私奉献的老师们在为祖国的未来全力以赴，演绎着疫情期间的一个个动人的教学故事！

时光，终将点亮中国的大地。

## 微笑，拉近了距离

◎大邑县王泗镇学校　冯　璐

我是一名平凡的语文教师，转眼间已经工作了五个春秋。回首这五年，从站在课堂上懵懵懂懂、不知所措的愣头青，到现在泰然自若、偶尔激情四射的准“老”教师，中间的路时而曲折时而顺畅，个中滋味真是冷暖自知。

2019 年，我接手了初一年级两个班的语文教学工作。当时，班上大部分同学的语文基础都很薄弱，考试成绩不及格。学生基础差、厌恶语文，因而上课不爱听讲，爱搞小动作或睡眼惺忪，纪律性很差，导致我每节课都讲得很吃力。

刚开始，我还信心十足，以为凭借我循循善诱的教学方式，兢兢业业的工作作风和风趣幽默的谈吐，能够转变他们的学习态度，提高他们的学习成绩。可几个月过去了，情况没有任何改变，每次考试成绩都惨不忍睹。就在我百思不得其解的时候，一位同学的话触动了我。

那天，我刚上完课走出教室，一位女同学就跟了出来。她低着头，胆怯地对我说：“老师，您以后可不可以不提问我？”我说：“为什么呀？”她小声地说：“因为我害怕您的眼神，每当我答错题的时候，虽然您嘴上不说我什么，但您的眼神和表情在批评我。”

我一直以为，对学生只要口头上多表扬，笔头上多鼓励，便能树立他们的自信心，激发他们的学习热情，然而事实证明我错了。

原来微笑才是最美丽、最友善的语言，那就让我用微笑去唤醒学生们沉寂的心灵吧。

此后，我每天都是满面春风地走进教室，用最亲切的眼神面对学生，而学生们也慢慢被感染，脸上有了笑意。尤其是原来成绩不好的部分学生，他们也勇敢地加入进来，有了学习的勇气和动力，课堂上的气氛渐渐活跃起来。对于学生学习实践的任何尝试，我都采取了鼓励的态度。同时也告诉学生："错误是不可避免的，这不值得害臊。我也很乐意帮助你们改正错误。"

然而，课堂上的纪律问题仍令我头疼。部分学生无视老师苦口婆心的劝告，我行我素，扰乱课堂纪律。这些学生基本上是留守孩子，父母长期在外务工。毕竟父母是孩子的第一任老师，缺少父母的陪伴常常使他们敏感易怒，更易产生叛逆心理。不过，这并不是老师放弃他们的理由，我必须要尽最大努力去说服他们、感化他们。

学会用微笑感化学生，学会用微笑走进学生，学会用微笑拉近我们之间心与心的距离。

一辈子做老师，一辈子学做老师！

# 爱心化春雨，润物细无声

## ——我的语文教育故事

◎大邑县青霞小学　张静敏

清晨，一抹阳光透过办公室的玻璃窗，肆无忌惮地照在我的脸上。倍感刺眼的我，举起无力的手臂，端起水杯，想湿润我那快要裂开的喉咙，同时也想平息下心中的怒火，给自己打一剂“强心针”。

“老师，我要回家去了。”

小胥同学很是无理地跟我说。我低头不语，大脑快速飞转，考虑接下来我该如何“接招”。我环视四周，同事都在埋头批改作业、整理教案，以往“沙沙声”能够很清楚地听到，此刻却显得如此安静。

“你随我出来。”

我忍不住压低声音，从办公室到楼道的距离似乎比平时要远很多，一步步地挪动使我感觉走得很累，很长，很艰难。

他随我走到门外，我转过身面向他：“小胥，你……”我不知道我该说什么了，胸口被很多负能量涨得满满的，无处宣泄。

“我知道你要跟我说什么，不认真学习、上课不守纪律、学习成绩不理想……”他很是无礼地吼道。

被抢了话的我一时语塞，这也让我清楚地意识到，这个孩子不是一般的成熟。对此，我需要侧面迂回一下。

“你是班长？”

“是。”

“你为什么是班长？”

“选的。”

“为什么大家选你？”

感觉他似乎安静了一些，说了几句话，好像我的内心也平复了些许。

初见小胥，是刚来青霞小学任教的第一天。那时，这批孩子在校园里玩耍，懵懂幼稚的一群中，小胥高高的个子，有些桀骜早熟的眼神，很难让人不注意他。高于普通同学半个头的小胥，是那种一眼就觉得很好看的孩子，他的眼睛清澈明亮，长长的睫毛在面颊上投下两道扇形的阴影，随着呼吸似乎如蝶翼一样在轻轻颤动。

长相的突出使得他在班级中格外显眼，加之他开朗、热情的性格，一来就与班上同学“打成一片”，班长就是那个时候选的。在他心中，集体永远是第一位。协调学生关系、组织集体活动、分配劳动任务，上课维持纪律，记录讲话同学的名字……都是他的任务。正因如此，他过分关注班集体而忽视了自己的学习，他的学习成绩始终“稳定”在班级倒数。

我也暗下决心，要发挥集体的力量，帮助小胥走出当下的困境。

一次，我组织除小胥以外的学生共同制定了“部首配字”的游戏，并让他们帮助我利用彩色卡纸制作一些简单的汉字与部首。在教学时，我将汉字卡片平均分配给学生，自己则拿着部首的卡片。我向学生展示“扌”的卡片，让学生思考哪些汉字由“扌”部首构成。正当其他学生思考时，不知从哪里发出来的声音：“打、提、拉、抱、扶、抛，这不都是？”

我用余光看到小胥不自然的动作和他故意装出来满不在乎的表情，我默不作声，故意重新问了一遍。可能是班里过于安静，小胥有些坐不住了，屁股在凳子上扭来扭去。这时，我说：“如果大家不会读，用动作表达也是可以的，有谁想上来试试吗？”

不知是人格魅力还是之前的私下沟通，许多学生不自觉地看向小胥，他的神色有些慌张。我顺水推舟，让他上来简单示范。

他走上台，根据手中的卡片将动作一一展现给大家。令我吃惊的是，他并没有表现出丝毫的紧张。相反，在他身上，我看到了自信，仿佛一个成熟的大哥哥在向自己的弟弟、妹妹耐心讲解。在热烈的掌声中，小胥用余光看了下我惊讶的表情，一句话没说，十分自豪地回到了自己的座位。

在那之后，我又向学生展示“氵”，并利用多媒体向学生播放汉字演变的过程。我挑选了“沙、泥”二字，并向学生询问：“有谁知道沙漠与泥土的区别？”有的学生说，沙子没有水干干的，泥土有水，湿湿的。于是，我向学生讲解道：“沙子、泥土就好比我们成长阶段。刚出生的我们就像沙子一般，对事物充满好奇，但由于自身认知的不成熟，缺乏内涵，无论施加怎样的外力，都无法汇聚成一个整体；相反，泥土虽然颜色形态各异，但也正是因为不断接受新事物，并将其转化、吸收，才能汇聚成一个整体，从而形成山脉，为树木生长提供养分。学习就是从沙子转换成泥土的过程，这过程虽然枯燥乏味，但当新知识加入时，又会产生一种自豪感与满足感。这种感觉，我相信小胥同学肯定亲身感受过。”

看着小胥一脸不知所措的样子，我又问学生：“泥土的形成不仅需要时间，而且需要确定自己的目标。班集体也是这样，大家知道咱们班级的中心在哪里吗？”说完，我引导学生一齐看向小胥，只见他目光略微呆滞，片刻过后，脸“唰”地一下红了，而这也是我第一次看见小胥害羞的样子。

之后的日子，我不再将小胥放到我的“重点名单”里，因为我明白，他已经找到了自己的目标，也找到了成为“泥土”的方式。

不忘初心，方得始终，初心易得，始终难守。在教育的长河中，唯有点亮生命灯火，才能唤醒学生对于真、善、美的渴望，才能点燃他们的精神之火，才能引导学生走向成功，迈向未来。

# 希望每节课都这么有趣

◎大邑县北街小学　杜烁玉

在教学“图形的变化”这节课前，我特意请教了优秀又热忱的王红霞老师，这节课怎么上比较好？

王老师告诉我两种方案：组织好课堂纪律，花时间让学生具体去动手折一折、做一做；如果担心组织不好学生，就保守点，自己事先剪一些图形让学生观察，初步感知对折后，剪出的图形两边是能重合的。她个人建议，还是第一种更好，这样，学生的感受会更强烈，印象也就会更深刻。

说实话，听了王老师的话后，我的内心很纠结，我心里很清楚如果想要把课堂调控好，第一种方案肯定比第二种方案效果好得多。刚接触孩子们月余的我，第一次上这种实践活动课，压力真的很大，万一组织不好纪律，孩子们自顾自地在那里胡乱剪，花了时间还达不到想要的教学效果，那就得不偿失了。再三思索后，我还是说服自己采用第一种方案，因为我想看看自己到底行不行，我也更愿意去相信我们两个班的宝贝们能够和我配合好，在动手操作中愉快地学到知识。

既然是第一次尝试这种实践活动课，那自然要把教学设计做得比平时更细致些。周末在家抽空写了一个教学详案，预设了可能会遇到的一些情况并想好了对应的解决措施，自己还抽空剪了一些轴对称图形。我预想的是，先展示我剪的图形让孩子们观察特点，然后让他们思考怎么剪才能达到这样的效果，最后让他们动手操作去剪自己喜欢的图形。自我感觉准备工作做得还不错，便通知家长们给宝贝们准备彩纸和不伤手的剪刀了。

周一上课前，我的内心既忐忑又兴奋，忐忑是因为担心课堂情况和自己预设的完全不一样，到时候不知该如何收场；兴奋则是由于想到孩子们能够上这种实践课，他们肯定既激动又开心，自己仿佛也跟着他们兴奋起来。

我提前 2 分钟进教室，看看孩子们的课前准备工作。聪明的孩子们估计猜到了今天要剪纸，一见到我就欢呼雀跃起来，有几个孩子直接跑过来问我："杜老师，我们今天是不是要剪纸啊？我早早地把彩纸和剪刀都准备好了！"看到孩子们脸上洋溢着期待的笑容，我瞬间感慨万千。是啊，哪个孩子不喜欢这样有趣的实践课呢？但同时，我内心又超级担心：一会儿把控不住这些小可爱们，课堂无法进展怎么办！

就在我思绪万千的时候，铃声突然响起了……

也许是因为激动，孩子们今天比平时更乖，连静息都做得特别整齐到位，那声"老师，您好"喊得也比以往都要大声。从这些小小的举动，我感觉到他们的迫切心情，我的内心也跟着沸腾起来。孩子们坐下后，我便按照事前想好的话说道："孩子们，你们猜得没错，我们今天确实要一起来剪纸。"话音刚落，孩子们就兴奋起来，但是我并没有打断他们。因为看着他们那一张张兴奋得涨红的小脸,我真的不忍心立马破坏这样的氛围，等他们兴奋了一会儿后，我说："老师知道宝贝们都很兴奋和期待，但是老师要提一个要求，像这种活动课，希望大家都听老师的安排，做到既有趣又有序。如果这一次活动课，你们表现好的话，以后咱们会经常开展，要是表现不好，以后咱们的数学课就不再有这样的活动了，好吗？"孩子们异口同声地说："好！"

"孩子们，老师今天带来了一些图形，有树叶、衣服、五角星、汉字'王'、可爱的兔头。你能发现它们都有什么特点吗？"展示每张图形时，我都会沿着对折线折一下来帮助孩子们发现特点。孩子们一直观察得很仔细，"哇哇"声就没断过，搞得我都有点不好意思了。

有孩子说："我发现老师剪的图形沿着那条线折过去，两边可以叠在一起。"

我微笑着点头，趁势总结："像这种沿着某条直线折叠后，直线两旁的部分能够完全重合的图形，我们把它叫作轴对称图形。想想，我们怎样才能保证剪出来的图形两边一定可以完全重合呢？我们在剪这些图形时，具体应该怎么去剪呢？”

对于二年级的孩子，这个问题还是有点抽象，毕竟第一次接触，所以孩子们没有立马举手，而是认真地思考着。我看孩子们表情有点凝重，就让他们和周围的同学讨论一下。

孩子们热烈地讨论着，不一会儿就有孩子举手了，我示意大家停止讨论，孩子们竟然很听话，立马就坐好了。

学生说，我们可以在剪之前先把纸折一下然后再剪。

“怎么折呢？像这样可以吗？”说话同时，我马上拿出一张纸，故意没有对齐，斜着折了一条对折线。

“不行不行，斜着折的话，一会儿不好画图。”

“那到底要怎么折呢？对折的时候需要注意什么呢？”几个孩子跃跃欲试，我请他们回答。

“我觉得应该像这样折，让折线的两边可以重合。”一个孩子自信满满地给我们演示了一遍。

“孩子们，你们觉得她说的有道理吗？”

“有道理！”

“那请大家选一张喜欢的纸折一条对折线出来。”

孩子们迅速折好了。

“折了对折线以后，我们就立马开始剪了吗？”

“要先把想剪的图形画出来，等会儿剪出来才好看。”孩子们异口同声说。

“那要怎么画图呢？是随便找个地方画吗？”看孩子们都有点疑惑。

我说：“不如你们自己先试试，你觉得应该怎么画就怎么去画，看看剪出来的是不是你想要的样子。”

孩子们动手开始剪了。我巡视了一番，有的孩子是把完整的图形画在纸的中间；有的孩子是在对折线的两边各画了图形的一半然后展开去剪；有的孩子则是在对折线的一边只画了图形的一半，然后沿着对折线剪的。而我只是静静地看着，并没有立即纠正。

过了一会儿，孩子们剪得差不多了，欢欢喜喜地拿着各自剪成的图形互相交流着。

我问：“通过这次剪纸和讨论，你们有什么发现呢？”

孩子们积极举手。有孩子说：“不能在纸的中间画图，那样剪出来的图形不能保证它的两边一定可以重合，因为有可能画图的时候两边画得不太一样。”他还给我们展示了一下自己失败的作品。

“那怎么样才能保证剪出来的图形一定可以两边重合呢？想一想我们之前为什么要对折呢？这条线有什么用呢？”

有学生说：“我们可以在对折线的旁边只画出想剪图形的半边，然后沿着对折线剪，剪完后再把它打开就是一个完整的对称图形了，就像我剪的这样。”他自信满满地打开自己的作品。

“我觉得他说的有点道理，你们想不想试一试他说的方法呢？”

“想！”

“那请你按照他说的，重新拿出一张纸，从头开始剪一个你喜欢的图形，可以参考书上的图形。”

孩子们迅速拿出纸开始剪了。此时，下课铃声也响起了，但是孩子们丝毫不受影响。看孩子们剪得如此认真，我也没有打断，因为下一节课也是我的数学课，所以只说了一句：“下课了，想上厕所的孩子可以去了。”有几个孩子上了厕所后，又很快回来了，我心里一阵感动。不一会儿，上课铃声又响起了。

“孩子们，剪好了吗？”

“剪好了！”学生纷纷把自己剪的图形举得高高地给我看。

“真厉害！那看看你剪的图形是不是沿着对折线折过去可以两边重合呢？”

“肯定可以啊！因为剪的时候是沿着对折线剪的，剪完两边肯定可以重合啊！”听到孩子这样的回答，说实话，我挺吃惊的。

我建议大家再拿出一张纸，剪一个不一样的对称图形，感受一下刚才那位同学的话。孩子们又兴致勃勃地拿出另一张纸开始对折画图、剪纸了。

我问：“通过今天这两节课，你学到了什么？你觉得我们今后在剪对称图形的时候需要注意哪些地方呢？”

学生纷纷举手，总结补充，场面很热烈。

今天这节活动课，他们表现得真好，做到了既有趣又有序，还学到了很多知识。有学生说：“真希望每节课都可以这么有趣，那我上课肯定不会走神了。”说完不好意思地笑了，我们大家也都笑了。

看到孩子们满心欢喜，我内心也一阵窃喜。就这样，一节有趣的活动课在大家的欢声笑语中结束了。

# 等等他

◎大邑县子龙街小学　黄依婷

物质元素用亿万年等来了地球，地球用亿万年等来了生命，生命用亿万年等来了人类。在漫长的等待后，人类才出现在了这个蔚蓝的星球上。这庞大的宇宙耗费亿万年等来了你、我、他，那我为什么不能等等孩子的成长呢？这是我在三年级上学期期末给自己提的问题。

2020 年 9 月，我成为子龙街小学的一名三年级语文老师。在此之前，我心中很清楚，孩子的成长从来都不是一蹴而就的，而是波浪式前进、螺旋式上升的。每个学生的发展都有其顺序性和阶段性、稳定性和可变性、不平衡性、个别差异性、整体性。我也很清楚，科学的发展规律不是教师的强制力可以改变的，种种道理我似乎都懂，可是当我面对孩子时，我的焦灼就完全暴露出来了，犹如一团浓浓迷雾挡在我的眼前，我总觉得自己不得其法，无法入门。

最初，当我提出一个问题而学生无法回答时，我总会在急不可耐中不断抛出问题，然后自问自答。那短暂的灌输式课堂中，课堂效率在我看来挺高的，毕竟我把所有的内容都讲完了。直到我的师父丁莉老师跟我讲，我讲得太多了，应该留给学生思考的时间，这时挡在我眼前的浓雾才稍稍散开，显露出了教育路上的朦胧之景。从这之后，我开始有意识地控制自己的行为，给孩子时间让他们思考。

孩子的成长需要时间，教师的成长同样也不是一步到位的。朦胧的迷雾又将我困在了写作的圈子里。当我的学生写来了一篇流水账式的作文时，我的第一反应是，这些孩子听讲不认真、能力低，因为我明明已经明确说过不准写流水账了——这个想当然的甚至有些好笑的想法，是我当时内心的真实反映。

面对学生的流水账作文，我也进行了反思，我认为是我讲得不够好、不够明确，才导致了这种情况，我便去请教同年级的其他老师。前辈们跟我讲：“这是正常的，孩子们现在才上三年级，能把句子写通顺、事情写清楚、字数写够，就已经不错了。”这时，我才恍然大悟，是我忽视了孩子们的实情。他们才刚升入三年级，刚从二年级的写话过渡到三年级的写作，处在起步阶段，能力还需要慢慢提升。我没有考虑孩子需要发展的时间与空间，而是用成人的思维来衡量不到 10 岁的孩子的写作能力、思维能力，我又操之过急了。想明白这件事后，我开始等着我的学生成长，把写作的重点放在激发他们的写作兴趣上，等着他们的成长。

此时，朦胧的迷雾逐渐散去，教育的大门出现在我眼前，我开始真的接触到了等待的意义——把学生的课堂还给学生，让学生真正成为课堂上的主人，等着他们去思考、去表达、去交流、去成长！期末复习时，我终于可以静下心，等着我的后进生们，等他们从记住基础的字词到记住古诗词，等他们从课内阅读过渡到课外阅读的训练，等他们从模仿例文写作到自己思考自己的文章。事实证明等待是有用的，我班上的很多孩子都在期末考试中达到了自己的预期目标。结束了第一学期的教学任务，回顾这一学期的教学，“我为什么不能等等孩子呢？”这个问题一直萦绕在我脑海中，这是我在这一学期里最大的收获。

突破了自己“心太急”的迷障，我找到了教育之路的大门。当然，我也明白，教育需要的等待绝不是停滞不前。我要等的是学生的身心发展，而不是任其自生自灭，我要做的是别急功近利，非要让刚会开口说“妈妈”的孩子给我背首古诗。我要宽容、要耐心，等待孩子慢慢暴露出问题，而我将在等待中捕捉教育契机。这种顺其自然的方式，可能要比老师先入为主，自持教育者的身份对孩子劈头盖脸一通教训好得多。尊重学生的身心发展规律，给学生成长的时间，少一些成人的焦虑，多一些耐心、包容心。在我未来的教育路途上，等着我的是我和学生的共同成长。

嘿，别急，等等他！

# 于细微处勤修炼

◎大邑县北街小学　蒋　霞

如果说，有一份工作会让你又气又笑，也会常常带给你感动，有时一件小事会让你觉得从事这份职业无比幸福，但有时又会怀疑自己是不是真的适合，那这一定说的就是教师了。

对于刚刚踏上工作岗位不久的年轻教师来说，课堂秩序要怎么维持？授课效果要如何把控？怎样才能使学生事半功倍达到更好的学习效果？学生犯错后，到底要怎样教育才能既让他认识到错误，同时也让其余同学受到启示？这几点问题，应该是大家都比较困惑的地方。我有两则小故事可以分享。

## 批评，要“点到即止”

作为一名体育教师，如何组织好上课纪律可以说是头等大事。体育课不同于室内课，需要将孩子们从固定的空间内带到开阔的环境中，许多孩子会在这一过程中变得非常兴奋，不易管理。经历了教室里上课的条条框框的束缚后，体育课的孩子们更容易放飞自我。

依稀记得那一节体育课，我提前到达了即将上课的班级门口，打算抓紧时间组织学生整队集合，好快一些到达操场。班上有一个“小刺头”，在整队之前就调皮接话，第一次我口头教育了他；下楼时，他又在楼道叽叽喳喳影响纪律，我再次口头教育；到达操场后，他第三次扰乱纪律了，我将他安排到旁边独自一人站立，并告诉其下课到我办公室，直到班主任来领回。

听到“班主任”三个字，他瞬间没了刚才张牙舞爪的嚣张模样，竟一个人大哭起来。我想他可能是知道害怕了，但还没知错，于是我并不理会，而是带着其他同学开始上课。

课中，有好几次听到他的哭声，但是我让其他同学也不要理会。到了下课时，我集合队伍，询问其他同学的意见，用民主投票的方式决定这个调皮的同学是否要去办公室。同学们都说网开一面。于是，我让他归队。这下，他沮丧的眼神一下变得闪亮亮的，规规矩矩地朝我走来，主动上前承认错误，并有序回到队伍中。

这节课，通过这样无声胜有声的教育，我想，他应该已经从中学到了应该如何遵守纪律，并感受到了同学们对他的宽容与爱。

## 体育课堂中的“师徒结队”

刚开始教学的一两个月，我会把自己带的几个班级进行比较，为什么有的班级可以学得又好又快，而有些班级总是止步不前？当然，我不会刻意在学生面前去说某某班更乖更听话，或者某某班更淘气更调皮，但通过一段时间的教学，我心里已经悄悄地有了一杆秤，而且滋生了一些不好的想法。

为什么会说是不好呢？因为我总觉得，上课班级纪律好不好，是由班级自己决定的。对于乖的、纪律好的班级，我就很期待上课，同时也更加乐于到这样的班级上课；相反，对于调皮的、纪律差的班级，我总是有一种消极态度，甚至有时还会有不想去上课的想法。直到一次，我有了改变，针对我所认为的调皮班级改变一下教学策略。

那节课，我安排的练习内容是大众一级跳绳的八个动作。刚开始，我在台上讲一个动作，学生跟着我练习一个动作，但是随着练习时间的不断增加，我明显感觉到学生兴趣越来越低，一些已经会了的同学，也一直在问可不可以自由活动。

我略一思忖，让学生针对自身不会的动作开展自主练习。可是才一会儿我就发现不对劲，大多数学生完全是在操场上疯跑打玩，早把我说的自主练习忘到一边儿去了。这可不行，可是，应该想一个什么办法呢？有了，我灵机一动，既然我们教师有自己的师徒结队，那也可以在学生当中开展呀。于是，我吹响了集合的口哨，告诉学生们，现在开始，我给大家 10 分钟练习时间，但是前提是每个不会的同学要主动找一个会了的同学当自己的小师傅，会了的同学也要积极帮助还没有学会的同学，10 分钟后我就要开始检验练习效果。

说完，我便让孩子们再次开始练习。果然，这次的效果好多了。大家快快地找到了自己的小师傅或小徒弟开始认真练习，甚至有的同学还收了 2 个小徒弟。乱跑的也没有了，大声喊叫的声音也不在了，操场上只留下了一个个刻苦练习的身影。最后，全班只剩下不到 10 个同学还存在一些小问题。原来，教学方式要因人而异、因班而异。班级不同，精彩点也不同。只要用心，不管什么类型的班级授课都可以精彩纷呈。我这才知，教师是主导、学生是主体的意义，如果教师没有将自己与学生都规划进课堂，而是一味地找其他原因来搪塞，那么学生是不能学好，教师也不可能教好的。

作为新教师，我的教学生涯才刚刚起步，于孩子而言，我是传道、授业、解惑的一方；于漫漫教学路而言，我是路上的求知者。孩子们在课堂上点点滴滴的表现，都将是我们不断前进的动力。立足课堂，不断积累经验，才能让我走得更远更踏实。

# 用心用情用智慧，做优秀班主任

◎大邑县唐场小学　谢　婷

班主任工作事无巨细，忙碌、琐碎而又繁重。学生的学习和生活、习惯的养成、思维品质的提高，无不倾注着班主任的满腔心血。只有付出艰辛的劳动，用心、用情、用智慧，才能让学生愉快、健康地成长。

## "用心"创设教室环境

我班共有 26 个孩子，每个人都有一盆以他们名字命名的绿植。每天，两名细心的女同学负责照料绿植；到了寒暑假，这些绿植就让孩子们自己带回家照料；开学后，这些生机勃勃的绿植，又被孩子们带回班级，美化教室。这种方式，不仅培养了孩子们的细心耐心的品质，也培养了他们的责任感，还为教室增添了"绿"的生机。

班级墙和班级环创，是整个教室环境的重中之重，我们花费了大量的时间和精力来装饰。由于缺乏经验，刚开始时很迷糊，幸好我的师父给我提出了许多宝贵的建议：先收集孩子们优秀作品，分类布置，和谐搭配；贴小报和字画时要注意整齐、有序地排列，切忌杂乱无章；同时要态度严谨，有创新精神。有了师父的建议，在心灵手巧的李长霞老师的帮助下，我班有了比较漂亮的班级墙和班级环创。

教室桌椅摆放是否整齐，教室卫生打扫是否干净彻底，清洁工具是否归类摆放，是一个班级能不能成为最美班级的关键所在。怎样有效地制作一张卫生安排表呢？这需要充分了解孩子们的性格特点，为他们合理选择卫生责任区域，尽量使每位孩子有事干。这样不仅方便老师监督，而且也能避免一些孩子不负责任，从而提高打扫卫生的效率。

我班的卫生角里，每种卫生工具都有自己的位置，显眼之处都有班级署名。要想时时刻刻保持卫生角的干净、整洁，安排一位做事细致的同学专门负责卫生角是很有必要的。优美的教室环境，利于修身养性，陶冶情操，利于孩子高效学习。

## “用情”关爱孩子

高尔基曾说过，谁爱孩子，孩子就爱他，只有爱孩子的人，他才可以教育孩子。这样，你的情感才能被认可，孩子才能听其言、信其道。

班主任是班妈妈，理应毫无保留地爱孩子，倾其所有来保护他们。一个班集体的组成，不仅有“金凤凰”，还有“丑小鸭”，“金凤凰”固然可爱，但是“丑小鸭”更需要阳光。

我班有一个特别爱动的孩子叫小郭，无论课上还是课下，他一刻都停不下来。他喜欢和同学老师“唱反调”，他认为对的事情就一定是对的，别人怎么劝说都难以改变他的看法。

有一次，他在我的课堂上玩妈妈给他的生日礼物——智能表，这种表具有打电话、发短信、聊微信等多种功能。在他心里，那块智能表散发的魅力远超于讲台上的老师。我发现了他的异常，将目光转向他，提示他专注课堂，但他的注意力只集中了两三分钟。我有些恼怒，向他走去，将他的手表拽过来，生气道：“请你认真上课，不要搞小动作。”他恨得咬牙切齿，恨不得把我吃了，紧接着，他居然开始尖叫，躲到桌子下面去。这种情况已经严重扰乱了课堂纪律，我不得不暂停新课讲授，快速布置课堂作业，安抚其他同学，避免课堂乱成一锅粥。

作为一名新班主任，我确实没有任何经验去应对这种情况。我只能轻轻地走向小郭，轻轻地抚摸他的身体，让他能感觉我内心的爱的情感。接着，顺势将他从桌子底下抱起来，安抚他。等他的情绪慢慢稳定了之后，再进行思想教育。

与他谈话后，我发现，他如此偏激的性格和他的家庭有很大关系。小郭的妈妈是家庭主妇，爱唠叨，爸爸脾气暴躁。父母经常吵架，小郭便成了他们的发泄桶。小郭一不听话，不是被妈妈辱骂，就是被爸爸拳打脚踢。各种原因造成小郭性格孤僻，叛逆心重，脾气暴躁，反应过激。

那以后，我一直很关注小郭，与他多多沟通，对他多多鼓励。一次偶然的机会，他居然举手发言了，我当着全班同学面表扬他。从此以后，他在课堂上的表现越来越好，越来越主动融入同学们中。

教育一个性格孤僻、倔强而又任性的学生，如果采取硬碰硬的教育方式，后果很严重。一方面学生愈来愈难教，而另一方面恨铁不成钢的教师则选择放弃教育，最终两败俱伤。表扬是行之有效的好方法，正确地运用表扬，会起到事半功倍的作用。

## 用智慧处理班级难题

教育不能忽视人的情感，教育者的人格、智慧、关爱等对学生有着缓慢而持久的影响。在教育这块园地里，真的是“撒什么种子，结什么果子”。

四年级一班是我刚接手的班级，开学伊始，我班就发生了一件“大事”。

美术课下课后，班长出于好奇，跑去看邓同学的图画本。邓同学不给他看，他就用手推了一下邓同学，这样一来，两人就有了身体上的摩擦。旁边的刘同学见势不妙就去帮助班长，结果事情就闹得更大了。刘同学的脑袋被邓同学打，刘同学手臂上还被咬出一片“青紫色”。我了解完大概情况后，便采用“每人写 5 篇字”的方式来惩罚他们。

本以为这件事情已经风平浪静，结果傍晚时，就接到刘同学家长的来电，询问此事。我在电话里耐心告知详情。万万没想到，这位家长刚挂掉电话，便又在班级 QQ 群里询问打架问题。我就很纳闷，刚刚不是打过电话了解过情况吗？为什么还会在群里再次询问？从来没有遇到过这种情况的我不知所措，幸好，我的师父一步一步教我应对这种事情，安抚家长情绪。

第二天，由于刘同学头疼，所以按家长的意见，我将双方家长请到学校，安抚刘同学家长。事已至此，最妥当的方法就是到医院检查，如果检查结果没问题，检查费应由两方家长平摊。反之，肇事者理应负责全部医药费。邓同学的家长也表现得很积极主动，并且很愿意配合解决问题。最后两方达成一致，刘同学在邓同学家长的陪同下到医院检查，检查结果表明，刘同学头疼是因为扁桃体发炎，按之前协商好了的方式，双方家长平摊医疗费用。

随着此事的平息，我学到了很多。学会了如何全面了解整个事情的起因、经过、结果；学会了如何处理突发事件，学会了换位思考安抚家长情绪，学会了如何在恰当的时间关心孩子。

在校期间，学生打架是不可避免的。作为一名班主任，下课时多到班上走动，时刻关注班级的一切动向，如发现危险事件的苗头，一定要及时制止，不可掉以轻心。

时时讲安全，事事讲安全，人人讲安全。班主任分析典型事故，让全班以此为戒，时刻提醒孩子们下课文明休息，禁止在教室追逐打闹、大声喧哗，做到“轻声漫步过走廊，轻声细语作交流”。

爱，是班主任工作的催化剂，是尊重、是宽容、是一种责任。在与学生交往中，教师投入的情感深一些，给予的关爱多一些，学生便会对教师的理解多一些，亲近多一些，对学习的兴趣就会浓一些。班主任就会收获更多意想不到的惊喜。

# 在教育的路上寻找幸福

◎大邑县蔡场小学　余　巍

小王是一名5年级男生，个子不高，农村儿童。经常穿着与当季不怎么搭配的衣服，全身上下可以说没有一个地方是干净的，给人的感觉不怎么好。

教导主任宣布人事安排后，同事出于好意来到我身边，告诉我：某某班是一个令人抗拒的班级，你可要注意哦！还特别友情提醒我：他们班有“四大天王”。

那是一个天气炎热的下午，我在这个班上第一节课。当我怀揣着紧张的心情站上讲台那一刻，教室里是鸦雀无声的，因为他们也很聪明，在没有摸清一个陌生老师的性格之前不会轻举妄动。我像个女王站在高高的“大殿”之上，扫视全班，我在寻找“四大天王”。前半节课，风平浪静，快下课时，他们的“狐狸尾巴”还是露出来了，让我印象最深刻的就是小王。

他被安排在讲台的一侧，俗称“特殊方位”。在我眼里，他除了不爱干净外，还特别多动。

我从班主任处了解到小王，原来他家境贫寒，父母离异。他跟着母亲，而母亲再婚后，又生了一个弟弟。由于他母亲的文化层次低，精力有限，对他疏于管教，而小孩子没有自控能力，他和社会不良少年混到一起，就成了如今这样子。班主任告诉我，屡次请家长都收效甚微。他现在已经五年级了，想改过来的概率很低。因为教育需要家庭、学校、社会协同努力，只有学校教育是远远不够的。

我时时留意他的动向，找他谈话了解情况，什么方法都用过了，我说：“你不学可以，但是不能够影响别的同学。”就是这个简单的要求他也做不到。每当他影响别的同学，影响我上课，我就会让他站起来或者去办公室，久而久之，他根本不理会我，嘴里还骂骂咧咧，宣泄不满情绪。彼时我很不喜欢他，说服教育没用，惩罚也没用，甚至和他讲话的同学还被我惩罚过，但是这些都没用，我已经黔驴技穷了，我到底应该怎么做?

一天下午，我像往常一样上课。上课之前就特别暗示他遵守课堂纪律，但是不到十分钟，他就开始躁动起来。我放下课本，让他到教室门口去，可是他偏偏不去，于是我停下了讲课，让全班同学因为他受惩罚，都站起来。这时候没有一个同学抱怨，都站起来了，小王还是在座位上歪歪扭扭地坐着，或许以此掩饰自己的尴尬处境，就这样，全班同学站到了下课。

第二天美术课，我发现这节课让人格外轻松舒服，小王没有像以前那样肆无忌惮地讲话了，我感到很欣慰，在课堂上及时表扬了小王。从这件事情可以看出，他还是有集体荣誉感的，还是可以挽救的。接下来的日子，我在课堂上积极关注小王，遇到他表现得稍微好一点时我就会表扬他，同时也会要求他继续保持，争取做得更好。课下，我也会叫他来办公室交流沟通。

通过沟通，我了解到，他之所以变成这样，就是因为父母离婚后失去了父母的爱，再加上弟弟出生，妈妈忽视了他。他也没有自控能力，整天和外面的不良少年一起玩耍，时间久了，人生观就出现了问题。最后，他还告诉我，他其实还是想像其他同学一样有父母的爱，有好成绩，和同学关系能好!

我就和他的班主任沟通，我们各科老师一起加油，帮助他走出困境，做一位有道德、有理想、有信念的小学生。

经过一学期的交流沟通，我发现，在我的美术课堂上，小王不仅讲话少了，有时候还能认真听我上课了。在一次作业展示评价上，他也排在了长长的队伍后面。“老师，你看这是我设计的书包。”我内心一震，连忙接过他的画。瞬时，一幅构图饱满、富有想象力的书包设计图展现在我眼前。虽然并不完美，但这是他的第一幅美术作品，我能够感受到他的用心。

我立即指出他作业的优缺点，并且把这幅画向全班同学展示，同学们“哇”声一片，纷纷竖起大拇指，给了他一个个大大的赞！

我又趁机表扬他，希望他以后能够继续保持并且越来越好！他兴奋得脸颊发红，两眼发光，似乎有些难为情，微微低下头，感激地笑笑，轻轻地说了声：“老师，谢谢您！”

我想，做老师的幸福时刻，便是转变问题学生时。每个学生都不是完美的，但是每位学生都想做一名好学生，只是没有找对方法和路径，需要教师的循循善诱。希望我们能够真正成为学生成长的领路人！在教育这条路上都能找到属于教师的幸福！

## 静等每一朵花开

◎大邑县三岔小学　王　谢

作为一名新教师，我时常反思自己的教育行为是否符合新课程中注重学生情感需求的理念。在教学上，除了教学内容，我们更应该关注每个学生的情感。健康积极的学习氛围，除了能帮助学生学习知识，还利于学生树立自信心，收获正向的情感体验。因此，我们应当关注学生情感，给予每一位学生更多的阳光，帮助他们健康成长。

一次教学新课时，我采用这样的教学方式：把班上孩子分成四组比赛，进行积分，一节课结束后，分出输赢。其中第二组的后进生较多，因此，我常常把简单的问题留给第二组解答，一旦组里有愿意回答问题的，我便兴冲冲地请人回答。

一开始课堂进展还算顺利，渐渐地，只有稀稀拉拉的小手举起。虽然课程内容一如预设的“顺利”上完了，但是学生们的表现，我到现在仍无法忘记。第二组毫无疑问在我的“安排”下获得了那节课的第一名，但其他组的优生临近下课时趴在课桌上，甚至有几位因为失败伤心得哭了，完全不见往日的神采。后进生们的眼神里闪过一丝得意，仿佛这荣誉理所应当。

在班队活动的时间，我对班上的同学进行了解释和道歉：“对不起，老师不应该只考虑第二组的同学，我们应当帮助学习暂时落后的同学，给他们机会，但却没有考虑你们的感受。”课下，我又为几位哭泣的同学分析了原因，希望他们在以后的学习生活中，面对挫折时能变得坚强从容。对后进生，我表扬了他们的进步，鼓励他们继续努力，这时我看到了他们开心的笑容。

《数学课程标准》对教师提出这样的要求：“要把落实情感态度的目

标作为己任，在课堂教学中要思考，如何使学生愿意学，喜欢学，对数学感兴趣？如何让学生体验成功的喜悦，从而增强自信心？如何帮助学生锻炼克服困难的意志？”这些问题为教师如何关注学生的情感指明了方向。

苏霍姆林斯基曾在书里写道：“没有一条富有诗意的情感与美的清泉，就不能有学生的全面智力发展。”俗话说，隔道不下雨，百里不同风。面对形形色色的孩子，我们应该怎么照顾到不同孩子的情感需要呢？

班上有个学困生，正确回答了关于三角形内角和的概念。这对班上大部分同学来说很简单，但是对他而言，就像阿姆斯特朗登陆月球一样，这一步虽小，却是大突破。他可能是第一次主动举手，回答出了问题，并及时得到了正向反馈。受到表扬后，他的眼睛一下亮了起来，嘴角微微向上扬，不经意间露出了一丝得意。是什么使他的表情灵动起来了呢？我想，是老师出自真心的赞扬与鼓励。每个人都有成就动机，都渴望被关注，学困生也不例外。我们要在教学中多关注后进生的情感需求，多鼓励，多赏识，让他们树立自信心，增强自我效能感。当他们在学习中获得成就感，对他们来说，学习就不再是跨不过的壁垒。

班上有个“破坏大王”，爱打架，不服管，有蛮力，性格倔强。曾经有老师斥责他，他顶嘴，耍横，其他科任老师无可奈何，天天有人来告状。“王老师，又打架了，又打架了……”有孩子气喘吁吁地跑过来，还没等说出名字，我就知道“破坏大王”又“闯祸”了。然而，有一天放学时，他会为力气小的孩子主动搬椅子。这一幕，我拍了下来，分享给了他妈妈，并在第二天表扬了他这种乐意助人的好品质。往后一段时间，我逮着机会就夸他。渐渐地，毛毛躁躁的他见到我会害羞了，上课认真听课的时长增加了，被“投诉”的情况越来越少了，居然能主动帮助学习更困难的孩子了！这样的转变令我又惊又喜。回想我的初衷，无他，期望也。有时，这些孩子在学习上感觉自己似乎被抛弃了，而我的这种期待让他们意识到并非如此，就像甜蜜的负担，在我一次又一次的赞许里，他明白很多事情他也能做好，来学校学习不再是恼人的事情，他交的朋友越来越多，人也越来越开朗自信。

教师与学生的情感付出从来不是单向的，没有情感的教育是没有生命的教育，课堂上当老师用真情走进学生的情感世界，用心灵去感受心灵，用情感去赢得情感时，他们就会以极大的热情回报你，喜欢你，接受你。

显然，对学困生要先赏识鼓励，让他们尝到学习的甜头，明白“我能行”，从而走进学习，爱上学习。不过，没有放之四海而皆灵的方法。对于有些学生，与其进行鼓励教学，不如进行挫折教育。优生都有些共同点，有个性，有主见，有目标，有自信。学习上顺风顺水的他们，很少遇到挫折。可是，没有谁的生活永远一帆风顺，终有一天他们会面对挫折。

在过去，我会无意识地倾向优等生，对于他们上课偶尔出神，偶尔敷衍作业，在他们没犯原则性的小错误时，我都会相信他们自我改正的能力。殊不知，这样会使他们害怕困难，心理承受能力变差。在青少年自杀率越来越高的今天，儿童面对的压力越来越大，心理问题日渐突出。老师有责任早一点让他们在面对困难和挫折时有从容不迫的能力。可是，挫折教育是无法靠说教完成的，要让学生在经历中感受挫折，战胜挫败感。因此，老师在日常教学中要合理安排教学环节,创造一个不能轻易就达到的目标，让学生跳一跳才能够摘到桃子，给他们向困难挑战的机会，被挫折磨炼的机会，这样才能最大限度地促进学生的个体发展。

每个孩子都有无限的可能性，他可能暂时落后或快于同龄人，不能因为是学困生就受到冷漠对待，也不能因为是优等生就被过分偏爱。他们首先是孩子，然后才是学生。

人生就像一场马拉松，道阻且长。作为老师，应当平等对待每一位学生，帮助他们树立正确的价值观、人生观和世界观。让他们学会和自己相处，和别人相处，相信自己、尊重自己，学会爱自己的同时爱别人，能够爱自己的生活，也爱这个世界。

教育者像一个播种者，学校就是土壤，春去秋来，在走过的每个地方播种爱的种子，脚底就能生出希望之花，那花香弥漫人生路的两旁，充盈师与生的人生。

让我们静等每一朵花开！

# 用爱心浇灌最美花朵

◎大邑县潘家街小学　张　茜

白居易曾说："感人心者，莫先乎情。"工作中，时时处处都充满着情，老师只有把爱的种子播种到学生的心田，师生间才能产生心心相印的情感体验，才能收到良好的教育效果。

我非常喜欢这样一句话：优秀的学生都是一样的，而其他学生却是不同的。每一个学生都是一个独立的个体，都有着自己的个性与特长，作为老师，要善于发现他们的闪光点，最大限度地去开发他们的潜能和优点。

中国有句古话"亲其师信其道"，意思是说，学生会因为喜欢老师而喜欢老师教的课，也会因为讨厌这个老师而讨厌老师教的课。那学生喜欢什么样的老师呢？老师怎么才能让学生喜欢自己？相信每一个老师都思考过这个问题，毕竟让自己的工作对象喜欢自己是一件很快乐的事情。回忆这些年的学习和从教经历，不难发现，学生喜欢的老师都有以下几个共性。

## 喜欢每一个学生

其实每一个学生都十分在意老师是否注意他，十分在意老师对他的态度，内心深处都渴望着老师喜欢。如果老师能做到喜欢每一个学生，教育无疑会进入一种别样的境界。

教育是爱的事业，教育的特点就是育人，育人的核心就是情感交流。教育家马卡连柯曾说过："爱是一种伟大的情感，它总在创造奇迹，创造新的人。"是啊，说到"爱"，每个人心里总是暖暖的。爱是人类不可缺少的情感，作为有着特殊使命的教师来说，爱是无怨无悔的付出。

前几年我教过一个一年级的孩子。他和班里的其他孩子经历不一样，刚出生没多久，妈妈就离开了，他爸爸伤心过度导致精神失常。于是，他从小跟着目不识丁的爷爷奶奶生活。

初见他时，他坐在教室的一角，认真看着书。我心想这还挺不错的，我慢慢走到孩子眼前，结果吓了我一跳，这是怎么看的书？书是倒着拿的。我的心瞬间凉了半截，这样的孩子学习怎么办呢？

后来，我了解了他的家庭，才知道这个孩子经历了这么多。在接下来的教学中，我总是在课后给他开“小灶”，不仅教他书本知识，还教他一些简单的生活常识。就这样，这个孩子每天进步一点点。一学期过去了，他慢慢赶上了其他孩子。他还总是骄傲地对班里的孩子和家长说：“我们张老师最爱的人就是我。”是的，我们老师应该让每一个孩子都能得到平等的爱，坐在教室里的孩子都是一样的，要让我们的孩子在爱的关注中健康成长。

教育是心心相印的，只有从心底发出来，才能感受得到。“我喜欢张老师，我喜欢上数学课。”这是孩子们从内心深处发出来的心声。

去鼓励学生、亲近学生，微笑面对学生，学生就会无所畏惧。

## 与学生“打成一片”

在许多人眼里，教师总是和眼镜、朴素的工作服联系在一起，但是我却知道，我们每天三分之一的时间是和花朵一样的孩子一起过的。陈旧的格调和年轻教师洋溢出来的青春气息，实在不协调。所以，我每天上班之前都会化上淡淡的妆，穿上漂亮但不艳丽的衣服，一进教室就会给孩子们美的享受。

孩子们喜欢青春靓丽的老师。我一进教室，平时上课爱做小动作的孩子都把小腰板挺得直直的，兴奋得连“走神”也忘了。全班同学都在兴致勃勃地听讲，一堂课下来学习效果良好。

如果有空闲，我还经常去参加学生的各种活动，和他们一起做游戏、猜谜语、唱歌、跳舞……我发现，平时害羞的小女生开始爱提问题了，不自信的小男生敢和老师交流了，掉队的学生越来越少了。当我们走到学生中间去和他们零距离接触，和他们心贴心地对话，你的热情、你对每个学生的爱也会换来学生对你的爱，学生因为喜欢你活泼可爱的性格而喜欢你这个老师，因为喜欢你这个老师，会发现学习知识其实很简单。于是，同样一节课，你的教学效果会比预计的好很多。

## 做一个有文化的老师

网上有一句话非常流行：人和人的相处始于颜值，近于才华，合于性格，久于品行。一个有文化品位的老师由内而外散发的气质会吸引学生。

学生喜欢的老师，要有丰富的学识，专业知识储藏量要大，在孩子们眼中要“懂得多”。作为一个数学老师，不仅课要讲得好、专业知识懂得多，要清晰有条理，而且学生关心的其他问题也要有所涉猎，比如娱乐、游戏、运动等等。

每天，都会有学生追在我身后问：“张老师，张老师，什么时候再上数学课呀？张老师，我最喜欢上数学课了！张老师，怎么数学课这么短呢？我还想上数学课……”

春雨“润物细无声”，只要每一个教育工作者把爱无私地奉献给学生，学会蹲下来和学生说话，相信得到的将是丰厚的回报。

## 只要不放弃，就会有奇迹

◎大邑县三岔小学　祝玉佳

2020 年是特殊的一年，疫情过后万物复苏，我也从一名学生成为一名教师，踏上了属于自己的三尺讲台，担任了一年级的班主任。

开学第一天，教室里闹哄哄的，在教育教学和班级管理上都毫无经验的我面对着 45 张稚嫩的面孔，不由得心里一紧，一种隐忧袭上心头。

果不其然，开学第二天，一个特殊的身影就“脱颖而出”了。小方（化名），白白胖胖，性格跳脱，完全不能停下来安静一会儿。开学之初，我班有两周一直是以行为习惯训练为主，无论是站姿、坐姿、排队，他都不能管住自己，经常歪歪扭扭，影响他人。单独训练时也是不服管教，一会儿脚疼，一会儿手疼，一会儿又要上厕所，让我非常头疼。到后面开始上课之后，小方更是变本加厉，整个人瘫在桌上，手里不停摆弄着各种东西，铅笔、橡皮，有啥玩啥。才教育完他，一转身，又开始了。

小方让我伤透了脑筋。我先是带他去高年级教室听课，试图用更严肃的氛围震慑他。没想到，他毫不在意、“随遇而安”，直接坐在高年级教室的地上抠地。一时间我都怀疑我无法胜任班主任乃至教师这个工作。

后来，我积极请教有经验的老师，也和小方妈妈取得密切联系。这才得知，小方从小被家里长辈溺爱，每次妈妈要教育或惩罚他时，家中长辈就会袒护他，他一哭，一家人都去哄他，以至于现在一犯错就用哭和撒泼打滚来掩盖，似乎吃准了家长和老师不会对他怎么样。面对这样一个孩子，我竟然不知道该用什么方法来改变他。

经历过烦躁、崩溃之后，我仍然相信，学生是一个发展中的人，有无限潜力，尽管前几年没有养成好习惯，但我相信只要教育有方，他一定会有所改观，蜕变为积极、阳光、正能量的好孩子。

我重整旗鼓，开始在日常教学中去观察和了解小方。偶然一次，他发现我对班上表现好的同学进行表扬和奖励，而自己却一颗星星都没有，小方忍不住哭出了声。我抓住契机，把他叫到办公室询问原因。一番温和的询问下来，我发现小方其实是一个情商很高的孩子，他懂得大人的话是真是假，所以经常无所畏惧；同样，他也极其敏感，渴望得到表扬和奖励，但就是管不住自己，心思总是在玩上。

找到突破点的我，立马跟小方约定：只要今天到放学前他能好好表现，不犯错，我就给他一个奖励。约定开始，小方确实比平时坚持得久了些，但十几分钟后又开始乱动不认真了。在我的提醒下，他勉勉强强撑过了一节课，我当即兑现了对他的承诺。此种情况维持了两天，小方又开始懈怠，于是我又心生一计，在全班实行表扬积分奖励制度，受到表扬就会有积分，得到积分不仅可以兑换奖励，还可以当小组长、小标兵，戴上光荣的小队长牌子。对于孩子们来说，不再是那些长期表现好或成绩好的人才能当小组长了，只要我表现好我也可以。

果不其然，此项班规一颁布，小方立马像打了鸡血一样，上课、下课表现极好，我也顺势当着全班同学的面对小方进行了表扬，并选他当了小标兵，戴上了小队长牌子，且允许他将牌子带回家去让妈妈看看。同时，我私下也和小方妈妈密切联系，保证小方在家也能得到和学校相一致的行为习惯训练，鼓励小方妈妈采用和他约定的方法确定进步目标。表现好时、达成短期目标时，及时反馈强化，给予奖励。

功夫不负有心人，小方渐渐有了改变，与刚入学时的顽劣相比，现在的小方能自觉管住自己了，尽管有时候还是会出神、偷懒，但一经提醒，马上就能自我纠正。就连那一手糟糕的字，也在我反复抱着手教，在全班同学面前展示其进步的情况下改善了很多。我甚至还在办公室里向其他老师赞许他，一向活泼外向的小方也不好意思羞红了脸。这招对小方颇为管用。

渐渐地，小方表现越来越好，我也以小方为例激励其他几个顽皮的孩子。几个孩子还会争着表现，争当小标兵，整个班上调皮学生的问题得到了有效解决。

改变了小方后，我清楚地认识到，教育事业是复杂的、艰难的，同时也是光荣且有成就感的，学生问题再复杂，只要用心钻研不放弃，一定能找到合适的教育方式。

我还年轻，未来道阻且长，我还会遇到形形色色的学生，一定还会有更多的挑战等着我，但我不会胆怯，我一定要努力反省自己、提升自己，用心教好每一个学生！

# 家校携手，心怀爱与温柔

◎大邑县鹤鸣小学　刘诗雨

热爱一个学生等于塑造一个学生，厌弃一个学生等于毁坏一个学生。孩子们有着各种各样的性格、各种各样的差异。批评孩子，是关爱的一种，但是温柔地对待孩子，何尝不是一种更好的方法？

2020 年 9 月 1 日是我教师职业生涯的第一天，在我正式接手这个班级之前，前班主任车老师给我交代了班级的总体情况和一些较为特殊的孩子的情况。

开学第一天，由于我是新来的老师，他们显得尤为听话和乖巧，但经过一段时间的熟悉之后，我才真正了解到了班上"特殊"孩子的真实性格。

我们班的小杨，因为母亲离开、父亲精神状态不佳，他从小由年迈的爷爷奶奶抚养。因为缺乏适当的家庭教育，他性格较为偏激，好动，爱欺负同学，是一个典型的"多血质"孩子。有时和别人发生矛盾了，本来是他的错，可他就是不肯承认错误，老师的教育也只能管一会儿。不仅如此，他还有很多不好的学习习惯，所以成绩也很差，语文考试经常不及格，其他科目成绩也不佳，还屡屡不完成作业。慢慢地，他成了全校老师眼中的"问题学生"，很是让人头疼！

在教育这个孩子的过程中，我想尽了办法。一开始，我对他比较严厉，做错事情会给出一些惩罚，但这只是管得了一两天，长远的好习惯难以保持。这样的学生难教育啊，我叫来了他的家长。他的奶奶、爷爷很配合我的教育，每次一打电话便很快赶来了学校，但始终都只能保持一两天，过了几天，又会违反各种纪律。

我依然没有放弃对他的教育，但是我的教育方式有所改变。有一次，我发现当我对他取消惩罚，而是让他自己承诺犯错之后应该如何惩罚之后，他违反纪律的次数有所下降。这让我知道了说服教育似乎比单一的惩罚有用得多。这个“调皮”孩子的故事依然在继续，我对他的教育也一直在路上……

班上还有一个孩子小浩，是一名真正意义上的“特殊”儿童。简单来说，这个孩子的智力和同龄孩子有些差异，学习困难，性格有些自闭，不爱和同学们一起玩。有一次课间操，我发现他在一棵树下蹲着和自己玩。我问他在干什么？他一脸天真地说：“老师，你看蚂蚁在搬家啦！”第二天，我见他又在同一棵树下，一走近，发现他正在刨着泥土，我问他在干什么，他头也不抬地答道：“老师，我在给蚂蚁们做家呢！”我突然觉得，这个善良的小男孩的世界真是别有一番洞天。之后，我特别关注他的一举一动，当我布置任务之后也总会走到他那边，看看他有没有听清要求，也总会提醒他现在应该做什么。这个时候他会仰着头，大声说：“老师，我知道啦！”

在学习上，这个“特殊”的孩子尽可能地紧跟其他孩子的脚步。我多次与他的家长沟通，知道他们在家都会对孩子进行作业辅导。孩子的家长十分明事理。我想，是家庭教育让这个“特殊”的孩子天真善良！

“谁不爱孩子，孩子就不爱他，仅有爱孩子的人，才能教育孩子。”爱孩子就要看到他们的差异，爱孩子就要看到他们的闪光点，爱孩子就要关注他们的成长……热爱学生，远比有渊博的知识更重要。我想，得到教师的关爱与肯定，也是每个孩子的心愿。

其实，每一个孩子都是一块璞玉。作为教师，应当努力去雕琢各种样子的璞玉，使它焕发光彩。孩子千差万别、各不相同，有的聪明乖巧、一点就通，有的死钻牛角尖、脾气倔强……但不管是哪一种类型，对他们的教育都不是一日之功。所谓“十年树木，百年树人”，我希望能用耐心、爱心、恒心，助力孩子们成长。

# 行思结合，坚定前行

◎大邑县高山小学　吴俊贤

踏入教师行业的我何其有幸！站在神圣的讲台上，肩上自然多了几分责任。无论是为了学生还是为了自己的成长，唯有边行边思，才能笃定前行。

2021年春季开学已经两个月了，我忙碌着，也收获着……

作为一名小学语文兼科学老师，这段时间我多次观摩学习县上的语文、科学研讨课，自己也分别承担过县上的语文、科学教研课。无论是从他人身上学到的，还是自己经历反思的，于我而言都意义非凡！

三月初接到任务，要在四月中旬承担县上的科学研讨课，我便开始了准备工作：研读教参，学习科学示范课视频，向师父陶老师请教，翻看教研室提供的说课稿要求……我尝试设计了四年级下册教科版第二单元第三课“简易电路”一课，并先在自己所教的四年级班上试上。

这次的课，由于教学环节不清晰，教学重点不突出，导致教学目标没有顺利完成，课堂上也没有很好地调动学生的积极性。赵校长和陶老师听了我的课后，提出了很多宝贵意见。在原来的基础上，我又重新调整环节，细化知识点。一番调整之后，整堂课的知识细化了很多，环节也清晰了很多，对课堂的预设也全面了很多。随后，我进行了一次无生上课，又对以下方面做了一些细微的调整：PPT图片的清晰度、语言的精确性以及精炼度、教学辅助工具的融合度。

我所在的四年级仅有21个孩子，学校考虑到正式上课时县上学生的人数以及知识基础、接受能力的差异，让我去东街小学面对不同的班级再试上一次。

东街小学的王竟和杨晓秋老师听完课后，跟我分享了一些科学课的理念和教法，并帮我细致地分析设计了“简易电路”这一课。听了两位老师的建议，我才真正理解到了科学课应该如何设计，如何组织。

科学课是如此的好玩，一切的好奇皆源于学生想要自发地去了解这个世界。老师不用多说，只需引导学生去发现、去探索、去求证。我回校之后做了大胆的取舍，一直困扰我的环节和衔接词变得清晰明了，重难点也了然于心。原来，老师在课堂上可以如此“轻松”，只要让学生成为课堂的主人。

备课、磨课、修改、调整、上课……这段时间虽然辛苦，但痛并快乐着。

身兼两科，我真正理解到学科融合的真正含义。我惊奇地发现，科学课上学到的方法和理念，同样适用于我的语文教学。科学课倡导学生主动发现、不断尝试，老师并不主动教授而是适时引导，学生通过自己的猜测、实验、论证从而获得真知。语文课堂又何尝不是呢？于是我调整了自己的语文教学方式。

以前的我似乎总是在讲，而现在的我尝试着以核心问题驱动课堂，带动学生思考，给足学生发现问题、思考问题的时间，把课堂真正还给学生。

恰逢新教师赛课活动，听到新津一位老师说到，课堂要以优质的问题来驱动，一些名优教师整堂课甚至只提了一个核心问题，就很好地落实了教学目标，带动学生进入了情景。短短 40 分钟的课堂时间何其珍贵，所以尽量不再提没有思考性的问题，尽量精简自己的语言，只说有用的话。至此，再延伸到学生评价方面，当学生回答了问题之后，我有意识地不再去重复学生的回答，而是思考怎样给予最精确的点评，启发学生的思考。

学科之间是相融的，而教育的本质又是相通的，如陶行知先生所言：“没有生活做中心的教育是死教育，没有生活做中心的学校是死学校，没有生活做中心的书本是死书本”。

知识来源于生活又高于生活。我执教的科学教研课“简易电路”与孩子们的生活息息相关，学校里、家庭中处处都会感知到电、用到电器。孩子们通过身边的事物去感知理解这个世界，而科学老师便是教给方法，引导孩子们将无意识、不系统的认知整合成有意识、系统化的知识。我带着孩子们实地观察教室里的电灯、开关、电线……以生活作引，带领孩子们去触摸科学的一角。

作为一名入职不到一年的教师，我经历了很多次公开课的磨炼。这些经历不仅锻炼了我的胆识，更让我接触到更多的优秀者。在此，特别感谢曾经给予过我帮助的领导和老师，感谢语文路上指引我方向的余校长、王小凤和刘春梅老师，感谢科学路上带我入门的赵校长、陶智辉老师、东小的王竟老师和杨晓秋老师。

一个人的成长背后是一群人的心血和智慧。感恩在教学路上所遇见的每一位帮助过我、给过我启发的人，从他们身上，我体会到了专注于教学的匠人精神。

路漫漫其修远兮，吾将上下而求索。且行且思，一课一得，即使慢一点，相信自己也能坚定地走下去。

# 雨后的阳光

◎大邑县三岔小学　张　婷

2020年，我成为三岔小学的一名老师，我的心中充满欣喜和激动，但当得知要教四年级时，心里还是有一点紧张和害怕。我在心里暗暗给自己鼓劲：我能行！我一定行！我要为大邑教育事业而奋斗！

可是，刚接触这个班时，我就崩溃了：基础怎么这么差！连拼音都过不了关；读书也是拖拖拉拉，要不就是唱读，毫无阅读感情可言；上课回答问题，和老师交流，全是大邑方言，也不会动脑；作文不会写，可以说是写不出来，靠模仿范文才能勉强凑齐字数；连最简单的抄写作业也不会……交上来的作业只有一半，一问就是没做。更夸张的是，孩子们一脸无辜地告诉我，以前的老师没有强制要求他们必须写作业。班干部也完全不知道该干什么，整个班级混乱涣散。

于是，整整一学期，除了教授孩子们书本知识外，我更注重他们行为习惯的养成。

首先，克服困难，密切联系家长，培养孩子做作业习惯。针对孩子不写作业、不交作业的习惯，我每天早早地到教室清查孩子们的作业。对于未做的孩子，要不利用课间休息补做，要不联系家长了解具体情况。为此，我还被家长举报过、找过麻烦，但我并没有因此就不管孩子们，即使难过得哭。朋友家人都劝说我：“不是你的孩子，你不用那么尽职。”可我过不了我自己的良心这关啊，我依旧坚持自己的初心——我一定能行！我能教好他们！我依旧会和家长交流孩子的情况，让家长了解自己的孩子，也让我自己充分了解和反思孩子的问题。我深知，只有家校合作，才能促进孩子成长、进步。

其次，示范督促，教孩子学会打扫卫生。因为整个班级到四年级还不会扫地，以前都是老师帮他们扫，如果孩子们扫就非常拖拉，他们能够扫一两节课，不提醒，他们就不回教室。我和副班主任王老师共同合作，亲自监督，教孩子们学会扫地，改掉扫地拖拉的情况。

最后，培养班干部，加强班级管理。秉持着以学生为主体、放手教给学生的理念，我把班级事务分给班干部们，没想到班干部根本什么都不会，不知道自己该干什么。于是，前半期我全程都在指导他们怎么做，比如怎么协助老师收发作业，怎么督促检查卫生，怎么组织静息等，事无巨细，都一一教他们。

前期工作特别艰难，孩子们已经 10 岁了，有了自己独立的思想，因此在教育和培养习惯上，我更倾向于从他们的角度出发。

经过一学期的努力，孩子们发生了很大的变化：早上来第一件事，从文件袋里拿出干净整洁的作业本，并交到组长处；早上不会在教室里东跑西跑，而是乖巧地坐在自己的座位上大声读书；上课铃响，他们不会还在外面开心玩耍，而是在教室静息；课堂上，不会再有随意下座位丢垃圾的情况；更不会有迟到、扫地拖拉的情况……班干部各司其职，班级生活严谨有序，事事有人管，人人有事做。

孩子们的巨大变化，我看在眼里，乐在心里，感到一种从未有过的幸福。其实作为老师，要求的幸福，不是每个孩子都能够非常优秀，科科满分，而是每个孩子行为习惯良好，每天都在进步。虽然我是世界上最平凡的一个班主任，但看着孩子们越变越好，怎么辛苦也甘之如饴啊！

## 新手教师“历险”记

◎大邑县东街幼儿园　陈瑞茜

2020 年 9 月，我通过了大邑县教师公开招聘考试，成为一名新教师，正式开启一段“历险”。

上班前一晚，我辗转反侧难以入睡。我会教哪个班呢？搭班的老师是什么样呢？会有什么工作呢？

第二天，我早早地来到东街幼儿园，没想到牟园长已经在园门口等着我了。“欢迎你，陈瑞茜！”她亲切地询问着我的实习经历和工作经历，把我带到了中三班。当我来到班上时，岳老师和何老师已经开始准备开学报名事宜，看到我来了，她们细心地向我介绍工作内容和注意事项，我信心满满，表示保证完成任务。

这时，家长们陆续提着被子进来了，我主动向他们问好：“您好，午睡室在那边，请先把被子铺好，然后到这边来报名。”看到家长在我指引下将被子铺好，我感到很有成就感。

“这工作还不简单吗？”正当我在心里洋洋得意时，突然，教室里同时来了好多个家长，“老师，开学时间是多久啊？”“老师，我这个体温表这样填没问题吧？”“老师，这个学费是多少啊，交在哪里啊，明天啥时候读书？”我既忙着回答问题，又忙着发放表册，简直手忙脚乱，脑袋直冒汗。看到我的窘态，岳老师走过来协助我，总算是把家长都送走了。

报完名后，岳老师说：“小陈，你去午睡室看看，孩子的卧具上写名字没有。”“什么！还要写名字啊，刚才我都没有注意到这个问题……”我急忙跑到午睡室去查看，“还好还好，这床有名字，这床也有……完了，有两床没有名字，怎么这床没有被子呢？是我把被子搞丢了吗？”教室里早已没有家长们的身影了，岳老师和我找遍午睡室也没有发现多余的被子。“我不会把被子弄丢了吧，这该怎么办？”我垂头丧气，懊恼不已，只想时光倒流。岳老师笑道：“没关系，也许是家长忘记带被子了，我等一会去家长群问一问，会找到的。小朋友的物品都要做上标记，避免混淆，幼儿园的工作要更加细致周到一些。”“下次一定注意……刚才我还觉得报名很简单呢……”我不禁叹了口气，幼儿园工作真是马虎不得！

开学不久，我有幸参加了大邑县新教师国培计划，我将承担一次公开集体教育活动“动物的尾巴”。当天，我看着活动室内坐着大邑县进修校导师、各个幼儿园新教师以及东幼的老师们，心里扑通扑通跳。“唉，迎头上吧。”我在心里想着，走到教室中央开始上课。

“小朋友们，今天老师请来了好多动物，你们想看看谁来了吗？”“想！”孩子们热情地回应我。就在我播放动物图片时，孩子们炸开了锅，有的孩子开始尖叫，有的孩子开始和旁边的小朋友讨论起来，还有的孩子兴奋得手舞足蹈。我试图让孩子们平静下来，但没有用，他们全被这些动物吸引了，我说什么他们都听不到了。顿时，我像个热锅上的蚂蚁，心想：“完蛋，该怎么办呢……”

我突然灵机一动，将声音压得很低：“你们这么吵，我们的动物宝宝要被你们吓跑了……”

半个小时终于过去了，我的公开课结束了。

在研讨环节中，我首先反思了自己的不足。接着，其他老师针对如何控制幼儿的兴奋情绪展开了讨论，并为我出谋划策。曹彬导师肯定了我在教学中展现的教育机智，但是也指出了我存在的问题：活动时间耗时太长，关于科学领域的关键经验还没有理解到位……最后，曹老师提出了十分中肯的建议。

高山仰止，景行行止。在进修学校老师和我的导师的关心下，我完成了这次公开课。虽然在活动中，出现了很多始料未及的情况，但导师毫无保留地将她的经验和知识分享给我，让我增长了见识、拓宽了视野。

公开课结束后，曹老师鼓励我再次修改教案，重新开展一次活动。第二次开展活动时，曹老师一直用心看着我，仔细倾听我的每一句话，对我存在的问题又再次梳理，并一次次指导我优化教案。经过不断实践，我以中班科学领域“动物的尾巴”为课题，获得了大邑县“国培计划”新入职教师说课比赛二等奖。

正是一路有着各位教师对我的指导和关爱，我从一个懵懂无知的新手教师逐渐成长起来。在今后的工作中，我将以她们为榜样，激励自己不断向前。

回想新入职的那段时间，种种经历对我来说都像是一场历险：第一次报名、第一次哄孩子入睡、第一次承担公开课……我从这些经历中体验着迷茫与害怕、激动与紧张。每当我遇到问题彷徨无助时，身边总是会出现可爱的救星——我的领导、导师与同事们，她们就像一盏盏指路明灯，指引着我前进。在与她们日益融洽的相处中，我不断成长，越来越热爱这份职业，而我的“历险”记也因为她们而变得更加丰富多彩。

# 放手游戏，发现儿童

◎大邑县韩场镇中心幼儿园　杨　旗

游戏是童年的必要组成部分，它对儿童的发展至关重要。积极的游戏是快乐的、有趣的并富有创造性的。运动和游戏的结合，不仅可以有效保证幼儿每天的户外运动时间，同时也增加了运动的有效性、活动的趣味性。

一次户外活动，我询问孩子们想要玩什么。孩子们七嘴八舌地说着自己想玩的。在选到自己喜欢的玩具后，他们便心满意足地和同伴玩了起来。

这天阳光明媚，近正午时，太阳有点闪耀刺眼，晒得孩子们的小脸蛋红彤彤的。

活动进行着，我发现篮球组孩子投篮有些异样。原来，一位小男孩紧紧抓着篮球网的下端。

“又在搞什么破坏？”本以为马上就会有小朋友来告他的状，说他搞破坏，不让其他小朋友玩投篮，可是我左等右等，没等到有人来“击鼓鸣冤”，反而看到好几个孩子围在他周围，将球放入网中，叽叽喳喳地讨论着。

我心生疑惑，他们在玩什么呀？在说什么呢？

我的好奇心被孩子们成功勾起，可就这样冒冒失失直接过去询问，会打乱孩子们的游戏。我抑制住内心的欲望，只在不远处驻足观望，侧耳倾听，用手机记录下他们的游戏。

只见一个孩子将篮网抓住，其他的孩子就将球放入篮网中，然后抓住篮网的孩子松开手将球递给一个孩子，这个孩子拿到球后开心地跑开了。然后又有另外的孩子来一起完成刚刚的过程。

“为了不让球漏出来吗？担心篮球投进篮筐后掉出来滚得很远？”我

这样猜想，可是却不敢笃定。

过一会儿，又来了好几个小朋友围着另外的篮球框也这样玩起来。

我听到他们说："好热呀！太阳好大呀！你想不想吃一点？"然后就把篮球凑到另一位小女孩面前。小女孩接过球，开心地点点头说："好好吃呀！"

"好吃？篮球好吃吗？这是什么意思？他们难道不是在玩投篮的游戏？那篮球是什么食物？天气热，难道这是冰淇淋？可是冰淇淋跟篮球是怎样有关联的呢？"霎时，一个个大大的问号从心底冒出来，我一时找不到答案，竟然想要立马跑过去一探究竟。

可是，我到底忍住了好奇心，直至活动结束的最后一刻，我还是没有弄清楚孩子们在玩什么。

回到教室稍作休息，我将拍的"花样投篮"照片投放在电视中，孩子们哈哈大笑，指着照片说，你看这是我，我正在做冰淇淋呢！

果然是冰淇淋，我暗自窃喜，我还是猜中了。我追问道："你是冰淇淋店老板吗？"

"是呀！"孩子回答道："今天太热了，幸亏我做的冰淇淋，不然大家都热坏了！"

"那你是怎么做的冰淇淋呀？"

"我从机器里面压出了好多超大号的篮球甜筒冰淇淋！"

听到这里，我的疑惑全部解开了。原来篮球框是制作冰淇淋的机器，抓住篮网慢慢放开拿出篮球，原来是在模仿出冰淇淋的过程。

我为孩子们的天马行空折服，也对自己最初"搞破坏"的想法深深惭愧。游戏是孩子的天性，天马行空的他们，想象力总是与众不同，尽管游戏的材料相同，但他们却能够根据不同的时间、地点、人物甚至天气，玩出不一样的游戏。

"放手游戏，发现儿童"已成为我们追寻学前教育真谛的逻辑起点。教师的及时退位，会激发孩子的无穷潜能。真游戏是真自由。孩子在真游戏中不仅可以释放天性，还能创造无限惊喜。我很庆幸不曾打扰到孩子们的“花样投篮”游戏，才能呈现出这般惊喜！

孩子们对“花样篮球”一直兴趣盎然，连续一周都在玩“制作冰淇淋”的游戏，他们也会时时为我送上美味的“冰淇淋”。玩到后面，我又发现孩子们不太一样的玩法。

孩子们将篮球叠在一起，这又是在干什么呢？不玩“冰淇淋”了吗？我不敢妄下结论，只得在旁边暗暗观察。

只见一个孩子在篮球框旁边制作“冰淇淋”，然后其他几个孩子负责运输，将他们制作好的“冰淇淋”运输到其他地方。

“冰淇淋”运输出来后，就有人开始吆喝：“卖冰淇淋咯！卖冰淇淋咯！”原来，他们开始卖冰淇淋了！不再像最初那样，一个人制作一个人卖了，团队越来越庞大了。

“花样篮球”的花样可真是越来越多了……

一个篮筐、一个篮球，孩子们能玩出丰富多彩的新花样。孩子们总是能用他们自己的思维探索、创新出独一无二的游戏，并乐享其中。用自己已有的经验去建构自己的认知，孩子们认识世界总是有自己的一套独特的方法。作为老师，我们该适时放手，静待花开……

# 以真心育人

◎大邑县子龙街小学　王晨越

从去年8月30日来到子龙街小学，到如今，已有十个月零9天，我很荣幸能成为一名人民教师，也很庆幸我能继续做着与爱好相关的事业。

教师节，我收到了一个孩子手工制作的小花棒，上面用彩色笔工整地写着“企鹅老师，节日快乐！”这是我收到的最珍爱的一份礼物。是的，我依旧是“企鹅老师”，为什么要用“依旧”这个词呢？2018年1月以前，我还是一名普通设计师兼插画师，每天的工作都是与甲方“爸爸”打交道，在不停地改稿与熬夜中度过。一个偶然的契机，我开始在美术培训机构代课，那时，孩子们就叫我企鹅老师；之后在家人和朋友的鼓励之下，我开始考取教师资格证。我是非师范专业毕业的，大学所学的专业也与教师这份职业挨不着边儿。我一步一步走来，成为一名人民教师，实属不易。

如果说我与陶行知老先生距离最近的一次接触，恐怕就是在学习教育公共基础知识的时候了。中国近代教育的几位伟人，其中就有陶老先生。我还深刻地记得陶老先生的“生活即教育”“社会即学校”“教学做合一”的教学思想，这个可是常考内容。而今又品读了《陶行知教育小故事》，再结合自己的教学经历，我想说的是：“真心”育人。

陶老先生的教育思想中，“仁爱”“行知”贯穿其中。问问自己，是否有一颗仁爱之心？是否能精心培育孩子们呢？“爱是一种伟大的力量，没有爱便没有教育。”我非常喜欢与孩子们交流，他们天马行空的想象每每让我感到震撼。记得上学期进行的一次美术期中测验，绘画题目是《好吃的水果》，上交来的一大堆作业中，大部分是画了一个小人儿开心地抱着水果津津有味地吃着，但也有一些有趣的、不同寻常的画作，其中有一张便是我钟爱的。

当时我让这位小作者起来分享一下自己的创作思路，旁边的同学就开始说："这画的什么呀？好吓人呀！"

这样的话，让这位小作者有点不敢表达自己的想法。我便在旁鼓励她，"不要怕，大胆说出自己的想法，你的画，老师非常喜欢。"

小作者徐徐开口道："我画了一个夸张地张大着嘴巴的鳄鱼，嘴巴里面呀，有很多好吃的水果，鳄鱼呢，也不是要吃这个小女孩儿，而是和这个小女孩儿一起分享美味的水果。"多么有趣、多么独特的想法呀。我一直希望看到的就是孩子们有趣的想法在画纸上的体现，无论画的是什么，我们都需要耐心地去倾听，去了解，去尊重他们的想法。每一张画都有自己的亮点，就如同每一个孩子都有自己的闪光点。

"真心"除了具备仁爱心，还需要有责任心。歌德曾说过，"责任就是对自己要求去做的事情有一种爱。"我非常喜欢记录孩子们的一些小画作，每一张都独一无二，每一张都生动有趣，如果按照平时打分的标准，这些画不是最优秀的，但在我的眼里，虽然它们的涂色不太均匀，线条也不够流畅，但都是他们自己有趣的想法在画纸上的自由表现，也许这样的画才是最有趣的，才是最打动人心的。所以我一直鼓励孩子们大胆地、快乐地、自由地创作，我也非常用心地对待孩子们的每一份作品。

"真的教育是心心相印的活动，唯独从心里发出来的，才能达到心的深处。"这是陶老的原话。"心心相印"的意思，是彼此的心意不用说出，就可以互相了解，形容彼此思想感情完全一致。教师和学生之间如何心心相印？我想也如陶老所说的，"唯独从心里发出来的，才能达到心的深处"。归根结底应是"真心"呀！

"在追逐月亮的途中，我也曾被月光照亮过。"永远好奇，永远谦逊，这也是我对自己的人生要求。

# 每个孩子都可爱

◎大邑县三岔小学　张　盼

2020年，对我来说可能是极其幸运的一年，经过多次的考试，我有幸补录成为一名人民教师。来到这个学校之前，我有过代课经历。我设想了许多在课堂上可能会出现的情况，觉得自己有信心能够让每个孩子收获知识。

实际上，班上孩子差异特别大，令我印象最深的一个孩子叫小祥，黑黑的皮肤，沙哑的嗓音。他给我的第一印象是聪明机灵，可惜应了“人不可貌相”这一句老话，一个月后，我发现这个学生真是令人头疼不已。

最开始，我以为他学习上没有太大问题。一年级进校，数学相对简单，易于接受。但是，渐渐地，我发现他在数学学习上越来越吃力，20以内的计算成了一座无法逾越的高山。上课各种开小差、分神，不认真做笔记；课间和小伙伴嬉笑打闹，做危险游戏，家庭教育也跟不上。

一段时间后，我决定给他们做一次测试，检验他们的学习成果。出人意料的是，他的成绩还不错，我感到很欣喜。然而，评讲试卷时，有个孩子突然大声地说：“老师，他考试的时候在偷看，一直看别人的答案。”慢慢地，越来越多的孩子附和着。他站起来大声地反驳道：“我没有！”我让他赶紧坐下。过了一会儿，他默默地趴在桌上，离他最近的孩子告诉我：“老师，他哭了……”

这一刻，我意识到似乎伤害到他了。当其他学生告状时，我没有及时理会，选择了冷处理，这一举动寒了他的心。

下课后，我反思自己刚才课堂上的举动，决定找时间与他单独聊一会儿。午休时间，我寻了个机会问他，他坚定地告诉我：“我没有抄别人的试卷，都是我自己完成的。”不管照抄与否，我觉得需要给他一个澄清的机会。我趁热打铁，在下一次测试开始前，把他和第一排的孩子座位互换，并且告诉其他同学：“你们都说他是抄别人的，那这次老师把他换到第一排，让大家来一起监督。”这一次测试，他也没有让我失望，考得比大部分孩子都好。

评讲试卷时，我告诉孩子们：“小祥平时确实很顽皮，但是这次他用实际行动证明了他并没有看同学的答案,而且成绩比大部分同学都还要好，说明他平时学习很认真，在慢慢改变。我需要向他道歉，你们也要跟他道歉，不能冤枉同学。”

课后，我对他说：“老师首先要对你说声对不起，这次你用行动告诉大家你能独立完成任务，老师也相信你可以。今后课堂上，老师也希望看见你更积极地参与课堂，大胆举手回答问题，你能做到吗？”他坚定地回答：“可以！”

从那以后，他用实际行动证明了这一点。小祥开始一点点改变，课堂上越来越积极思考，课后也不再和其他小伙伴追逐打闹。在这期间，我总是努力发现他的进步，然后狠狠地夸奖他。转眼到了期末考试，他的数学成绩由良好迈入了优秀。一年级下期，他还通过了自己的努力，当上了班上的“劳动委员”。

这件事让我明白，不要吝啬赞美的语言。我要让班里的每个孩子都能在轻松愉悦的环境下学习，让孩子们看到自己的闪光点。作为老师，要走近学生，了解学生，挖掘每个学生的闪光点，让学生感受到自己有优于其他同学的地方，以点带面，并从这一点出发，培养孩子的自信心。

其实，每一个孩子都是可爱的，虽然他们有的可能学习成绩有些不尽如人意，但是他可以是运动会上的冠军，是劳动中的能手，是绘画上的大艺术家。我们要以发展的眼光看待每一个孩子，相信他们都有自己闪光的一面！

# 后记 POSTSCRIPT

## 背后的守望

“泰山不让土壤，故能成其大；河海不择细流，故能就其深。”

有这样一群人，集思广益，聚土成山，汇流成河；有这样一类人，投身教育，且教且感，且思且行。他们将自己变成一个个辛苦的耕耘者，守望花田，静待花开。殊不知，他们的身后还站着那一道道挺拔的身影，“守望”着他们的“守望”！

我很荣幸自己能成为其中一员，与众多教育者一起耕耘在这片土地上。

感谢大邑这片渴望人才的热土。2019 年冬，还在成都大学读研的我，无意间看到了大邑的人才招聘计划。对于本是大邑人，但多年漂泊、在外求学的我来说，这股吸引力无疑是巨大的。怀着对故土的眷念，我拨通了大邑县教育局的电话。在工作人员亲切耐心地解答下，我毫不犹豫地投出了简历，并通过层层考核，有幸成为 2020 年大邑教育的引进人才。大邑县南街小学校长肖菊对我表示了热烈欢迎，并希望我能够提前到校，感受学校文化，融入教师角色。在肖校长的诚挚邀请下，原定于 2020 年 9 月入职的我，在同年 3 月便开始了我的教师生涯。恰逢疫情，我的工作阵地便线上线下各种切换，这期间，领导和同事给予我热切的关怀和鼓励。

感谢大邑这片精心育才的热土。回到大邑，我首先参加了新教师入职培训，接着加入了新教师“国培计划”。名家名师的理论分享，一线教育专家的经验介绍，国培中导师的一次次悉心指导，同伴的一次次共研共修……这一切都让我感受到了大邑对高质量、有温度的教育的渴望，对教育人才的精心培育和殷殷期盼。

新教师教学技能大赛以及“大邑县教育科研种子教师孵化营”培训更为老师们专业成长搭建起演武台与修炼场。此外，在学校中，新教师必修课、学校健育文化与校史学习、教师礼仪、教学常规、组织教学与管理以及每周的学科主题教研，让我迅速在教师岗位上“站住了脚”。与此同时，学校还为每一位新教师安排了名优导师，结对成长；名师工作坊也对新教师敞开大门，让新教师能站在名师的肩膀上前行；创客空间为新教师提供大展身手的平台，在趣味教学中新教师与学生共同成长；外出培训，让新教师拓宽眼界，提升专业技能。

感谢大邑这片成人成才的热土。回到大邑的一年多，我精心从事语文学科教学与班主任工作，在教学中注重学生体验，积极创新，成就学生的同时成就自己。

在班级管理上，我用心关注孩子，利用“一班一品”与班级文化建设、常规管理，提炼班级精神，浸润孩子心灵。

在品格教育上，我担任品格空间导师，加入“全国品格教育领衔人计划”。我利用各类品格主题活动、训练，促进学生品格养成。

在教育设计上，我在新教师技能大赛上的教学设计获县一等奖；我的教学设计在第四届全国品格教育主题赛课中获特等奖，县级品格教育展示课被评为优秀。

在教育科研上，我被学校任命为教导处助理，负责科研工作，参与县级课题1项，省级子课题1项，积极组织教师开展培训，落实科研各项工作，我所在的科研室被评为优秀科研室。我入选“大邑县教育科研种子教师孵化营”，顺利结业并被评为“优秀学员”，随后又入选“大邑县教育科研种子教师孵化营2.0培训”。我的论文、案例、研究报告等获得县市级20余个奖项。

点滴成长的背后是大邑县教育局、大邑县教师进修学校以及大邑县南街小学对教育人才的重视和精心培育。

“管中窥豹”，我虽只是新教师中的普通一员，但透过我的成长，不难看出大邑教育人的执着与情怀。看，一批批的新人加入；感，一次次的制度完善；听，一声声的关怀问候。大邑人才队伍正不断壮大，拓宽专业的深度，增加人生的厚度，扎根沃土，向阳生长！

感谢前行的路上有您相伴，感恩奋斗的途中有您加油！

抬望眼，我们内心笃定。努力着，成长着，快乐着！

大邑县南街小学　侯天凤

2021年12月5日晚